AF390007

DÉTERMINATION TÉLÉGRAPHIQUE

DE LA DIFFÉRENCE DE LONGITUDE

ENTRE PARIS ET L'OBSERVATOIRE DU DÉPÔT DE LA GUERRE

A ALGER (COLONNE VOIROL).

DÉTERMINATION TÉLÉGRAPHIQUE

DE LA DIFFÉRENCE DE LONGITUDE

ENTRE

PARIS ET L'OBSERVATOIRE DU DÉPÔT DE LA GUERRE

À ALGER (COLONNE VOIROL)

PAR

MM. LOEWY ET PERRIER.

EXTRAIT DU TOME XI DU MÉMORIAL DU DÉPÔT GÉNÉRAL DE LA GUERRE.

PARIS.

IMPRIMERIE NATIONALE.

M DCCC LXXVII.

DÉTERMINATION TÉLÉGRAPHIQUE

DE

LA DIFFÉRENCE DE LONGITUDE ENTRE PARIS ET ALGER

EXÉCUTÉE

PAR MM. LOEWY ET F. PERRIER.

AVANT-PROPOS.

C'est vers la fin de l'année 1873 que M. Le Verrier, directeur de l'Observatoire de Paris, proposa au Dépôt de la guerre d'effectuer dans le courant de l'année suivante, après entente préalable entre les deux établissements, la détermination télégraphique de la différence de longitude entre Paris et Alger.

L'existence de fils aériens entre Paris et Marseille et la pose récente d'un câble sous-marin entre Marseille et Alger rendaient cette opération possible; elle était, en outre, fort opportune, car les résultats obtenus jusqu'alors pour la longitude d'Alger ne comportaient pas une exactitude suffisante et il était nécessaire de mesurer de nouveau cet élément avec la précision extrême que donne la méthode télégraphique, pour assigner à la triangulation et à la nouvelle carte de l'Algérie leur vraie place en longitude sur le sphéroïde terrestre.

Aussi le Dépôt de la guerre accepta-t-il avec empressement la proposition qui lui était adressée.

M. le directeur de l'Observatoire désigna, pour l'exécution de ce travail, M. l'astronome Lœwy, membre de l'Institut, qui venait de déterminer, de concert avec M. Oppolzer, la différence de longitude entre Paris et Vienne.

1

M. le ministre de la guerre, sur la proposition de M. le général Gresley, chef de l'état-major général, en chargea M. le commandant Perrier, membre du Bureau des longitudes.

Des réunions préparatoires furent tenues à l'Observatoire sous la présidence de M. Le Verrier, et l'administration des lignes télégraphiques fut consultée sur la question de savoir comment pourrait se produire l'échange des signaux entre Paris et Alger, sur un parcours de 1,600 kilomètres environ, divisé en deux segments à peu près égaux par le fil aérien et le câble sous-marin.

Il résulta de ces premières discussions qu'il était nécessaire d'installer un relais à Marseille, au point de jonction des deux conducteurs électriques.

D'un autre côté, l'existence d'un grand Observatoire à Marseille permettait de mesurer aussi, dans des conditions très-favorables, par le fil aérien d'abord et par le câble sous-marin ensuite, les différences de longitude entre Paris-Marseille et Marseille-Alger, et d'obtenir ainsi une vérification des résultats obtenus par l'opération directe entre Paris et Alger.

M. Stephan, directeur de l'Observatoire de Marseille, s'empressa d'accepter les offres de collaboration qui lui furent faites, et au mois d'avril 1874, conformément à une décision prise par le conseil des Observatoires de France, dans une séance générale à laquelle avaient été convoqués MM. le colonel Saget et le commandant Perrier, du Dépôt de la guerre, il fut décidé que MM. Lœwy, Stephan et Perrier procéderaient en commun, dans le courant de la même année, à la détermination des différences de longitude entre Paris, Marseille et Alger.

Le Dépôt de la guerre et l'Observatoire de Marseille ne possédaient alors aucun cercle méridien portatif semblable à ceux de l'Observatoire de Paris; il était important cependant que les trois observateurs fussent pourvus, aux trois stations conjuguées, d'instruments semblables, afin de rendre les observations comparables et d'égale précision.

C'est dans ce but que M. Le Verrier mit à la disposition du Dépôt de la guerre, pour la station d'Alger, un cercle méridien de Secretan-Eichens identique, dans ses parties essentielles, avec le cercle de Rigaud spécialement affecté à Paris à la détermination des longitudes terrestres; en même temps, un amateur distingué, M. de la Redorte, possesseur d'un cercle semblable de Secretan-Eichens, s'empressait, sur la demande de M. Le Verrier, de l'offrir à M. Stephan pour toute la durée de nos opérations.

Les appareils télégraphiques destinés à l'enregistrement des observations de passages et des signaux échangés avaient été perfectionnés par M. Lœwy, à la suite des observations de la longitude de Vienne; des appareils semblables furent construits par M. Bréguet pour le Dépôt de la guerre et pour l'Observatoire de Marseille.

Les trois stations de Paris, de Marseille et d'Alger furent donc installées dans des conditions à peu près identiques.

L'administration des lignes télégraphiques craignant, avec juste raison, que le câble sous-marin ne pût pas supporter sans danger des décharges provenant de l'électricité atmosphérique transmise par des fils aériens, fit poser à ses frais, à Alger et à Marseille, deux câbles souterrains destinés à établir une communication directe entre le câble sous-marin et les appareils des deux Observatoires; la longueur des lignes souterraines était de 5 kilomètres environ à Alger, et de 800 mètres à Marseille.

Des expériences préalables, dirigées par M. Lœwy, furent faites à Paris, à Marseille et à Alger pour étudier, soit le fonctionnement et le réglage du relais de translation établi à Marseille, soit les conditions de transmission et d'enregistrement des signaux entre les trois stations; à la suite de ces expériences, les deux piles de ligne, à Paris et à Marseille, furent composées chacune de cent vingt éléments du système Callaud; celles d'Alger et de Marseille, pour la communication sous-marine, ne comprenaient que dix éléments chacune et pouvaient être, par exception seulement, portées jusqu'à douze.

Les opérations ont été commencées quelques semaines après l'époque convenue d'avance, par suite de retards dont la cause n'avait pas été prévue; elles ont duré près de deux mois, du 30 septembre au 24 novembre.

Nous avons effectué trois séries d'observations dans l'ordre suivant:

1° Lœwy à Paris, Stephan à Marseille;

2° Stephan à Marseille, Lœwy à Alger;

3° Perrier à Paris, Lœwy à Alger.

Chacune de ces opérations de longitude a été précédée et suivie de plusieurs séries d'observations ayant pour objet la détermination de l'équation personnelle entre MM. Lœwy et Stephan, et MM. Lœwy et Perrier.

L'échange des signaux entre Paris-Marseille et Marseille-Alger n'a présenté aucune difficulté; il n'en a pas été de même entre Paris et Alger. Le réglage du relais de translation à Marseille était une opération délicate, qui a été l'objet de soins incessants de la part de M. Stephan, mais n'a pu être complétement assurée qu'à partir du 2 novembre.

Nous nous bornerons à résumer ici les résultats obtenus par MM. Lœwy et Stephan pour les longitudes de Paris-Marseille et Marseille-Alger; leurs observations seront publiées *in extenso* dans le premier volume des Annales de l'Observatoire de Marseille et dans un prochain volume des Annales de l'Observatoire de Paris.

Les feuilles suivantes contiennent le détail des opérations exécutées entre Paris et Alger et font connaître la valeur définitive que nous avons adoptée pour la longitude d'Alger.

Dans l'accomplissement de la mission que nous avions à remplir, nous avons été assistés avec intelligence et dévouement par MM. les capitaines Penel et Bassot, et nous tenons à consigner en tête de ce Mémoire l'expression de notre cordiale reconnaissance.

CHAPITRE PREMIER.

OBSERVATOIRES DE PARIS ET D'ALGER.

PARIS.

Le Mémoire de MM. Lœwy et Oppolzer, inséré dans le dernier tome des Annales de l'Observatoire de Paris (*Observations*), contient, page E. 3, la description du pavillon spécialement affecté à la détermination des longitudes terrestres et nous nous contenterons d'y renvoyer nos lecteurs qui y trouveront toutes les indications utiles, nous réservant d'insister plus particulièrement sur le choix de la station d'Alger et sur l'Observatoire permanent d'astronomie géodésique que le Dépôt de la guerre a fait construire aux environs de cette ville.

ALGER.

Choix de la station. — Notre premier soin, en arrivant à Alger, au mois d'août 1874, fut de reconnaître les environs de la ville, afin d'y découvrir un terrain favorable à une station astronomique et qui fût en même temps d'une acquisition facile.

Sans négliger les conditions générales auxquelles doit satisfaire le choix d'une station astronomique, trois conditions particulières s'imposaient à nous pour la station d'Alger. Elle devait être aussi rapprochée que possible du point d'atterrissement du câble sous-marin et pouvoir être rattachée à la chaîne primordiale dont les sommets voisins d'Alger étaient Douéra, Bouzaréah, Phare d'Alger, Matifou et Melab el Kora; il fallait, en troisième lieu, assurer à l'État la propriété ou la jouissance illimitée du terrain, afin d'y pouvoir construire un petit Observatoire permanent pour les opérations ultérieures à effectuer en Algérie.

Après une reconnaissance minutieuse qui dura plusieurs jours, le choix du commandant Perrier se porta sur les terrains qui avoisinent l'ancien télégraphe aérien de la colonne Voirol, situé à 5 kilomètres environ d'Alger, sur la route nationale n° 1, qui mène d'Alger à Laghouat.

Le télégraphe aérien de Voirol et ses dépendances occupent le sommet d'un mamelon qui domine la petite chaîne des collines étagées en amphithéâtre autour de la plage de Mustapha. De ce point, on découvre l'horizon et on aperçoit tous les points géodésiques voisins, à l'exception de celui de Douéra. Le mamelon est la propriété de l'État et a été cédé provisoirement par le service du génie militaire à l'administration des forêts qui a su y créer en peu de temps des plantations considérables, dont le succès désormais assuré a fait donner à cette partie des environs d'Alger le nom, que justifiera mieux encore l'avenir, de bois de Boulogne.

Un observatoire toutefois eût été malaisé à construire autour du télégraphe qui présente un relief imposant et dont les abords sont encombrés de masures et coupés de larges fossés; en outre, à cause de la déclivité rapide du terrain dans les deux directions nord et sud, on eût rencontré de grandes difficultés pour l'établissement d'une mire méridienne.

L'emplacement le plus favorable, assurément à l'abri de toute critique, et qui sera probablement utilisé un jour pour la création d'un grand Observatoire permanent en Algérie, s'est révélé à nous à la simple inspection des environs. A 160 mètres dans la direction du sud-sud-est, la pente devient presque insensible et on rencontre une sorte de plateau circulaire de 40 mètres environ de diamètre, où la couche de terre végétale est mince, et laisse affleurer en plusieurs points la roche calcaire sous-jacente. C'est au centre de ce plateau qu'a été construit le pavillon astronomique dont nous allons donner la description. (Voy. le dessin topographique des environs de l'Observatoire, pl. I.)

Observatoire permanent du Dépôt de la guerre en Algérie. — Après avoir tracé sur le sol et par les procédés ordinaires la direction nord-sud, on fit creuser sur un carré de 3 mètres de côté jusqu'à la profondeur de 40 centimètres, et on atteignit ainsi un banc de calcaire compacte qui fut entamé sur une épaisseur de 50 centimètres. Sur le fond de cette cavité préalablement nivelée, fut construit un massif rectangulaire de 2^m,50 de côté et 0^m,40 de hauteur, en maçonnerie faite de moellons plats et durs de Bab el Oued avec mortier de ciment. C'est dans ce massif que fut encastré le monolithe destiné à servir de pilier méridien et présentant les dimensions suivantes : $1^m,60$ de hauteur sur $0^m,80$ dans le sens est-ouest et $0^m,60$ dans le sens nord-sud.

Afin d'isoler complétement le massif des fondations et le pilier, les terres adjacentes furent maintenues, sur les quatre faces latérales, par des parements en briques jointoyées au ciment.

Au-dessus du pilier s'élève un pavillon en briques crépi et blanchi, de 6 mètres de longueur sur 4 mètres de largeur et $3^m,50$ de hauteur jusqu'à la naissance du toit qui est en forme de terrasse. Une ouverture méridienne continue de $0^m,55$ de largeur est pratiquée sur les faces nord et sud, à partir d'un point situé à 1 mètre au-dessus du sol et tout le long du toit, découvrant ainsi sans interruption, sur une large surface, toute la région du ciel de l'horizon sud à l'horizon nord.

Des volets en bois et des trappes permettent d'ouvrir ou de fermer à volonté la fente méridienne; deux fenêtres grillées sur la face tournée vers l'est, une fenêtre et une porte du côté de l'ouest assurent l'aérage complet et, pendant le jour, l'éclairage de la baraque.

A l'intérieur, à l'est et à l'ouest et un peu au sud du pilier méridien s'élèvent deux piliers destinés à supporter les régulateurs; ils sont construits en briques et à fondations isolées.

Des lambourdes, posées sur les fondations maçonnées des murs du pavillon, soutiennent un plancher disposé de manière à ne toucher ni le pilier méridien, ni les piliers des régulateurs, et élevé de $0^m,25$ au-dessus du sol. La face supérieure du pilier méridien est ainsi à $0^m,75$ au-dessus du plancher; il est lui-même entouré d'un coffrage en bois fixé sur le plancher et qui ne le touche par aucun point, afin de donner à l'observateur un point d'appui facile et sans danger dans certaines positions incommodes qu'impose l'observation des astres au zénith.

A l'extérieur, au nord et à $0^m,40$ du pavillon, un pilier en briques solidement construit porte l'objectif de mire dont la distance focale est de $60^m,1$. Plus loin, vers le nord, à $60^m,1$, s'élève le pilier de la mire, en briques, de 3 mètres de hauteur, reposant sur de larges fondations de $1^m,50$ de profondeur faites en maçonnerie de moellons avec mortier de ciment. Ces deux piliers sont coiffés de chapeaux en bois peint qui abritent l'objectif et la mire.

Enfin, une petite cabane en planches, dressée à l'extérieur contre l'angle sud-est du pavillon, peut contenir les éléments de pile et divers accessoires utiles.

Toutes ces constructions ont été terminées le 20 septembre, plus d'un mois avant le début des observations entre Paris et Alger.

Les sapins plantés autour de l'Observatoire atteignaient à peine la hauteur d'un homme en 1874 ; mais, dans quelques années, ils dépasseront le toit de l'Observatoire ; aussi nous a-t-il paru prudent d'en faire déplacer un grand nombre et de faire pratiquer, dans la direction de la fente méridienne et de part et d'autre, une large trouée formant une allée de 7 mètres de largeur, qui garantira, pour les observations ultérieures, la possibilité de découvrir toujours la région utile du ciel.

L'administration des forêts a fait exécuter ce travail ; nous lui offrons nos sincères remercîments. Notre tâche, du reste, a été considérablement facilitée par les moyens matériels que M. le gouverneur général Chanzy a bien voulu mettre largement à notre disposition, et nous tenons à lui exprimer ici notre reconnaissance personnelle.

CHAPITRE II.

DESCRIPTION DES INSTRUMENTS ET APPAREILS.

Instruments. — Le cercle méridien employé à Paris porte le n° 2 des cercles construits par Rigaud; il a été déjà décrit dans le tome IX des *Annales de l'Observatoire* (Mémoires); fortement atteint par les projectiles au mois de mars 1871, il avait été réparé et mis en bon état par l'artiste, pour les besoins de la longitude de Vienne[1].

Quant au cercle méridien de Secretan-Eichens, qui occupait la station d'Alger, il était aussi en très-bon état et à peu près identique au cercle de Rigaud. Nous nous contenterons de rappeler ici les dispositions principales de ces deux instruments; les chiffres que nous donnerons s'appliquent plus spécialement au cercle de Secretan-Eichens qui nous a servi, non-seulement pour la longitude, mais aussi pour la latitude d'Alger.

L'objectif de la lunette a $0^m,78$ de distance focale et une ouverture libre de $0^m,065$; un oculaire brisé permet d'observer aisément à toute hauteur. La plaque du réticule porte treize fils formant quatre groupes de trois fils chacun, répartis de part et d'autre du fil milieu, et un quatorzième fil perpendiculaire aux treize premiers et servant à l'observation du nadir. Le châssis du micromètre porte, en outre, un fil mobile parallèle aux fils horaires; le tambour est divisé en 100 parties égales.

Le cercle vertical a $0^m,415$ de diamètre entre les divisions, qui sont espacées de 5 en 5 minutes; il peut tourner autour de l'axe de rotation et être fixé solidement dans une position quelconque, de manière à faire varier l'origine des lectures sur le limbe; un simple disque en laiton, de moindre diamètre, sert de contre-poids.

La chiffraison est gravée de 2 en 2 degrés; les microscopes sont au nombre de quatre. Le porte-microscopes est en bronze et coulé d'une seule pièce; il est formé d'une jante circulaire réunie par huit rayons à une

---

[1] On trouvera fig. 2 une vue perspective du cercle méridien que M. Brünner vient de construire pour le Dépôt de la guerre, et qui peut être considéré comme le type le mieux réussi des instruments de ce genre.

douille centrale; un petit niveau à bulle d'air, fixé à la partie supérieure, sert à amener l'appareil dans une position à peu près constante et à en surveiller les déplacements.

Chaque microscope est muni d'un peigne dont les dents correspondent, par groupes de cinq, à l'intervalle de deux divisions consécutives ou à 10 minutes d'arc, et servent à compter les tours de la vis micrométrique. Chaque tour vaut environ 2 minutes et, comme les tambours sont divisés en 60 parties égales, chaque partie représente approximativement 2 secondes; d'où il résulte que, pour transformer en minutes et secondes les tours de la vis, il suffit de doubler les tours et de prendre la moitié de la somme des lectures des parties pour les quatre microscopes.

Dans l'observation des passages méridiens, l'éclairage du champ de la lunette était obtenu au moyen d'une lampe modérateur, entourée d'un manchon noirci extérieurement et formé de deux enveloppes cylindriques entre lesquelles l'air circulait librement; ces enveloppes étaient percées d'un trou rond permettant le passage des rayons lumineux qui étaient concentrés dans la direction de l'axe par un tube interposé pourvu de deux lentilles.

Pour l'observation des distances zénithales, on ajustait sur la lampe, après avoir enlevé le manchon, un réflecteur formé de quatre surfaces elliptiques, concentrant la lumière sur les quatre prismes adaptés aux réflecteurs des microscopes. Un écran de forme convenable, posé sur le pilier méridien, protégeait les yeux de l'observateur et les montants de l'instrument contre les effets de la chaleur dégagée par la lampe; un deuxième écran circulaire, monté sur l'axe de rotation, garantissait de même le cercle et le tube de la lunette.

Enfin, l'éclairage des fils, pour l'observation du nadir, s'obtenait au moyen d'une lampe à main posée sur un petit support temporaire et d'un petit appareil nadiral concentrant la lumière dans le tube de la lunette.

Mires méridiennes. — Afin de se rendre compte à tout instant de l'état de l'instrument et de mettre en évidence les variations en azimut, on avait établi, à Paris, au sud, et à Alger, au nord du pilier méridien, un objectif, au foyer principal duquel on avait placé une petite mire formée de deux fils métalliques se croisant sous un angle de 60 degrés; la distance focale des objectifs était de 66 mètres à Paris et $60^m,1$ à Alger. A Paris, l'objectif de mire était installé dans l'embrasure de la trappe méridionale du pavillon; à Alger, il était scellé sur un fort pilier en briques.

CONSTANTES INSTRUMENTALES.

PARIS.

La valeur angulaire d'une division du niveau a été obtenue par huit séries d'observations faites en nombre égal, avant et après les observations de longitude, soit au cercle mural de Gambey, soit avec l'éprouvette à niveau de Brünner. Nous avons trouvé les résultats suivants :

DATES.		TEMPÉRATURE.	Au cercle mural.	DATES.		TEMPÉRATURE.	Avec l'éprouvette.
1874. Septembre	7	$17,1$	$1 = 3,05$	1874. Septembre	8	$17,4$	$1 = 2,98$
	9	$18,5$	$2,99$		10	$16,7$	$3,04$
Décembre	2	$5,1$	$3,02$	Décembre	1	$4,8$	$2,96$
	3	$4,7$	$3,05$		4	$7,5$	$3,07$
Moyenne....			$3,028$	Moyenne....			$3,012$

Moyenne adoptée.................. $1 = 3,02 = 0,201$.

Quant à *la valeur angulaire du tour de la vis micrométrique*, elle avait été déterminée en 1873 et au printemps de 1874 par M. Lœwy, qui avait trouvé $K = 5^s,2726$ en effectuant des pointés nombreux dans toute l'étendue du champ, à l'aide du fil mobile, sur des circumpolaires, et $K = 5^s,2691$, en comparant les lectures faites sur les treize fils fixes avec les distances équatoriales des fils résultant de l'observation d'un millier d'étoiles; la combinaison de ces deux résultats avait donné

$$K = 5^s,2715$$

M. Lœwy avait aussi étudié avec soin les diverses parties de la vis et reconnu que le filet ne présentait aucune irrégularité appréciable. Le commandant Perrier s'est contenté, en 1874, de vérifier que la valeur de K n'avait pas éprouvé de variation sensible, et il a trouvé les résultats suivants :

3o octobre par....	α Petite Ourse.........	$K = 5,2731$
25 novembre par..	λ Petite Ourse.........	5,2706
26 *idem*.........	ε Petite Ourse.........	5,2721
27 *idem*.........	δ Petite Ourse.........	5,2690
28 *idem*.........	51 Hévélius............	5,2707
	Moyenne..................	5,2711

La différence avec la valeur précédente est trop faible pour que nous ayons cru devoir modifier celle précédemment obtenue par M. Lœwy, et nous avons adopté dans les calculs $K = 5^s,2715$.

Les *distances des fils au fil moyen idéal*, en fonction de la vis, ont été obtenues par 10 pointés effectués chaque jour au fil mobile sur les fils fixes; ensuite, connaissant la valeur du pas de la vis en temps, on a pu calculer les mêmes distances en temps de l'équateur.

Nous donnons, dans les tableaux suivants, les résultats obtenus dans les deux cas; les numéros des fils et les signes se rapportent à la position ouest du cercle et au passage supérieur des étoiles.

DISTANCES DES FILS AU FIL MOYEN IDÉAL.

N⁰ˢ des fils.	En fonction de la vis.		En temps équatorial.
1	$+ 6,3291$		33,364
2	$+ 5,3692$		28,304
3	$+ 4,6111$		24,307
4	$+ 3,0327$		15,987
5	$+ 2,3151$		12,204
6	$+ 1,3630$	$K = 5,2715$	7,185
7	$+ 0,0103$		0,054
8	$- 1,3200$		6,958
9	$- 2,3361$		12,315
10	$- 3,0603$		16,132
11	$- 4,6048$		24,274
12	$- 5,3405$		28,152
13	$- 6,3687$		33,572

L'étude des tourillons avait déjà montré que leurs surfaces ne diffèrent pas sensiblement de la forme cylindrique; quant à la correction d'inclinaison due à l'inégalité des tourillons, nous l'avons déduite de l'ensemble même de nos observations, en comparant, pour les soirées successives, l'inclinaison fournie par le niveau dans les deux positions de la lunette, avant et après chaque retournement.

INCLINAISON DE L'AXE (CERCLE EST — CERCLE OUEST).

Observateur : Loewy.		Observateur : Perrier.	
Juillet 21 +0,1.	Septembre 24 +0,1.	Octobre 31 +0,2.	Novembre 6 +0,1.
27 +0,1.	24 +0,3.	Novemb. 1 +0,1.	14 +0,1.
27 +0,1.	25 +0,3.	1 +0,1.	17 +0,2.
30 +0,1.	25 +0,5.	2 +0,0.	17 +0,1.
Août 2 +0,0.	29 +0,0.	2 +0,4.	21 +0,5.
2 +0,1.	30 +0,0.	2 +0,2.	22 +0,3.
2 +0,2.	30 −0,1.	3 +0,2.	22 +0,4.
3 +0,0.	30 +0,1.	3 −0,1.	23 +0,3.
6 −0,2.	Octobre 3 +0,1.	4 +0,3.	23 +0,1.
7 +0,1.	3 +0,1.	4 +0,0.	23 +0,1.
7 −0,2.	3 +0,0.	5 +0,1.	24 +0,4.
10 +0,0.	5 −0,1.	5 +0,2.	24 +0,4.
11 −0,2.	6 +0,9.	5 +0,3.	24 +0,2.
11 +0,1.	8 +0,8.		
Sept. 23 +0,1.	8 −0,3.		
24 +0,2.	8 +0,1.		

Moyenne générale de........ (β Est $-$ β Ouest) $= + 0,15$.

Correction Ouest.. $= + 0,04$.	$\delta\beta$ sin φ....... $= + 0,006$.
Correction Est ... $= - 0,04$.	$\delta\beta$ sin φ....... $= - 0,006$.

ALGER.

La *valeur angulaire d'une division du niveau* a été déterminée comme pour le cercle de Paris, par MM. Perrier et Bassot, d'abord avec le cercle mural de Gambey et ensuite à l'aide de l'éprouvette de Brünner.

On a ainsi obtenu les résultats suivants :

DATES.	TEMPÉRATURE.	Au cercle mural.	DATES.	TEMPÉRATURE.	Avec l'éprouvette.
12 septembre 1874.	15,7	1 $=$ 1,374	21 janvier..........	6,4	1,409
13 *idem*.........	19,8	1,348	22 *idem*...........	5,9	1,362
14 *idem*.........	18,5	1,405	23 *idem*...........	7,4	1,333
Moyenne........		1,376	Moyenne..........		1,368

Moyenne adoptée .... 1 $=$ 1,372 $=$ 0,092

La *valeur d'un tour de la vis* a été obtenue à l'aide d'observations d'étoiles polaires. Afin de pouvoir, dans chaque détermination particulière, disposer d'une série de nombreux pointés, on a choisi de préférence, parmi ces astres, les étoiles les plus voisines du pôle. Mais, dans ce cas, où, pour l'exécution du travail, on a le bénéfice d'un long intervalle de temps, il devient indispensable de s'assurer de la stabilité de l'instrument. Les lectures du niveau et de la mire, faites pendant le cours de cette opération, permettent facilement de constater si cette condition d'exactitude se trouve réalisée.

DÉTERMINATION DE LA VALEUR D'UN TOUR DE LA VIS MICROMÉTRIQUE.

Octobre   25 α Petite Ourse.................. $1 = 5,323$
Novembre 8 α Petite Ourse.................. $1 = 5,316$
          10 α Petite Ourse.................. $1 = 5,317$
          10 α Petite Ourse.................. $1 = 5,326$
          16 α Petite Ourse.................. $1 = 5,319$
          19 α Petite Ourse.................. $1 = 5,320$

En tenant compte du poids des valeurs individuelles, on obtient définitivement

$$1 = 5,320$$

La position du cercle horaire, que l'on suppose passer par le centre du champ, a été définie par la lecture v_m, qui est la moyenne de tous les nombres obtenus en pointant, à l'aide du fil mobile, les treize fils fixes du réticule. Toutes les observations, faites en dehors du centre du champ, ont été réduites au fil moyen fictif.

DISTANCES DES FILS AU FIL MOYEN IDÉAL.

Dans le tableau suivant, on trouve, exprimées en tours de vis et en temps, les distances des treize fils fixes au milieu de ces fils, dont les valeurs numériques ont servi dans les calculs de réduction.

DISTANCES DES TREIZE FILS AU FIL MOYEN IDÉAL (CERCLE OUEST).

Fil 1...............   6,213 .... + 33,04
    2...............   5,254 .... + 27,95
    3...............   4,554 .... + 24,23

$$\text{Fil}\quad 4\ \ldots\ldots\ldots\ldots\ldots\ 2,897\ \ldots\ldots\ldots\ldots\ +\ 15,41$$
$$5\ \ldots\ldots\ldots\ldots\ldots\ 2,267\ \ldots\ldots\ldots\ldots\ +\ 12,06$$
$$6\ \ldots\ldots\ldots\ldots\ldots\ 1,344\ \ldots\ldots\ldots\ldots\ +\ 7,15$$
$$7\ \ldots\ldots\ldots\ldots\ldots\ 0,047\ \ldots\ldots\ldots\ldots\ -\ 0,25$$
$$8\ \ldots\ldots\ldots\ldots\ldots\ 1,270\ \ldots\ldots\ldots\ldots\ -\ 6,76$$
$$9\ \ldots\ldots\ldots\ldots\ldots\ 2,208\ \ldots\ldots\ldots\ldots\ -\ 11,75$$
$$10\ \ldots\ldots\ldots\ldots\ldots\ 2,996\ \ldots\ldots\ldots\ldots\ -\ 15,94$$
$$11\ \ldots\ldots\ldots\ldots\ldots\ 4,557\ \ldots\ldots\ldots\ldots\ -\ 24,24$$
$$12\ \ldots\ldots\ldots\ldots\ldots\ 5,208\ \ldots\ldots\ldots\ldots\ -\ 27,71$$
$$13\ \ldots\ldots\ldots\ldots\ldots\ 6,247\ \ldots\ldots\ldots\ldots\ -\ 33,23$$

INCLINAISON DE L'AXE (POSITION INVERSE — POSITION DIRECTE).

Octobre 27	$+$ 0,9.	Novembre 7	$+$ 0,4.	Novembre 15	$-$ 0,3.
29	$+$ 0,6.	7	$+$ 0,3.	15	$+$ 0,8.
29	$+$ 0,9.	7	$+$ 0,7.	17	$+$ 0,0.
30	$+$ 0,8.	8	$+$ 0,8.	17	$+$ 0,2.
30	$+$ 0,3.	8	$+$ 0,9.	17	$+$ 0,8.
30	$-$ 0,3.	8	$-$ 0,4.	18	$+$ 0,4.
31	$+$ 0,9.	8	$+$ 0,6.	18	$+$ 0,1.
Novembre 1	$+$ 0,0.	9	$-$ 0,2.	18	$+$ 0,2.
3	$+$ 0,8.	9	$+$ 0,6.	19	$+$ 0,0.
3	$+$ 1,4.	10	$+$ 0,0.	19	$+$ 1,2.
3	$+$ 0,3.	10	$-$ 0,4.	19	$+$ 1,1.
4	$+$ 0,5.	10	$+$ 0,4.	19	$+$ 0,7.
4	$-$ 0,7.	10	$+$ 0,6.	19	$+$ 0,7.
6	$+$ 0,4.	10	$+$ 0,7.	22	$+$ 1,1.
6	$-$ 0,4.	10	$-$ 0,2.	23	$+$ 0,7.
6	$+$ 0,1.	10	$+$ 0,1.	23	$+$ 0,7.
6	$+$ 0,5.	10	$+$ 0,3.	23	$+$ 1,3.
7	$+$ 0,2.	15	$-$ 0,1.	24	$+$ 0,5.
MOYENNE.. $=$ $+$ 0,40.		MOYENNE. $=$ $+$ 0,28.		MOYENNE. $=$ $+$ 0,58.	

$$\text{Moyenne générale}\ \ldots\ldots\ldots\ldots\ \frac{\text{Ouest-Est}}{4}\ =\ +\ 0,11.$$

Correction Est... $= +$ 0,11.	$\delta\beta \sin\varphi \ldots\ldots = +$ 0,008.
Correction Ouest. $= -$ 0,11.	$\delta\beta \sin\varphi \ldots\ldots = -$ 0,008.

A la rigueur, nous aurions pu omettre cette faible correction; car nous
nous sommes efforcés, en général, d'observer le même nombre d'étoiles

dans les deux positions de la lunette. Par là, les erreurs instrumentales se trouvent pour la plupart compensées dans les moyennes et, en particulier, celles qui résultent de l'inégalité des tourillons sont éliminées en grande partie. Mais nous avons tenu à ne rien négliger afin de nous rendre un compte exact des flexions qui pourraient se produire.

PENDULES AVEC INTERRUPTEUR ÉLECTRIQUE.

La pendule employée à Paris était une pendule de Berthoud, réglée électriquement, au début des opérations, sur le temps sidéral par la pendule normale établie dans les catacombes de l'Observatoire.

A Alger, on avait installé deux pendules, l'une de Berthoud, l'autre de Bréguet, celle-ci pouvant remplacer la première en cas d'accident.

La marche horaire de la pendule d'Alger a toujours été très-satisfaisante; celle de Paris, au contraire, a manifesté, dès les premiers jours, des variations dans sa marche diurne, par suite de dérangements survenus à la pendule normale, et nous avons dû, à partir du 1er novembre, la rendre indépendante de la pendule normale et en régler la marche sur le temps sidéral, en retouchant plusieurs fois la vis de la lentille pendant le cours des opérations. C'est ce qui explique les différences qui se manifestent dans les valeurs de la marche horaire, les 1er, 3, 6 et 11 novembre; mais comme, dans chaque période comprise entre deux réglages consécutifs, la marche a été très-régulière, les changements que nous signalons n'ont pu avoir aucune influence appréciable sur les résultats obtenus pour la correction de l'heure donnée par la pendule.

A Alger et à Paris, les deux pendules étaient pourvues d'un système identique, permettant de fermer et d'interrompre alternativement un courant électrique. Ce système est représenté planche III.

Sur l'axe même A, qui porte l'ancre qui produit l'échappement de la roue des secondes, est montée une petite tige verticale T, dont la partie supérieure recourbée à angle droit sert d'écrou à une vis v, dite vis de réglage, à pointe arrondie en agate. Deux bornes b', b'', portées par un cadre intérieur, reçoivent les deux fils conducteurs d'une pile, qui sortent de la pendule par deux autres bornes B', B'', vissées sur la boîte métallique qui enferme le mouvement; les quatre bornes sont séparées des pièces qui les supportent au moyen de plaques isolantes. La borne b' porte une lame

rigide recourbée l', traversée par une vis v' dont la pointe p' est en platine
et contre laquelle vient s'appuyer, par une petite plaque en platine, une
deuxième lame l'' élastique, fixée à la borne b''; la lame l'' porte, en outre,
sur sa face supérieure et au-dessous de la vis v, un petit butoir arrondi,
a, en agate.

Lorsque la lame l'' vient buter contre la pointe p' de la vis v', le courant,
amené en B', passe de B' en b', suit les lames l', l'' et s'échappe à la terre
par les bornes b'', B''; mais lorsque, dans le mouvement d'oscillation de
l'ancre, la vis v, préalablement réglée, vient toucher le butoir a, la lame
l'' est abaissée et le contact en p' cesse de se produire; le courant est interrompu.

La durée de l'interruption est déterminée par l'action plus ou moins
prolongée de la vis v sur l'agate a; quant à l'instant de l'interruption, par
rapport à l'oscillation du pendule, il dépend des positions relatives de
la vis et du butoir. On règle la durée de l'interruption, en élevant ou
abaissant la pointe de la vis v, qu'on peut aussi faire mouvoir latérale-
ment, de manière que l'interruption se produise, soit au milieu, soit à la
fin d'une oscillation. Dans le premier cas, le courant est interrompu à
chaque seconde, et, dans le second cas, il n'y aura qu'une interruption
toutes les deux secondes.

C'est ce dernier mode de réglage que nous avons adopté, en faisant
coïncider l'instant des interruptions avec les secondes paires de la pendule
et établissant un rapport voisin de 1 à 6 entre la durée de l'interruption
et celle du contact : la vitesse de la bande qui se déroule est d'environ
1 centimètre par seconde.

APPAREILS ÉLECTRIQUES POUR L'ENREGISTREMENT
DES OBSERVATIONS ET DES SIGNAUX.

Ces appareils sont montés sur une planchette portative, imaginée par M. Lœwy, dans laquelle les communications sont mises en évidence et dont la mise en station est, pour ainsi dire, instantanée, lorsque les communications extérieures ont été préalablement établies.

La planche V représente une vue perspective de cette planchette; dans la planche IV, nous avons réduit l'appareil à ses lignes essentielles pour la commodité de la description[1].

Indépendamment du courant qui produit l'enregistrement de l'heure de la pendule, trois autres courants sont employés à enregistrer, au moyen d'un même électro-aimant E_2, les observations locales, les signaux transmis et les signaux reçus.

Ces courants, lorsqu'ils sont en action, suivent le même parcours et se bifurquent, soit en A, soit en λ, pour se rejoindre après avoir parcouru deux circuits différents. Dans l'un de ces circuits est interposé un *rhéostat;* l'autre circuit comprend un *galvanomètre* et un *relais polarisé du système Siemens.* En réglant convenablement le rhéostat par l'introduction de résistances suffisantes, on peut toujours obtenir sur le galvanomètre une déviation donnée et, par suite, *dans les trois cas de l'enregistrement local, de la transmission et de la réception des signaux, ne laisser passer dans le relais qu'une fraction du courant ayant une même intensité mesurée par une même déviation de l'aiguille aimantée.*

La constance des courants est ainsi obtenue par dérivation au moyen d'un rhéostat et vérifiée par la boussole.

La fonction du relais consiste, sous l'influence d'un même courant, à disjoindre le circuit local *b p q*, et, dans les cas de transmission et de réception de signaux, à fermer le courant de la pile locale qui enregistre ces signaux.

On verra, par là description qui va suivre, que les effets dus aux temps d'attraction de la palette du relais, à la non-instantanéité du déplacement des fers doux des électro-aimants, et, en général, à l'inertie

---

[1] Les planches VI et VII contiennent une vue perspective et un plan réduit à ses lignes essentielles du poste Morse, qui accompagne toujours la planchette chronographique.

des pièces en mouvement, sont compris dans la correction que nous désignons sous le nom de *parallaxe des plumes* et éliminés autant que possible des résultats définitifs.

CHRONOGRAPHE.

Un mécanisme d'horlogerie imprime une rotation régulière à un petit cylindre qui, dans son mouvement, entraîne une bande de papier légèrement prise entre ce cylindre et un petit rouleau porté par un petit levier dont on peut faire varier la pression à volonté. La bande se déroule ainsi d'une manière uniforme et se déplace de longueurs égales dans des temps égaux (environ 1 centimètre par seconde). Le moteur du chronographe est un ressort; quant à la régularité du mouvement, elle est obtenue de la manière la plus satisfaisante par l'action d'une *lame vibrante* qui s'appuie sur les dents de la roue d'échappement du mécanisme.

Sur la bande viennent s'appuyer dans le sens longitudinal deux plumes, pourvues au haut de leur fente d'un petit réservoir d'encre, et, au-dessous du bec, d'une petite lame pour éviter les bavures. Ces deux plumes sont montées aux extrémités de deux tiges horizontales portées par des leviers parallèles entre eux; lorsque la bande se déroule, les deux plumes décrivent deux lignes parallèles distantes d'environ 4 millimètres.

La première plume, ou *plume des secondes*, est commandée par l'ancre d'un électro-aimant E_1; lorsqu'un courant électrique traverse les bobines E_1, l'ancre est attirée et la plume, attirée aussi, décrit pendant le passage du courant, à partir de l'instant où le contact a eu lieu, une ligne parallèle à la première, pour revenir ensuite à sa position primitive, lorsque le courant cesse de passer. Elle trace ainsi une petite coche en forme de trapèze, et l'origine de cette coche sur la ligne des abscisses correspond à l'instant initial de l'action effective du courant. Il en est de même pour la deuxième plume, dite *plume des signaux*.

Si maintenant nous imaginons que le courant passe dans le premier électro-aimant toutes les deux secondes, pendant une petite fraction de seconde, la ligne tracée par la première plume présentera à des distances égales des coches semblables à celle que nous venons de décrire et l'origine des secondes sera indiquée, de deux en deux secondes, sur la bande par l'origine même de ces coches; si, en outre, un deuxième courant passe, à un moment quelconque, dans le deuxième électro-aimant, la deuxième plume tracera une coche semblable à celle de la première, et la comparaison de l'abscisse de l'origine de cette coche avec les abscisses des origines des deux coches qui la comprennent sur la ligne des secondes, fera connaître l'instant du phénomène.

Ces deux conditions sont réalisées de la manière suivante : En a est une borne où vient aboutir le fil positif d'une pile, dite *pile de la pendule*; cette borne communique, lorsque les commutateurs c et c' sont en place, au moyen de lames métalliques, d'un côté avec l'électro-aimant E_1, et de l'autre avec la borne b, d'où part un fil conducteur fixé en B' à la pendule; la borne B'' de la pendule et la borne d de la planchette sont reliées entre elles par un deuxième fil qui peut conduire un courant en d, et de là en e, et finalement à la terre en T.

Tant qu'il y a contact dans la pendule entre les deux lames recourbées l', l'', le courant traverse la pendule en suivant le circuit que nous venons de décrire et s'échappe à la terre ; mais, au moment où les deux lames sont séparées, le courant est interrompu dans la pendule, suit la lame $a\,c'$ pour passer dans l'électro-aimant E_1 qui attire la palette correspondante, et s'échappe dans le sol par la lame $E_1\,a'$, la borne a' étant reliée en T à la *ligne de terre TT*.

D'après la description que nous avons donnée de la pendule, on voit que, l'interruption se produisant toutes les deux secondes, la plume se déplacera d'une manière correspondante et la bande portera ainsi, de deux en deux secondes, un tracé graphique continu du mouvement de la pendule.

Toutes les communications utilisées à cet effet sont indiquées dans la figure; lorsque le relais R ne fonctionne pas, les deux bornes b et q sont reliées entre elles, et on voit que l'enregistrement des secondes se produirait encore si l'on déplaçait le commutateur c'.

ENREGISTREMENT LOCAL DES OBSERVATIONS.

A l'instant où se produit un phénomène, l'observateur n'a qu'à exercer une pression sur le bouton d'un *tope t*, qu'il tient à la main, pour fermer le courant d'une deuxième pile ou *pile locale*, qui arrive en f, suit la bande $f\,E_2$, passe dans le deuxième électro-aimant pour attirer la plume, et continue sa route suivant un circuit métallique continu pour s'échapper enfin dans le sol. A cet effet, la planchette porte sur la droite trois séries de boutons métalliques disposés sur des arcs de cercle autour du point C et dont la position est déterminée pour produire les effets désirés, avec l'aide d'un commutateur métallique en forme de bras mobile autour du point C, et maintenu par un guide circulaire qui porte trois échancrures ou arrêts correspondant aux mots : *local, envoi, réception.* La face inférieure de ce commutateur à manette est pourvue de six frotteurs ou contacts à pompe dont le premier seulement communique avec la masse métallique, les autres étant répartis en deux groupes de trois, et de deux portés par deux lames métalliques séparées du bras de levier au moyen de plaques isolantes; dans le mouvement du commutateur, les frotteurs viennent, suivant les cas, se poser sur les trois séries de boutons de la planchette et établissent les communications nécessaires avec les lames voisines.

Dans le cas qui nous occupe, le commutateur doit être arrêté sur le cran dit local. Dans cette position, si l'observateur presse le bouton du tope, le courant local, porté en C, passe dans la masse, puis de 1 à 2, de 2 à 3, au moyen des frotteurs, arrive à la borne B, où est fixé l'un des fils du tope, passe en t et en A, où il se bifurque. Une partie s'échappe, par la lame Aλ, vers le rhéostat RH et s'écoule ensuite à la terre; l'autre partie traverse le galvanomètre G et suit la ligne $\omega\omega'$ $\varphi\varphi'$ pour passer ensuite dans les bobines du relais R et se perdre aussi dans le sol.

Afin d'avoir la même intensité dans les courants de la pendule et de la pile locale, chacune des batteries est formée d'un même nombre d'éléments.

Au début des opérations, on introduit dans le circuit de la pile locale, au moyen du rhéostat R_h, une certaine résistance destinée à modifier l'intensité du courant de manière à produire dans le galvanomètre une déviation déterminée d'avance par la condition d'obtenir des déviations identiques dans l'enregistrement local, dans la transmission et la réception des signaux.

On comprend maintenant, sans autre explication, comment se produit sur la bande l'enregistrement des secondes de la pendule et des instants des passages observés des étoiles.

Parallaxe locale des plumes. — Pour que la deuxième plume indique bien, en temps de la pendule, les instants des phénomènes successifs, il est nécessaire qu'au même instant physique les deux plumes correspondent sur la bande à une même abscisse ou qu'on puisse mesurer très-exactement la différence des deux abscisses correspondantes. L'interposition du relais R dans le courant de la pile locale permet de mesurer cette différence.

Ce relais, dont nous avons parlé plus haut, peut être réglé très-sensible, de manière à fermer un circuit sous l'influence d'un très-faible courant traversant des bobines. Lorsqu'il est au repos, les deux bornes p et q de la planchette communiquent entre elles; mais, lorsque la petite palette mobile est attirée, la portion de circuit $p\,q$ est interrompue et ce sont les deux bornes r et s qui communiquent entre elles. Cela étant, imaginons que, le commutateur c' restant en place, on interrompe la communication entre les bornes a et b en faisant tourner le commutateur c. Si l'observateur agit sur le bouton du tope, le courant de la pile locale est fermé et traverse en se bifurquant le rhéostat, et le galvanomètre avec le relais, pour s'écouler à la terre, mais, au même instant, le courant de la pile de la pendule ne pouvant pénétrer de a en b, ni de q en p, suit la bande $a c' E_1$, et passe dans l'électro-aimant pour se perdre ensuite dans le sol. C'est donc au même instant physique que les deux plumes sont attirées sous l'influence même des courants qui sont utilisés pendant la durée des observations, et la comparaison des deux abscisses correspondantes fait connaître l'avance ou le retard de la plume des signaux, ce qu'on nomme, assez improprement du reste, la *parallaxe des plumes.*

ENREGISTREMENT DES SIGNAUX ENVOYÉS À LA STATION CONJUGUÉE.

Dans cette opération, on doit satisfaire à la double condition d'envoyer des signaux à la station étrangère et de les enregistrer en même temps sur le chronographe de la station, comme s'ils étaient des signaux d'observation. A cet effet, le commutateur C est amené dans la position indiquée par le mot *envoi* et représentée dans la figure. Le courant de la grande pile, qui est amorcé à la borne L, parcourt le circuit $L \gamma \delta 3$ et, à l'instant où l'observateur presse le bouton du tope, passe en A et s'y bifurque comme le courant de la pile locale. Une partie passe sur la ligne par le rhéostat et les lames $\lambda \psi \rho$, l'autre partie traverse le galvanomètre et les bobines du relais avant de se rendre à la ligne. Mais, à ce moment, la palette du relais est attirée, le courant de la pile locale est fermé, comme il est facile de le voir en suivant les communications $c\ m\ \varepsilon\ \varepsilon'\ \varepsilon''\ s\ r$ T, et la plume des signaux attirée enregistre sur la bande le signal fait par l'observateur.

En intercalant préalablement dans le rhéostat une résistance convenable, on pourra toujours obtenir sur le galvanomètre la même déviation que pour l'enregistrement local des observations, et produire l'attraction de la palette du relais par un courant de même intensité que la partie utilisée du courant de la pile locale.

Dans ce cas aussi, il importe de mesurer la *différence des deux plumes*, et pour cela il suffit encore de tourner le commutateur c pour isoler entre elles les bornes a et b. Au signal fait par l'observateur, la palette du relais est attirée sous l'influence du courant qui passe dans la ligne, et la pile locale est fermée par la communication qu'établit le relais entre les bornes r et s; l'électro-aimant E_2 enregistre le signal; mais, au même instant, le courant de la pendule ne pouvant pénétrer de a en b, ni de q en p, se précipite dans l'électro-aimant E_1, et le signal est aussi enregistré sur la ligne des secondes; la comparaison des deux coches correspondantes donne la *parallaxe des plumes* pour les signaux envoyés à la station étrangère.

ENREGISTREMENT DES SIGNAUX ÉMANÉS DE LA STATION CONJUGUÉE.

Pour cette opération, le commutateur C est placé dans la troisième position correspondant au mot : *réception*. Les signaux étrangers se transmettent par le fil de ligne en L', et de là en o et en μ. Du bouton μ, le courant passe en λ et s'y bifurque; une partie traverse le rhéostat et s'écoule à la terre par les lames $\psi\rho\tau\varkappa 5$ et la borne T; l'autre partie remonte de λ en A, traverse la boussole et les bobines du relais et se perd aussi dans le sol. Comme précédemment, la palette du relais étant attirée, la pile locale est fermée et la deuxième plume enregistre le signal de la station étrangère.

Dans ce cas encore, il est nécessaire d'interposer dans le rhéostat une résistance telle que la fraction supérieure du courant, qui passe dans la boussole et le relais, ait la même intensité que la fraction correspondante du courant de la pile locale dans l'enregistrement des observations.

La *différence des plumes* pour la réception des signaux s'obtient encore par le déplacement du commutateur c, comme il est facile de le voir sans autre explication.

Ainsi, dans les trois cas qui correspondent aux trois positions du commutateur, l'enregistrement des observations et des signaux envoyés et reçus, produit par l'action de trois courants d'égale intensité et agissant sur le même électro-aimant, s'opère dans des conditions identiques, et la différence des plumes s'obtient toujours par le déplacement du commutateur c et l'envoi simultané de deux courants dans les deux électro-aimants.

La manœuvre du commutateur est très-simple; quant au relais, il est d'une sensibilité telle que des courants d'une très-faible intensité peuvent attirer la palette mobile, et cette condition suffit pour le fonctionnement de la plume n° 2 dans la réception de signaux lointains.

Quand on opère à deux stations réunies directement par un fil aérien, et que les appareils sont identiques de part et d'autre, il faut composer les batteries de même nom d'un même nombre d'éléments; à Paris et à Marseille, les piles destinées à fournir les courants des fils aériens étaient composées chacune de cent vingt éléments Callaud (grand modèle); à Marseille et à Alger, les deux piles génératrices des courants qui se propageaient suivant le câble sous-marin étaient formées de dix éléments Callaud (petit modèle), que nous étions autorisés à porter jusqu'à douze.

Les dispositions adoptées à Alger et à Paris étaient de tous points identiques; toutefois, à Alger, à l'aide d'un petit commutateur I semblable à celui que nous allons décrire, l'observateur pouvait à volonté envoyer dans le câble le courant positif émané de la pile de dix éléments ou un courant négatif provenant d'une petite pile de quatre éléments. L'introduction du courant négatif dans le câble, après chaque émission de signal positif, avait pour objet de décharger le câble et de le ramener à la neutralité.

La distance entre Paris et Marseille est de 880 kilomètres; celle entre Marseille et Alger de 925 kilomètres (câble sous-marin formé d'un fil de cuivre à 7 brins, posé en 1871).

RELAIS DE TRANSLATION DE MARSEILLE.

Un relais de translation était installé, comme nous l'avons déjà dit, à Marseille, dans le pavillon des longitudes de l'Observatoire; il est représenté pl. VIII; le réglage de ce relais et la surveillance du passage des signaux échangés entre Paris et Alger ont été exécutés sous la direction de M. Stephan.

Ici encore, le relais employé était un relais polarisé du système Siemens très-sensible, installé sur une table qui porte un rhéostat, une boussole et des communications métalliques que la figure 8 met en évidence. En avant de cette table était placé un petit commutateur I pourvu de quatre boutons MNPA; le câble venant d'Alger était relié métalliquement au bouton A. A droite était disposé un grand commutateur à levier analogue à celui du chronographe, ayant son axe de rotation en c, formé de six contacts à pompe communiquant entre eux deux à deux b, b_1, b_2 b_3, b_4 b_5, et pouvant à volonté s'appliquer sur les boutons de droite B B_1, B_2 B_3, B_4 B_5, ou sur ceux de gauche B' B_1', B_2' B_3', B_4' B_5'; la planchette du commutateur portait encore d'autres boutons β_1 β_2 β_1' β_2' β_3' β_4' β_5'; les communications métalliques qui relient les boutons entre eux sont indiquées dans la figure 8, soit par des lignes pleines, soit par des lignes ponctuées, afin d'éviter la confusion aux points de croisement. — Le pôle positif de la petite pile (10 élém.) est relié au bouton β_2; celui de la grande pile au bouton β_5'; le bouton β_1 du grand commutateur et le bouton P du petit sont aussi reliés entre eux. — Le fil de ligne de Paris est fixé à la borne D' et vient aboutir au bouton β_1', en comprenant un parleur dans le circuit $D'D$. C'est ce parleur qui révèle le passage des signaux à Marseille. — Enfin le pôle négatif d'une petite pile de quatre éléments vient aboutir au boutou N du commutateur I.

La transmission des signaux s'opérait comme il suit :

Premier cas. ALGER ENVOIE LES SIGNAUX :

Le commutateur I est amené sur le bouton M; le grand commutateur C occupe la position de gauche, ses contacts à pompe étant ainsi superposés aux boutons correspondants B' B_1' B_2' B_3' B_4' B_5'; le rhéostat est dégarni de toutes ses fiches, afin d'offrir le maximum de résistance au passage du courant. — Dans cette position, le courant de la grande pile de Marseille s'écoule à la terre par le courant β_5' B_5' B_4' β_4' C_1 C_1' mEFT$_1$, qui comprend la palette du relais butant contre la vis w. Lorsque le courant d'Alger passe, il se propage suivant le circuit AIMC$_2$ H, boussole et bobines du relais, pour s'écouler à la terre en T$_2$; la palette du relais est alors attirée et le courant de la grande pile, ne trouvant plus d'issue en β_4', passe sur la ligne de Paris par le circuit $\beta'_5\,B'_5\,B'_4\,\beta'_4\,\beta'_2\,B'_1\,B_1\,\beta'_1\,D\,D'$; on est averti du passage du courant par le bruit du parleur.

Deuxième cas. **PARIS ENVOIE LES SIGNAUX** :

Dans ce cas, le petit commutateur I est placé sur le bouton P et le grand commutateur à droite sur les boutons $B\,B_1\,B_2\,B_3\,B_4\,B_5$; le courant de la petite pile de Marseille s'écoule à la terre par le circuit $\beta_2\,B_5\,B_4\,B'_4$ $\beta'_4\,C_1\,C'_1\,mn\,E\,F\,T_1$. Lorsque le courant arrive de Paris par le circuit $D'\,D$ $\beta'_1\,B_2\,B_3\,B'_3\,\beta'_3\,C_2\,H$, il se bifurque en H; une partie s'écoule à la terre en passant par le rhéostat, et l'autre partie passe dans la boussole et dans les bobines du relais pour s'écouler aussi à la terre. La palette du relais étant attirée, le circuit que suivait le courant de la petite pile est disjoint en C_1 et le courant de cette pile passe dans le câble par la voie $\beta_2\,B_5\,B_4\,B'_4\;\beta'_4\,\beta'_2$ $B'_1\,B_1\,B\,\beta_1\,P\,I$. Dans ce cas encore, c'est le parleur qui avertit du passage du courant.

Dans les deux opérations, les résistances du rhéostat sont préalablement réglées de manière à obtenir, dans le circuit de la boussole et du relais, une même intensité de courant et, par suite, des effets identiques dans le déclanchement de la palette du relais.

Après chaque émission de courant dans le câble sous-marin, les observateurs d'Alger et de Marseille amènent, pendant une fraction de seconde, le commutateur I sur le bouton N, et le petit courant négatif émané de la pile de quatre éléments est lancé dans le câble, pour le ramener à la neutralité. Afin de permettre sans confusion cette émission de courant à Marseille, l'observateur de Paris était tenu d'espacer convenablement ses signaux.

CHAPITRE III.

DÉTERMINATION DE L'HEURE.

MODE D'OBSERVATIONS.

Les observations ont été exécutées de part et d'autre de la manière suivante, conformément à un programme arrêté d'avance.

Au commencement de chaque soirée, après avoir déterminé, par cinq pointés effectués sur chaque fil fixe à l'aide du fil mobile, la distance des fils et la position du fil moyen fictif, on observait le niveau et la mire, celle-ci étant pointée dix fois au moins et le niveau posé six fois sur l'axe avec inversion; puis on observait douze à quinze étoiles horaires comprenant vingt pointés sur une circumpolaire distante du pôle de moins de 4 degrés, pointés toujours précédés et suivis d'observations de la mire et du niveau. Dans les intervalles favorables de la série, on lisait le niveau et on pointait la mire, pour surveiller les variations en azimut et en inclinaison. A la fin de la série, on pointait de nouveau la mire et on lisait six fois le niveau. Cela fait, on retournait la lunette et on opérait de même dans la nouvelle position de l'instrument.

Une soirée est considérée comme complète, lorsqu'elle comprend trois retournements ou quatre séries exécutées dans quatre positions du cercle.

A chaque soirée on a effectué au moins un retournement sur une circumpolaire; le nombre des circumpolaires de notre catalogue nous a presque toujours permis de réaliser cette condition. La collimation de l'axe optique est ainsi déterminée par la mire et par une ou plusieurs circumpolaires.

Au commencement de chaque soirée, le manipulateur C étant placé sur local, chaque observateur déterminait la résistance à interposer dans le rhéostat pour régler l'intensité du courant de la pile locale et obtenir sur la boussole une déviation fixée d'avance, déviation qui doit être identique dans les trois cas de l'enregistrement local des observations, de l'envoi et de la réception des signaux du temps. Cette déviation a été fixée à 12 degrés.

Pendant la durée des observations, on mesurait fréquemment la parallaxe des plumes en déplaçant le commutateur c, comme il a été indiqué plus haut.

Les échanges de signaux entre les stations conjuguées ont eu lieu généralement deux fois par soirée, ce qui a permis de déterminer le mouvement relatif des pendules indépendamment des observations. Pour ces échanges, nous avons adopté la convention suivante :

Alger envoie 20 signaux d'essai, précédés et suivis d'un long contact; à Paris et à Alger, les deux observateurs interposent, dans le circuit de leurs appareils, les résistances nécessaires pour produire sur la boussole une déviation, convenue d'avance, de 12 degrés.

Une minute après la fin des signaux de Paris, Paris envoie un long contact, puis 20 signaux d'essai suivis d'un long contact; et, de part et d'autre, on règle, au moyen du rhéostat, l'intensité des courants de départ et d'arrivée, de manière à obtenir une déviation de 12 degrés de l'aiguille aimantée.

Intervalle de 1 minute :

Paris envoie 30 signaux (1er groupe).

Intervalle de 1 minute :

Alger envoie 30 signaux (1er groupe).

Intervalle de 1 minute :

Alger envoie 30 signaux (2e groupe).

Intervalle de 1 minute :

Paris envoie 30 signaux (2e groupe).

Intervalle de 1 minute.

Puis les observateurs procèdent à la mesure de la parallaxe des plumes.

A cet effet, Paris envoie 20 signaux; aux deux stations, le commutateur c est tourné de manière à ce que la liaison entre les bornes a et b soit interrompue.

Une minute d'intervalle.

Le commutateur c reste en place.

Alger envoie 20 signaux.

Les deux observateurs remettent le commutateur c en place, et le commutateur C sur local ; après échange de correspondance, les observations sont reprises.

Pendant l'échange des signaux, M. Stephan exécutait à Marseille les opérations suivantes sur le relais de translation.

Avant la première émission du courant d'Alger (signaux d'essai et longs contacts), toutes les fiches du rhéostat étaient mises en place, le commutateur C placé à gauche et le commutateur I sur le bouton M ; au passage du courant, le relais était réglé, s'il y avait lieu, et on notait avec soin la déviation d de la boussole ; après chaque signal transmis d'Alger, M. Lœwy ramenait son commutateur I sur le bouton N, pour décharger le câble.

Avant l'émission des signaux de Paris, M. Stephan plaçait le grand commutateur C à droite, et le commutateur I sur le bouton P ; pendant la durée des longs contacts et des signaux d'essai, il réglait les résistances du rhéostat de manière à obtenir la même déviation d de la boussole que précédemment ; et, après chaque signal échangé, il déchargeait de même le câble.

Le relais de translation étant ainsi réglé, et les résistances du rhéostat bien déterminées pour les deux cas de transmission, l'échange des signaux définitifs pouvait être pratiqué sûrement entre Paris et Alger.

Afin de rendre nos résultats indépendants de la simultanéité des observations, condition avantageuse que nous avons toujours recherchée, mais impossible à réaliser en toute rigueur, nous avons pris le parti de déterminer toutes nos étoiles de longitude par nos observations mêmes, dont le nombre est considérable. Ayant fait choix d'une liste commune d'étoiles dont les positions se trouvaient déjà connues pour la plupart avec une grande exactitude, notamment par des observations antérieures de MM. Lœwy et Oppolzer, nous avons commencé par exécuter une réduction préliminaire de toutes les observations, ce qui nous a permis de corriger les positions primitivement adoptées.

Nous avons ainsi formé un catalogue définitif dont les positions relatives, qu'il faut surtout déterminer avec précision, sont très-exactes et dont les positions absolues ne sont affectées que des erreurs systématiques très-faibles qui peuvent subsister dans les étoiles fondamentales.

Une fois en possession de cette liste corrigée, il nous a été possible de faire concourir à la détermination des corrections de pendules toutes les étoiles horaires de chaque soirée, sans nous préoccuper de la simultanéité rigoureuse des observations dans les diverses stations.

Le tableau suivant renferme les positions du catalogue provisoire, les corrections déduites de nos observations, le nombre de celles-ci pour chaque étoile et les ascensions droites définitivement adoptées. Toutes ces positions sont relatives à l'équinoxe moyen de 1874, o.

NOMS DES ÉTOILES.	POSITIONS PRIMITIVES.	CORRECTION TROUVÉE.	NOMBRE D'OBSERVA-TIONS.	DÉCLINAISON APPROCHÉE.	POSITIONS ADOPTÉES.
	h m s	s		o ′	h m s
L'Épi............	13.18.33,39	+ 0,01	2	− 10.30	13.18.33,40
η Bouvier........	13.48.41,09	− 0,01	2	+ 19. 2	13.48.41,08
α Bouvier........	14. 9.54,85	0,00	6	+ 19.50	14. 9.54,85
ε² Bouvier........	14.39.29,01	+ 0,01	4	+ 27.36	14.39.29,02
α² Balance........	14.43.54,60	0,00	1	− 15.31	14.43.54,60
β Balance........	15.10.13,70	0,00	2	− 8.55	15.10.13,70
α Couronne.......	15.29.21,19	− 0,02	4	+ 27. 8	15.29.21,17
α Serpent........	15.38. 3,73	0,00	8	+ 6.49	15.38. 3,73
β′ Scorpion........	15.58. 6,77	− 0,02	7	− 19.28	15.58. 6,75
δ Ophiuchus......	16. 7.44,60	0,00	11	− 3.22	16. 7.44,60
α Scorpion........	16.21.41,04	+ 0,01	3	− 26. 9	16.21.41,05
β Hercule........	16.24.48,18	+ 0,03	9	+ 21.46	16.24.48,21
ζ Hercule........	16.36.52,16	− 0,03	11	+ 31.50	16.36.32,13
η Hercule........	16.38.34,63	− 0,05	7	+ 39.10	16.38.34,58
20 Ophiuchus......	16.42.51,84	− 0,08	7	− 10.34	16.42.51,76
49 Hercule........	16.46.20,67	− 0,02	5	+ 15.11	16.46.20,65
α Hercule........	17. 8.54,16	− 0,01	10	+ 14.32	17. 8.54,15
π Hercule........	17.10.39,48	+ 0,01	11	+ 36.57	17.10.39,49
σ Ophiuchus......	17.20.15,78	− 0,03	9	+ 4,15	17.20.15,75
α Ophiuchus......	17.29. 5,12	0,00	16	+ 12.39	17.29. 5,12
o Serpent........	17.34.20,11	− 0,16	10	− 12.48	17.34.19,95
β Ophiuchus......	17.37.14,84	+ 0,03	18	+ 4.37	17.37.14,87
γ Hercule........	17.41.31,61	0,00	15	+ 27.48	17.41.31,61
ν Ophiuchus......	17.52. 5,40	− 0,02	14	− 9.46	17.52. 5,38
67′ Ophiuchus......	17.54.20,09	0,00	15	+ 2.56	17.54.20,09

NOMS DES ÉTOILES.	POSITIONS PRIMITIVES.	CORRECTION TROUVÉE.	NOMBRE D'OBSERVATIONS.	DÉCLINAISON APPROCHÉE.	POSITIONS ADOPTÉES.
	h m s	s		o ′	h m s
67² Ophiuchus......	17.54.22,32	0,00	17	+ 2.56	17.54.22,32
96 Hercule........	17.56.59,88	0,00	11	+ 20.50	17.56.59,88
1 Aigle..........	18.28.21,00	— 0,03	14	— 8.20	18.28.20,97
α Lyre..........	18.32.40,25	— 0,02	26	+ 38.40	18.32.40,23
2 Aigle..........	18.35.22,43	0,00	16	— 9.10	18.35.22,43
β′ Lyre..........	18.45.25,62	+ 0,03	22	+ 33.13	18.45.25,65
β″ Lyre..........	18.45.27,50	0,00	10	+ 33.13	18.45.27,50
σ Sagittaire......	18.47.27,07	— 0,07	9	— 26.27	18.47.27,00
θ′ Serpent........	18.49.57,24	+ 0,06	13	+ 4. 3	18.49.57,30
θ″ Serpent........	18.49.58,76	0,00	12	+ 4. 3	18.49.58,76
ε Aigle..........	18.53.54,23	— 0,04	14	+ 14.54	18.53.54,19
γ Lyre..........	18.54.13,77	— 0,02	15	+ 32.31	18.54.13,75
λ Aigle..........	18.59.33,68	— 0,02	20	— 5. 4	18.59.33,66
ζ Aigle..........	18.59.37,03	+ 0,01	3	+ 13.41	18.59.37,04
π Sagittaire......	19. 2.16,13	— 0,03	15	— 21.13	19. 2.16,10
ω Aigle..........	19.11.54,08	+ 0,01	30	+ 11.22	19.11.54,09
υ Sagittaire......	19.14.30,58	0,00	12	— 16.11	19.14.30,58
δ Aigle..........	19.19. 8,66	+ 0,02	30	+ 2.52	19.19. 8,68
α Petit Renard.....	19.23.27,74	— 0,02	18	+ 24.25	19.23.27,72
β′ Cygne.........	19.25.38,36	0,00	22	+ 27.42	19.25.38,36
β″ Cygne.........	19.25.40,56	0,00	22	+ 27.42	19.25.40,56
h² Sagittaire......	19.29. 2,24	+ 0,01	3	— 25.10	19.29. 2,25
x Aigle..........	19.30. 6,71	— 0,02	29	— 7.18	19.30. 6,69
σ Aigle..........	19.32.58,54	— 0,05	17	+ 5. 7	19.32.58,49
β Flèche........	19.35.23,43	— 0,02	14	+ 17.11	19.35.23,41
γ Aigle..........	19.40.16,11	+ 0,01	48	+ 10.19	19.40.16,12
δ Flèche........	19.41.46,26	— 0,16	8	+ 18.14	19.41.46,10
α Aigle..........	19.44.36,08	— 0,03	47	+ 8.32	19.44.38,05
η Aigle..........	19.46. 3,23	— 0,02	9	+ 0.41	19.46. 3,21
β Aigle..........	19.49. 7,40	— 0,00	37	+ 6. 6	19.49. 7,40
θ Aigle..........	20. 4.48,12	+ 0,02	26	— 1.12	20. 4.48,14
α¹ Capricorne.....	20.10.39,75	— 0,02	21	— 12.54	20.10.39,73
α² Capricorne.....	20.11. 3,69	0,00	39	— 12.56	20.11. 3,69
β² Capricorne.....	20.13.55,79	— 0,01	58	— 15.11	20.13.55,78
23 Hévélius........	20.16.56,06	— 0,01	44	+ 4.57	20.16.56,05
γ Cygne..........	20.17.42,31	— 0,01	20	+ 39.51	20.17.42,30

NOMS DES ÉTOILES.	POSITIONS PRIMITIVES.	CORRECTION TROUVÉE.	NOMBRE D'OBSERVA-TIÓNS.	DÉCLINAISON APPROCHÉE.	POSITIONS ADOPTÉES.
	h m s	s		o '	h m s
π Capricorne......	20.20. 6,38	0,00	48	− 18.37	20.20. 6,38
ρ Capricorne......	20.21.40,27	+ 0,01	47	− 18.14	20.21.40,28
69 Aigle..........	20.23. 3,83	− 0,01	50	− 3.18	20.23. 3,82
ε Dauphin........	20.27.11,56	+ 0,01	15	+ 10.53	20.27.11,57
β Dauphin........	20.31.38,38	+ 0,03	10	+ 14.10	20.31.38,41
α Dauphin........	20.33.49,11	− 0,02	18	+ 15.28	20.23.49,09
α Cygne..........	20.37. 8,08	+ 0,03	9		20.37. 8,11
3 Verseau........	20.41. 5,25	0,00	40	− 5.29	20.41. 5,25
15 Dauphin........	20.43.37,47	0,00	51	+ 12. 5	20.43.37,47
μ Verseau........	20.45.51,36	− 0,01	54	− 9.27	20.45.51,35
32 Petit Renard.....	20.49.11,37	− 0,01	35	+ 27.35	20.49.11,36
16 Dauphin........	20.49.37,81	0,00	23	+ 12. 5	20.49.37,81
ν Cygne..........	20.52.28,59	− 0,07	14	+ 40.41	20.52.28,52
θ Capricorne......	20.58.51,66	+ 0,01	62	− 17.44	20.58.51,67
61¹ Cygne..........	21. 1.14,89	+ 0,07	64	+ 38. 8	21. 1.14,96
61² Cygne..........	21. 1.16,39	+ 0,08	44	+ 38. 8	21. 1.16,47
γ Petit Cheval.....	21. 4.12,84	− 0,01	66	+ 9.38	21. 4.12,83
ζ Cygne..........	21. 7.34,39	+ 0,02	56	+ 29.43	21. 7.34,41
α Petit Cheval.....	21. 9.31,48	− 0,01	70	− 4.44	21. 9.31,47
β Verseau........	21.24.55,44	− 0,01	29	− 6. 8	21.24.55,43
ε Capricorne......	21.30. 1,29	+ 0,02	51	− 20. 2	21.30. 1,31
d Verseau........	21.33. 9,59	0,00	44	+ 1.41	21.33. 9,59
γ Capricorne......	21.33. 6,44	− 0,03	11	− 17.14	21.33. 6,41
ϰ Capricorne......	21.35.37,11	+ 0,05	16	− 19.26	21.35.37,16
ε Pégase.........	21.37.59,82	− 0,03	64	+ 9.18	21.37.59,79
δ Capricorne......	21.40. 4,99	0,00	37	− 16.42	21.40. 4,99
16 Pégase.........	21.47.19,72	− 0,01	64	+ 25.20	21.47.19,71
29 Verseau........	21.54.32,86	− 0,18	12	− 17.34	21.54.32,68
α Verseau........	21.59.18,64	+ 0,02	67	+ 0.56	21.59.18,66
ι Pégase.........	22. 1. 8,73	− 0,04	22	+ 24.44	22. 1. 8,69
θ Pégase.........	22. 3.50,61	− 0,02	70	+ 5.35	22. 3.50,59
41 Verseau........	22. 7.20,24	+ 0,03	59	− 21.42	22. 7.20,27
θ Verseau........	22.10.10,99	0,00	60	− 8.25	22.10.10,99
45 Verseau........	22.12.14,92	− 0,05	22	− 13.56	22.12.14,87
γ Verseau........	22.15. 8,85	− 0,03	44	− 2. 1	22.15. 8,82
η Verseau........	22.28.52,81	+ 0,01	15	− 0.46	22.28.52,82

NOMS DES ÉTOILES.	POSITIONS PRIMITIVES.	CORRECTION TROUVÉE.	NOMBRE D'OBSERVATIONS.	DÉCLINAISON APPROCHÉE.	POSITIONS ADOPTÉES.
	h m s	s		o ′	h m s
70 Lézard.........	22.33.26,61	— 0,16	7	+ 38.24	22.33.36,45
ζ Pégase.........	22.35.10,61	+ 0,02	52	+ 10.11	22.35.10,63
η Pégase.........	22.37. 5,79	— 0,07	25	+ 29.34	22.37. 5,72
68 Verseau........	22.40.46,86	+ 0,03	54	— 20.17	22.40.46,89
μ Pégase.........	22.43.55,39	— 0,06	22	+ 23.56	22.43.55,33
λ Verseau........	22.46. 2,35	+ 0,02	58	— 8.15	22.46. 2,37
δ Verseau........	22.47.57,63	+ 0,01	33	— 16.29	22.47.57,64
α Pois. austral.....	22.50.41,01	— 0,05	7	— 30.17	22.50.40,96
o Andromède......	22.56. 7,61	— 0,10	15	+ 41.39	22.56. 7,51
α Pégase.........	22.58.29,06	— 0,01	50	+ 14.32	22.58.29,05
C² Verseau........	23. 2.43,52	— 0,02	11	— 21.51	23. 2 43,50
58 Pégase.........	23. 3.40,76	+ 0,01	43	+ 9. 8	23. 3.40,77
φ Verseau........	23. 7.47,71	+ 0,02	58	— 6.44	23. 7.47,73
γ Poissons........	23.10.37,97	+ 0,01	57	+ 2.36	23.10.37,98
96 Verseau........	23.12.52,00	— 0,06	28	— 5.49	23.12.51,94
ν Pégase.........	23.19. 5,49	0,00	35	+ 22.43	23.19. 5,49
x Poissons........	23.20.28,39	— 0,02	26	+ 0.34	23.20.28,37
ι Poissons........	23.33.28,20	— 0,01	15	+ 4.57	23.33.28,19
21 Poissons........	23.43. 0,31	+ 0,03	59	— 0.22	23.43. 0,34
φ Pégase.........	23.46. 4,74	— 0,02	63	+ 18.25	23.46. 4,72
ω Poissons........	23.52.50,43	+ 0,02	70	+ 6.10	23.52.50,45
30 Poissons........	23.55.29,80	+ 0,02	74	— 6.43	23.55.29,82
2 Baleine.........	23.57.16,99	— 0,03	46	— 18. 2	23.57.16,96
33 Poissons........	23.58.53,21	— 0,12	39	— 6.25	23.58.53,09
α Andromède.....	0. 1.52,60	— 0,04	67	+ 28.24	0. 1.52,56
17 BAC..........	0. 3.51,98	— 0,20	19	— 5.57	0. 3.51,78
γ Pégase.........	0. 6.44,88	+ 0,01	62	+ 14.29	0. 6.44,89
35 Poissons........	0. 7.29,45	— 0,02	18	+ 8, 7	0. 7.29,43
57 BAC..........	0.11.19,31	+ 0,13	29	+ 0.59	0.11.19,44
42 Poissons........	0.15.54,81	— 0,44	13	+ 12.47	0.15.54,37
81 BAC..........	0.18. 3,01	— 0,32	10	— 2.55	0.18. 2,69
10 Baleine.........	0.20. 9,72	— 0,06	29	— 0.45	0.20. 9,66
12 Baleine.........	0.23.36,46	+ 0,01	50	— 4.39	0.23.36,47
51 Poissons........	0.25.53,78	— 0,03	34	+ 6.16	0.25.53,75
13 Baleine.........	0.28.45,70	+ 0,02	53	— 4.17	0.28.45,72
π Andromède......	0.30. 9,22	+ 0,01	26	+ 33. 2	0.30. 9,23

NOMS DES ÉTOILES.	POSITIONS PRIMITIVES.	CORRECTION TROUVÉE.	NOMBRE D'OBSERVA-TIONS.	DÉCLINAISON APPROCHÉE.	POSITIONS ADOPTÉES.
	h m s	s		° '	h m s
55 Poissons........	0.33.17,69	— 0,01	51	+ 20.44	0.33.17,68
β Baleine.........	0.37.15,78	— 0,03	52	— 18.41	0.37.15,75
58 Poissons........	0.40.27,14	0,00	41	+ 11. 2	0.40.27,14
δ Poissons........	0.42. 8,75	0,00	34	+ 6.54	0.42. 8,75
ν Andromède......	0.42.52,11	+ 0,03	12	+ 40.24	0.42.52,14
ε Poissons........	0.56.24,25	— 0,04	22	+ 7.13	0.56.24,25
η Baleine.........	1. 2.14,98	+ 0,04	22	— 10.51	1. 2.15,02
τ Poissons........	1. 4.43,58	— 0,16	23	+ 29.25	1. 4.43,42
φ Poissons........	1. 6.54,59	— 0,22	24	+ 23.55	1. 6.54,37
f Poissons........	1.11.17,93	+ 0,03	19	+ 2.57	1.11.17,96
θ Baleine.........	1.17.43,49	— 0,02	6	+ 8.50	1.17.43,47
η Poissons........	1.24.44,53	0,00	21	+ 14.42	1.24.44,53
π Poissons........	1.30.25,22	0,00	19	+ 11.39	1.30.25,22
ν Poissons........	1.34.52,46	+ 0,03	26	+ 4.51	1.34.52,49
o Poissons........	1.38.44,47	— 0,02	23	+ 8.31	1.38.44,45
54 Baleine........	1.44.10,88	+ 0,02	16	+ 10.25	1.44.10,90
β Bélier.........	1.47.40,89	— 0,01	25	+ 20.12	1.47.40,88
586 BAC.........	1.49.22,78	+ 0,28	15	+ 1.13	1.49.23,06
58 Baleine........	1.51.35,25	— 0,03	12	— 2.41	1.51.35,22
615 BAC.........	1.53.36,31	— 0,38	17	+ 2.30	1.53.35,93
60 Baleine........	1.56.44,00	0,00	20	— 0.29	1.56.44,00
α Bélier.........	2. 0. 4,38	— 0,04	23	+ 22.52	2. 0. 4,34
15 Bélier.........	2. 3.38,74	— 0,12	16	+ 18.54	2. 3.38,62
67 Baleine........	2.10.41,92	— 0,01	16	— 7.00	2.10.41,91
o Baleine........	2.12.58,92	— 0,01	2	— 3.33	2.12.58,91
71 Baleine........	2.18.36,57	— 0,18	10	— 3.21	2.18.36,39
ζ² Baleine........	2.21.27,64	+ 0,02	20	+ 7.54	2.21.27,66
27 Bélier.........	2.23.55,32	— 0,15	18	+ 17. 9	2.23.55,17
29 Bélier.........	2.26. 0,16	+ 0,03	20	+ 14.29	2.26. 0,19
123 Piazzi........	2.29.10,34	+ 0,07	16	+ 6.17	2.29.10,41
δ Baleine........	2.33. 1,54	+ 0,03	16	— 0.13	2.33. 1,51
35 Bélier.........	2.36. 3,68	— 0,03	19	+ 27.10	2.36. 3,65
845 BAC........	2.38. 7,92	+ 0,02	13	+ 9.35	2.38. 7,94
41 Bélier.........	2.42.34,20	+ 0,01	20	+ 26.44	2.42.34,21
σ Bélier.........	2.44.32,31	+ 0,06	17	+ 14.34	2.44.32,37
η Éridan.........	2.50.16,34	+ 0,01	14	— 9.24	2.50.16,35

NOMS DES ÉTOILES.	POSITIONS PRIMITIVES.	CORRECTION TROUVÉE.	NOMBRE D'OBSERVA- TIONS.	DÉCLINAISON APPROCHÉE.	POSITIONS ADOPTÉES.
	h m s	s		o '	h m s
ε Bélier.........	2.52. 0,58	0,00	16	+ 20.50	2.52. 0,58
α Baleine.........	2.55.41,64	+ 0,01	19	+ 3.36	2.55.41,65
β Persée.........	2.59.58,55	− 0,02	16	+ 40.28	2.59.58,53
δ Bélier.........	3. 4.25,59	0,00	16	+ 19.15	3. 4.25,59
12 Éridan.........	3. 6.43,12	− 0,04	14	− 29.31	3. 6.43,08
ε Éridan.........	3.26.59,72	− 0,04	10	− 9.53	3.26.59,68
12 Taureau.......	3.29.33,57	+ 0,07	9	+ 22.48	3.29.33,64
δ Persée.........	3.33.57,60	+ 0,02	12	+ 47.23	3.33.57,62
δ Éridan.........	3.37.12,80	+ 0,01	13	− 10.12	3.37.12,81
η Taureau.......	3.39.58,80	+ 0,06	13	+ 23.43	3.39.58,86
27 Taureau.......	3.41.40,29	+ 0,08	11	+ 23.40	3.41.40,37
ζ Persée.........	3.46.12,91	− 0,06	11	+ 31.30	3.46.12,85
ε Persée.........	3.49.24,05	+ 0,12	15	+ 39.39	3.49.24,17
γ Éridan.........	3.52. 9,07	+ 0,01	9	− 13.52	3.52. 9,08
λ Taureau.......	3.53.42,04	+ 0,02	13	+ 12. 8	3.53.42,06
o² Éridan.........	4. 9.28,41	− 0,01	6	− 7.51	4. 9.28,40
γ Taureau.......	4.12.37,46	− 0,01	7	+ 15.19	4.12.37,45
δ Taureau.......	4.15.40,16	− 0,01	4	+ 17.15	4.15.40,15
υ Taureau.......	4.18.46,15	+ 0,20	4	+ 22.32	4.18.46,35
ε Taureau.......	4.21.15,65	− 0,02	9	+ 18.54	4.21.15,63
α Taureau.......	4.28.41,51	− 0,01	7	+ 16.15	4.28.41,50
53 Éridan.........	4.32.24,65	+ 0,02	2	− 14.33	4.32.24,67
π Orion.........	4.43. 0,10	− 0,01	5	+ 6.45	4.43. 0,09
ι Cocher.........	4.48.47,39	− 0,02	4	+ 32.58	4.48.47,37
ε Lièvre.........	5. 0. 7,75	− 0,02	1	− 22.33	5. 0. 7,73
β Orion.........	5. 8.28,98	− 0,04	3	+ 9.51	5. 8.28,94
λ Cocher.........	5.10.16,71	+ 0,03	3	+ 39.59	5.10.16,74
β Taureau.......	5.18.19,66	0,00	1	+ 28.30	5.18.19,66
δ Orion.........	5.25.34,22	0,00	1	− 0.24	5.25.34,22
α Lièvre.........	5.27.10,44	0,00	1	− 17.55	5.27.10,44
ε Orion.........	5.29.49,22	0,00	2	− 1.16	5.29.49,22
α Orion.........	5.48.21,02	0,00	1	+ 7.23	5.48.21,02

OBSERVATIONS DE M. PERRIER.

PARIS.

Collimation de l'axe optique. — Pour nous assurer qu'aucune flexion latérale ne se produisait dans le mouvement de rotation de la lunette autour
de son axe, nous avons déterminé la collimation autant de fois que possible, dans la journée et dans la soirée, physiquement par des pointés
faits sur la mire, et astronomiquement par l'observation des circumpolaires.
A cet effet, nous avons effectué de nombreux retournements sur les circumpolaires, précédés et suivis de pointés sur la mire et de lectures du
niveau.

En appelant z la distance zénithale de la mire, V_m la lecture de la
vis pour le fil moyen fictif et V_o la moyenne des lectures obtenues sur la
mire dans deux positions consécutives du cercle, la collimation physique
est donnée, pour le cercle de Paris, par la formule

$$c = \pm \frac{5,2715}{\sin z} (V_m - V_o) \begin{cases} \text{cercle Ouest,} \\ \text{cercle Est,} \end{cases}$$

le facteur $\frac{1}{\sin z}$ est négligeable dans les calculs; et la collimation polaire
par l'expression

$$c = \pm \frac{t_i - t_d}{2} \cos D \pm \left(\frac{\beta_i - \beta_d}{2} \right) \cos (\varphi \pm D) \begin{cases} \text{passage supérieur,} \\ \text{passage inférieur,} \end{cases}$$

en désignant par t_i, t_d, β_i, β_d, les temps observés réduits au fil moyen
fictif et les inclinaisons de l'axe dans les deux positions de l'instrument, et
en admettant que l'instrument n'ait pas subi de variation en azimut pendant le retournement.

Nous présentons ci-après, sous forme de tableau, les valeurs des collimations horizontale et polaire obtenues par les deux méthodes, soit pendant le jour, soit pendant les soirées d'observations.

DATES.	CIRCUMPOLAIRES.	COLLIM. POLAIRE.	COLLIM. PHYSIQUE.
		^{s}	^{s}
Octobre 31 (de nuit) M.	P. S......	0,495	0,489
Novembre 1	α Petite Ourse P. S......	0,489	0,485
2	α Petite Ourse P. S......	0,508	0,501
4	α Petite Ourse P. S......	0,513	0,519.
5	α Petite Ourse P. S......	0,500	0,510
17	α Petite Ourse P. S......	0,546	0,515
21	α Petite Ourse P. S......	0,493	0,522
22	α Petite Ourse P. S......	0,520	0,537
23	5140 BAC P. I.........	0,532	0,520
24	α Petite Ourse P. S......	0,536	0,533
Moyennes.................		0,515	0,512
Octobre 31 (de jour)	α Petite Ourse P. I......	0,497	0,501
Novembre 1	α Petite Ourse P. I......	0,497	0,501
2	α Petite Ourse P. I......	0,481	0,495
3	α Petite Ourse P. I......	0,521	0,509
4	α Petite Ourse P. I......	0,540	0,517
5	α Petite Ourse P. I......	0,522	0,524
6	α Petite Ourse P. I......	0,512	0,507
Moyennes.................		0,510	0,508
Moyennes générales................		0,513	0,510

D'où l'on conclut :

$$\text{Collimation polaire} - \text{collimation physique} = + 0,003^s$$

La différence est minime et tout à fait négligeable, et l'on peut admettre qu'il n'y a aucune flexion latérale à craindre dans le cercle de Rigaud n° 2.

A la simple inspection du tableau précédent, on reconnaît que la collimation a peu varié pendant toute la durée des observations, et on pourrait, à la rigueur, en attribuant les différences qui se révèlent d'un jour à l'autre aux seules erreurs de l'observation, adopter la même valeur de la collimation pour réduire les passages de plusieurs soirées consécutives.

Nous avons préféré supposer simplement que la collimation est restée constante pour chaque soirée et nous lui avons attribué la moyenne des deux valeurs obtenues, dans la soirée même, par la collimation physique et la collimation polaire. C'est la mire seule qui nous a fourni la collimation, dans les rares soirées où il n'a pas été possible d'effectuer un retournement sur une circumpolaire.

Inclinaison de l'axe et azimut de l'instrument. — L'examen des valeurs successives données par le niveau pour l'inclinaison de l'axe de rotation, au commencement, dans l'intervalle et à la fin d'une série d'observations faites pour une même position du cercle, n'a révélé que des différences très-légères; il en est de même des pointés faits sur la mire aux divers instants de la série; nous avons donc pu légitimement admettre que ces deux éléments sont restés constants dans le cours d'une même série et nous avons adopté, pour les calculs de réduction, les moyennes des inclinaisons et des azimuts observés. Les observations de chaque série ont été ainsi réduites, comme si la série était isolée.

Réduction des observations. — Nous avons employé, pour le calcul des corrections instrumentales, la formule connue de Bessel :

$$\mathcal{R} = t + C_p + m + n.\ \text{tang. } D \pm (c - \varkappa)\ \text{sec. } D,$$

dans laquelle on a, pour la latitude de Paris,

$$m = 0,753\ \alpha + 0,658\ \beta,$$
$$n = 0,658\ \alpha + 0,753\ \beta,$$

En combinant entre elles les deux équations fournies par une circumpolaire et par plusieurs équatoriales qui en sont voisines en ascension droite, nous avons calculé immédiatement une première valeur de n, d'où nous avons déduit la déviation azimutale α de l'axe optique, par l'expression :

$$\alpha = 1,144\ \beta - 1,535\ n.$$

Ensuite, en désignant par M la moyenne des pointés faits sur la mire, nous avons calculé l'azimut A de la mire par la formule :

$$A = \alpha \pm \frac{5,2715}{\sin z}\ (V_o - M) \begin{cases} \text{cercle Est,} \\ \text{cercle Ouest,} \end{cases}$$

qui convient au cercle de Paris.

Le tableau suivant contient le résumé de ces premiers calculs ; les premières colonnes donnent, avec la date : 1° la position du cercle ; 2° les noms des circumpolaires ; 3° les valeurs calculées de n ; 4° celles de α ; 5° les valeurs de A dans les deux positions du cercle. Les trois dernières colonnes font connaître les valeurs adoptées pour V_0 et V_m, ainsi que les moyennes des pointés faits sur la mire dans chaque position de la lunette.

DATE.	POSITION du CERCLE.	CIRCUMPOLAIRES.	n	α	A C. E.	A C. O.	V_m	V_0	V
Oct. 31.	Est.	L = 3441 Carrington.. / M = 3621 Carrington..	− 0,357	+ 0,520	+ 2,223		20,0391	19,9413	19,6221
31.	Ouest.	M = 3621 Carrington..	− 0,339	+ 0,511		+ 2,216			20.2645
Nov. 1er.	Ouest.		− 0,383	+ 0,548		+ 2,330			20,2827
1er.	Est.	A = 2 Petite Ourse.... / α Petite Ourse.......	− 0,382	+ 0,410	+ 2,202		20,0391	19,9455	19,6055
1er.	Ouest.	α Petite Ourse.......	− 0,343	+ 0,455		+ 2,213			20,2803
2..	Ouest.	M = 3621 Carrington..	− 0,346	+ 0,517		+ 2,198			20,2617
2..	Est.	A = 2 Petite Ourse. ... / α Petite Ourse.......	− 0,347	+ 0,518	+ 2,225		20,0396	19,9433	19,6186
2..	Ouest.	α Petite Ourse.......	− 0,343	+ 0,451		+ 2,204			20,2754
2..	Est.	1235 BAC.........	− 0,323	+ 0,420	+ 2,160				19,6135
3..	Est.	L = 3441 Carrington..	− 0,365	+ 0,535	+ 2,228				19,6271
3..	Ouest.	M = 3621 Carrington..	− 0,381	+ 0,537		+ 2,228	20,0388	19,9494	20,2706
3..	Est.	A = 2 Petite Ourse.... / α Petite Ourse.......	− 0,461	+ 0,565	+ 2,271				19,6258
4..	Ouest.	7504 BAC.........	− 0,437	+ 0,648		+ 2,312			20,2551
4..	Est.	L = 3441 Carrington..	− 0,433	+ 0,614	+ 2,209				19,6376
4..	Ouest.	M = 3621 Carrington..	− 0,510	+ 0,725		+ 2,295	20,0379	19,9394	20,2372
4..	Est.	α Petite Ourse.......	− 0,441	+ 0,616	+ 2,250				19,6295
4..	Ouest.	α Petite Ourse.......	− 0,444	− 0,559		+ 2,198			20,2503
5..	Ouest.	7504 BAC.........	− 0,433	+ 0,682		+ 2,296			20,2465
5..	Est.	L = 3441 Carrington..	− 0,430	+ 0,631	+ 2,235		20,0376	19,9408	19,6359
5..	Ouest.	M = 3621 Carrington.. / L = Petite Ourse.....	− 0,426	+ 0,588		+ 2,184			20,2431
5..	Est.	α Petite Ourse.......	− 0,392	+ 0,548	+ 2,237				19,6394
6..	Est.	L = 3441 Carrington..	− 0,409	+ 0,561	+ 2,203		20,0375	19,9402	19,6287
6..	Ouest	M = 3621 Carrington..	− 0,407	+ 0,551		+ 2,193			20,2513

DATE.	POSITION du CERCLE.	CIRCUMPOLAIRES.	n	α	A C. E.	A C. O.	V_m	V_o	V
Nov. 7.	Ouest.	M = 3621 Carrington..	− 0,426	+ 0,549		+ 2,193	20,0373	19,9402	20,2522
11.	Ouest.	M = 3621 Carrington..	− 0,471	+ 0,621		+ 2,301	20,0366	19,9400	20,2587
13.	Ouest.	A = 2 Petite Ourse . . .	− 0,451	+ 0,685		+ 2,325	20,0375	19,9400	20,2512
14.	Ouest.	7504 BAC. . . . . {br} L = 3441 Carrington..	− 0,428	+ 0,588		+ 2,232	20,0370	19,9319	20,2437
17.	Est.	M = 3621 Carrington..	− 0,369	+ 0,590	+ 2,236				19,6262
17.	Ouest.	A = 2 Petite Ourse . . . {br} α Petite Ourse.	− 0,411	+ 0,602		+ 2,242	20,0372	19,9392	20,2504
17.	Est.	α Petite Ourse.	− 0,441	+ 0,650	+ 2,295				19,6272
21.	Est.	A = 2 Petite Ourse . . . {br} α Petite Ourse.	− 0.407	+ 0,604	+ 2,247		20,0386	19,9395	19,6284
21.	Ouest.	α Petite Ourse.							20,2528
22.	Ouest.	M = 3621 Carrington..	− 0,422	+ 0,614		+ 2,262			20,2477
22.	Est.	A = 2 Petite Ourse. . . . {br} α Petite Ourse.	− 0,380	+ 0,562	+ 2,196		20,0404	19,9350	19,6249
22.	Ouest.	α Petite Ourse.							20,2488
23.	Ouest.	M = 3621 Carrington..	− 0,461	+ 0,673		+ 2,309			20,2466
23.	Est.	A = 2 Petite Ourse . . .	− 0,402	+ 0,632	+ 2,283		20,0375	19,9366	19,6233
23.	Ouest.	5140 BAC.	− 0,408	+ 0,631		+ 2,275			20,2485
23.	Est.	5140 BAC.	− 0,412	+ 0,610	+ 2,236				19,6286
24.	Est.	M = 3621 Carrington..	− 0,424	+ 0,701	+ 2,240				19,6440
24.	Ouest.	A = 2 Petite Ourse . . . {br} α Petite Ourse.	− 0,428	+ 0,639		+ 2,185	20,0376	19,9368	20,2300
24.	Est.	α Petite Ourse.	− 0,424	+ 0,644	+ 2,242				19,6334
24.	Ouest.	5140 BAC.	− 0,395	+ 0,580		+ 2,196			20,2433

L'examen de ce tableau montre que les variations de l'azimut de la mire sont moins fortes que celles de l'azimut de l'instrument, résultat auquel on devait s'attendre, car l'observation de la mire donne des résultats supérieurs à ceux auxquels conduit une observation de circumpolaire, et, comme elle était posée depuis longtemps, son azimut est évidemment plus stable que celui de l'instrument.

En prenant la moyenne générale des valeurs obtenues pour A, dans les deux positions du cercle, qui sont en nombre à peu près égal, nous trouvons

$$A = + 2,238^{s}$$

Par la moyenne des 22 positions Ouest...... $A = + 2,245^{s}$ $\left.\vphantom{\begin{matrix}a\\b\end{matrix}}\right\}\, 2,238^{s}$
Par la moyenne des 19 positions Est....... $A = + 2,229$

En raison des limites assez étroites où sont renfermés les écarts qui se produisent autour de la moyenne générale, nous aurions pu admettre que la mire est restée invariable pendant toute la durée des opérations et adopter pour son azimut la moyenne générale $+ 2^{s},238$; mais en étudiant attentivement la marche des valeurs successives, il nous a semblé que l'azimut de la mire avait une tendance à s'accroître, et ce fait est confirmé par la comparaison de nos azimuts avec ceux qu'a obtenus M. Lœwy deux mois auparavant. En conséquence, nous avons divisé nos observations en deux périodes séparées par une interruption de quatre jours de mauvais temps et nous avons admis les valeurs suivantes pour A :

Du 31 octobre au 7 novembre................. $A = + 2,227^{s}$
Du 11 au 24 novembre..................... $A = + 2,253$

C'est à l'aide de ces valeurs que l'azimut de l'instrument a été calculé de nouveau pour chaque série, par les formules :

$$\text{Première période.....} \quad \alpha = + 2,227^{s} \mp \frac{5,2715^{s}}{\sin z}\,(V_0 - M) \left\{\begin{matrix} \text{C. E.} \\ \text{C. O.} \end{matrix}\right.$$

$$\text{Deuxième période.....} \quad \alpha = + 2,253 \mp \frac{5,2715}{\sin z}\,(V_0 - M) \left\{\begin{matrix} \text{C. E.} \\ \text{C. O.} \end{matrix}\right.$$

et ce sont les nouvelles valeurs de α qui ont été employées pour obtenir les valeurs de m et n.

Les trois constantes m, n, $c - \varkappa$, étant connues pour chaque série, nous avons calculé les corrections instrumentales ; la méthode employée pour le calcul définitif de la correction de pendule sera exposée plus loin.

On trouvera, dans les feuilles suivantes, le résumé des observations et les éléments essentiels de la réduction.

La première colonne contient la date et les noms des étoiles observées.

6.

La seconde, intitulée P, donne la position du cercle, et la troisième le nombre de fils auxquels on a observé.

La quatrième fait connaître les temps des passages observés ramenés au fil moyen idéal.

La cinquième contient la somme I des corrections instrumentales.

La sixième résulte de l'addition des colonnes 4 et 5 et donne les secondes seulement des temps T des passages au méridien du lieu.

En retranchant ces temps T des ascensions droites $\mathcal{R}$, dont les secondes seulement sont inscrites dans la septième colonne, on obtient, dans la colonne 8, les corrections C_p de la pendule.

La neuvième colonne donne les corrections moyennes C_p' de la pendule pour l'instant du passage observé.

Enfin la colonne 10 fournit les ascensions droites apparentes conclues des colonnes T et C_p'.

Au-dessous de ces colonnes, on trouve la formule à l'aide de laquelle on a calculé les corrections moyennes C_p' et l'heure sidérale absolue au moment des échanges des signaux.

Un deuxième tableau présente, pour chaque série de la soirée, la position du cercle, l'inclinaison de l'axe, l'azimut de l'instrument et les constantes m, n, $c - \varkappa$ qui entrent dans le calcul des corrections instrumentales.

Nota. — Les séries observées à Paris pour la mesure de l'équation personnelle ont été placées après les observations du 24 novembre.

RÉDUCTION DES OBSERVATIONS DE PASSAGES

FAITES À PARIS PAR M. PERRIER.

31 OCTOBRE 1874.

NOMS.	P	N	PASSAGE OBSERVÉ.	I	T	A_c	C_p	C'_p	ASCENSION droite APPAR. CONCLUE.
			h m s		s	s	s	s	h m s
θ Pégase........	E	13	22. 3.33,85	− 15	33,70	53,01	+ 19,31	+ 19,31	22. 3.53,01
41 Verseau	E	12	22. 7. 3,83	− 00	3,83	23,17	+ 19,34	+ 19,33	22. 7.23,16
θ Verseau	E	13	22. 9.54,33	− 06	54,27	13,64	+ 19,37	+ 19,34	22.10.13,61
45 Verseau	E	13	22.11.58,24	− 03	58,21	17,64	+ 19,43	+ 19,36	22.12.17,57
γ Verseau	E	13	22.14.52,18	− 10	52,09	11,40	+ 19,31	+ 19,37	22.15.11,46
L..........	E	20	22.22.50,79	− 10,73	40,06	59,01		+ 19,43	22.22.59,49
ζ Pégase.......	E	13	22.34.53,81	− 19	53,62	13,13	+ 19,51	+ 19,49	22.35.13,11
η Pégase.......	E	13	22.36.48,83	− 40	48,43	8,00	+ 19,57	+ 19,50	22.37. 7,93
μ Pégase.......	E	13	22.43.38,52	− 33	38,19	57,71	+ 19,52	+ 19,53	22.43.57,72
λ Verseau	E	12	22.45.45,70	− 06	45,64	5,19	+ 19,55	+ 19,55	22.46. 5,19
δ Verseau	E	13	22.47.41,09	− 02	41,07	0,62	+ 19,55	+ 19,56	22.48. 0,63
o Andromède....	E	13	22.55.50,82	− 61	50,21	9,79	+ 19,58	+ 19,61	22.56. 9,81
α Pégase.......	E	13	22.58.12,18	− 23	11,95	31,63	+ 19,68	+ 19,63	22.58.31,58
58 Pégase.......	E	12	23. 3.23,95	− 18	23,77	43,44	+ 19,67	+ 19,66	23. 3.43,43
φ Verseau	E	11	23. 7.31,02	− 07	30,95	50,62	+ 19,64	+ 19,68	23. 7.50,63
γ Poissons......	E	13	23.10.21,26	− 13	21,13	40,79	+ 19,67	+ 19,70	23.10.40,83
96 Verseau	E	13	23.12.35,31	− 08	35,23	54,85	+ 19,62	+ 19,71	23.12.54,94
M..........	E	20	23.27.49,24	− 14 49	34,75	54,99		+ 19,73	23.27.54,48
M..........	0	20	23.27.32,47	+ 2,05	34,52	54,99		+ 19,73	23.27.54,25
ω Poissons......	0	13	23.52.32,61	+ 81	33,42	53,39	+ 19,97	+ 19,95	23.52.53,37
30 Poissons......	0	13	23.55.12,07	+ 89	12,96	32,89	+ 19,93	+ 19,97	23.55.32,93
33 Poissons......	0	13	23.58.35,35	+ 89	36,24	56,17	+ 19,93	+ 19,99	23.58.55,23
α Andromède....	0	13	0. 1.34,68	+ 71	35,39	55,43	+ 20,04	+ 20,00	0. 1.55,39
12 Baleine.......	0	13	0.23.18,61	+ 88	19,49	39,61	+ 20,12	+ 20,13	0.23.39,62
51 Poissons......	0	13	0.25.35,77	+ 81	36,58	56,81	+ 20,23	+ 20,14	0.25.56,72
13 Baleine	0	13	0.28.27,91	+ 87	28,78	48,89	+ 20,11	+ 20,18	0.28.48,96

$$C_p = + 19,68 + 0,358 \, (T − 23,11).$$

PÉRIODES DE TEMPS.	POS.	AZ.	INCL.	m	n	$c − x$
h h		s	s	s	s	s
De 22,0 à 23,5	E	+ 0,54	− 0,02	+ 0,40	− 0,37	− 0,51
De 23,5 à 0,5	0	+ 0,52	− 0,05	+ 0,36	− 0,38	+ 0,48

DÉTERMINATION DE L'HEURE.

1er NOVEMBRE 1874.

NOMS.	P	N	PASSAGE OBSERVÉ.	I	T	A_c	C_p	C'_p	ASCENSION droite APPAR. CONCLUE.
			h m s		s	s	s	s	h m s
α Verseau........	O	13	21.58.43,92	+ 80	44,72	21,12	+ 36,40	+ 36,28	21.59.21,00
ι Pégase........	O	13	22. 0.33,87	+ 69	34,56	10,78	+ 36,22	+ 36,29	22. 1.10,85
θ Pégase........	O	13	22. 3.15,97	+ 76	16,73	53,00	+ 36,27	+ 36,29	22. 3.53,02
θ Verseau	O	13	22. 9.36,49	+ 84	37,33	13,63	+ 36,30	+ 36,31	22.10.13,64
γ Verseau	O	13	22.14.34,28	+ 80	35,08	11,40	+ 36,32	+ 36,33	22.15.11,41
η Verseau	O	13	22.28.18,21	+ 79	19,00	55,45	+ 36,45	+ 36,37	22.28.55,37
ζ Pégase........	O	13	22.34.35,96	+ 74	36,70	13,12	+ 36,42	+ 36,39	22.35.13,09
η Pégase........	O	13	22.36.30,92	+ 68	31,60	7,98	+ 36,38	+ 36,39	22.37. 7,99
μ Pégase	O	13	22.43.20,61	+ 69	21,30	57,70	+ 36,40	+ 36,41	22.43.57,71
λ Verseau........	O	13	22.45.27,88	+ 84	28,72	5,18	+ 36,46	+ 36,42	22.46. 5,14
δ Verseau	O	13	22.47.23,25	+ 90	24,15	0,61	+ 36,46	+ 36,43	22.48. 0,58
o Andromède....	O	13	22.55.32,70	+ 67	33,37	9,78	+ 36,42	+ 36,45	22.56. 9,82
α Pégase........	O	13	22.57.54,48	+ 72	55,20	31,62	+ 36,42	+ 36,46	22.58.31,66
58 Pégase........	O	13	23. 3. 6,28	+ 75	7,03	43,43	+ 36,40	+ 36,47	23. 3.43,50
φ Verseau........	O	13	23. 7.13,33	+ 83	14,16	50,61	+ 36,45	+ 36,48	23. 7.50,64
γ Poissons......	O		23.10. 3,53	+ 78	4,32	40,78	+ 36,46	+ 36,49	23.10.40,81
M..........	O	20	23.27.16,37	+ 3,03	19,40	54,69		+ 36,52	23.27.55,92
ι Poissons......	O	13	23.32.53,74	+ 77	54,51	31,02	+ 36,51	+ 36,46	23.33.30,96
ω Poissons......	E	13	23.52.17,02	— 27	16,75	53,39	+ 36,64	+ 36,62	23.52.53,37
30 Poissons......	E	13	23.54.56,38	— 19	56,19	32,89	+ 36,73	+ 36,63	23.55.32,82
33 Poissons......	E	13	23.58.19,65	— 19	19,46	56,17	+ 36,71	+ 36,64	23.58.56,10
α Andromède....	E	13	0. 1.19,19	— 50	18,69	55,42	+ 36,73	+ 36,65	0. 1.55,34
γ Pégase........	E	13	0. 6.11,40	— 34	11,06	47,81	+ 36,75	+ 36,67	0. 6.47,73
10 Baleine........	E	11	0.19.36,29	— 23	36,06	12,75	+ 36,69	+ 36,70	0.20.12,76
12 Baleine........	E	13	0.23. 3,15	— 20	2,95	39,61	+ 36,66	+ 36,71	0.23.39,66
51 Poissons......	E	12	0.25.20,43	— 28	20,15	56,81	+ 36,66	+ 36,72	0.25.56,87
13 Baleine........	E	13	0.28.12,39	— 20	12,19	48,89	+ 36,70	+ 36,73	0.28.48,92
β Baleine........	E	13	0.36.42,51	— 13	42,38	19,10	+ 36,72	+ 36,75	0.37.19,13
58 Poissons......	E	13	0.39.53,79	— 31	53,48	30,23	+ 36,75	+ 36,76	0.40.30,24
A..........	E	20	0.51.40,03	— 11,00	29,03	6,75		+ 36,79	0.52. 5,82
ε Poissons......	E	13	0.55.50,94	— 28	50,66	27,40	+ 36,74	+ 36,81	0.56.27,47
η Baleine........	E	13	1. 1.41,72	— 17	41,55	18,30	+ 36,75	+ 36,82	1. 2.18,37
α Petite Ourse...	E	20	1.13.19,24	— 36,47	42,77	21,05			
α Petite Ourse...	O	20	1.12.38,25	+ 5,81	44,06	21,05			

NOMS.	P	N	PASSAGE OBSERVÉ.	I	T	A_c	C_p	C'_p	ASCENSION droite APPAR. CONCLUE.
			h m s		s	s	s	s	h m s
ν Poissons......	0	10	1.34.18,11	+75	18,87	55,75	+36,88	+36,92	1.34.56,79
o Poissons......	0	13	1.38.10,07	+74	10,81	47,74	+36,93	+36,93	1.38.47,74
β Bélier.......	0	13	1.47. 6,56	+68	7,24	44,22	+36,98	+36,96	1.47.44,20
α Bélier.......	0	13	1.59.30,01	+68	30,69	7,75	+37,06	+37,01	2. 0. 7,70
35 Bélier.......	0	12	2.35.29,42	+66	30,08	7,21	+37,13	+37,11	2.36. 7,19
ζ Persée.......	0	11	3.45.38,70	+65	39,35	16,63	+37,28	+37,31	2.46.16,66
ε Persée.......	0	12	3.48.50,09	+63	50,72	28,09	+37,37	+37,32	3.49.28,04
γ Éridan.......	0	13	3.51.34,17	+89	35,06	12,30	+37,24	+37,33	3.52.12,39
λ Taureau......	0	13	3.53. 7,38	+72	8,10	45,47	+37,37	+37,35	3.53.45,45

$$C_p = + 36,67 + 0,178 \, (T - 0,16).$$

PÉRIODES DE TEMPS.	POS.	AZ.	INCL.	m	n	$c - x$
h h		s	s	s	s	s
De 21,9 à 23,6	0	+0,44	−0,03	+0,32	−0,32	+0,48
De 23,9 à 1,2	E	+0,43	−0,08	0,27	0,37	−0,50
De 1,2 à 3,9	0	+0,47	−0,07	0,31	0,37	+0,50

2 NOVEMBRE 1874.

NOMS.	P	N	PASSAGE OBSERVÉ.	I	T	A_c	C_p	C'_p	ASCENSION droite APPAR. CONCLUE.
			h m s		s	s	s	s	h m s
η Pégase.......	0	13	22.36.26,54	+77	27,31	7,97	+40,66	+40,69	22.37. 8,00
μ Pégase.......	0	12	22.43.16,18	+78	16,96	57,69	+40,73	+40,71	22.43.57,67
λ Verseau......	0	13	22.45.23,53	+96	24,49	5,17	+40,68	+40,72	22.46. 5,21
δ Verseau......	0	12	22.47.18,87	+103	19,90	60,60	+40,70	+40,72	22.56. 9,71
o Andromède....	0	13	22.55.28,23	+74	28,97	9,76	+40,79	+40,74	22.58.31,57
α Pégase.......	0	13	22.57.50,00	+82	50,82	31,61	+40,79	+40,75	23. 3.43,40
58 Pégase.......	0	12	23. 3. 1,78	+85	2,63	43,42	+40,79	+40,77	23. 7.50,58
φ Verseau......	0	13	23. 7. 8,85	+95	9,80	50,61	+40,81	+40,78	23.10.40,78
γ Poissons......	0	13	23. 9.59,10	+89	59,99	40,77	+40,78	+40,79	23.12.54,79
96 Verseau......	0	13	23.12.13,05	+94	13,99	54,83	+40,84	+40,80	23.19. 8,13
ν Pégase.......	0	12	23.18.26,53	+79	27,32	8,11	+40,79	+40,81	
M...........	0	20	23.27.10,66	+2,60	13,26	54,38		+40,85	27.54,11
ι Poissons......	0	12	23.32.49,26	+87	50,13	31,02	+40,89	+40,85	23.33.30,98
21 Poissons......	0	13	23.42.21,51	+90	22,41	3,27	+40,86	+40,89	23.43. 3,30

NOMS.	P	N	PASSAGE OBSERVÉ.	I	T	A_c	C_p	C'_p	ASCENSION droite APPAR. CONCLUE.
			h m s	s	s	s	s	s	h m s
φ Pégase......	O	13	23.45.25,81	+ 80	26,61	7,51	+ 40,90	+ 40,89	23.46. 7,50
ω Poissons.....	O	13	23.52.11,67	+ 86	12,53	53,38	+ 40,85	+ 40,91	23.52.53,44
30 Poissons.....	O	13	23.54.51,07	+ 95	52,02	32,88	+ 40,86	+ 40,91	23.55.32,93
33 Poissons.....	O	13	23.58.14,34	+ 94	15,28	56,16	+ 40,88	+ 40,93	23.58.56,21
α Andromède...	O	13	0. 1.13,68	+ 77	14,45	55,42	+ 40,97	+ 40,94	0. 1.55,39
10 Baleine......	E	13	0.19.31,86	− 13	31,73	12,75	+ 41,02	+ 41,04	0.20.12,77
12 Baleine......	E	13	0.22.58,70	− 11	58,59	39,61	+ 41,02	+ 41,04	0.23.39,63
51 Poissons.....	E	13	0.25.15,95	− 18	15,77	56,80	+ 41,03	+ 41,04	0.25.56,81
13 Baleine......	E	13	0.28. 7,94	− 11	7,83	48,89	+ 41,06	+ 41,05	0.28.48,88
β Baleine......	E	13	0.36.38,12	− 05	38,07	19,09	+ 41,02	+ 41,05	0.37.19,12
58 Poissons.....	E	13	0.39.49,44	− 22	49,22	30,23	+ 41,01	+ 41,05	0.40.30,27
δ Poissons.....	E	13	0.41.31,09	− 18	30,91	11,87	+ 40,96	+ 41,05	0.42.11,96
A.........	E	20	0.51.36,52	− 10,88	25,64	6,62		+ 41,05	52. 6,69
ε Poissons.....	E	13	0.55.46,53	− 18	46,35	27,40	+ 41,05	+ 41,05	0.56.27,40
η Baleine......	E	13	1. 1.37,32	− 08	37,24	18,30	+ 41,06	+ 41,06	1. 2.18,30
τ Poissons.....	E	12	1. 4. 5,97	− 41	5,56	46,65	+ 41,09	+ 41,06	1. 4.46,62
φ Poissons.....	E	13	1. 6.17,03	− 84	16,69	57,84	+ 41,15	+ 41,06	1. 6.57,75
α Petite Ourse..	E	20	1.13.15,81	− 36,35	39,46	20,73			
α Petite Ourse..	O	20	1.12.32,88	+ 6,24	39,12	20,73			
γ Poissons.....	O	13	1.34.13,74	+ 79	14,53	55,75	+ 41,22	+ 41,23	1.34.55,76
o Poissons.....	O	11	1.38. 5,72	+ 76	6,48	47,74	+ 41,26	+ 41,24	1.38.47,72
ξ Baleine......	O	13	2.20.48,87	+ 77	49,64	31,03	+ 41,39	+ 41,36	2.21.31,00
27 Bélier.......	O	13	2.23.16,51	+ 72	17,23	58,60	+ 41,37	+ 41,37	2.23.58,60
29 Bélier.......	O	13	2.25.21,53	+ 74	22,27	3,56	+ 41,29	+ 41,38	2.26. 3,65
123 Piazzi II.....	O	13	2.28.31,71	+ 78	32,49	13,87	+ 41,38	+ 41,39	2.29.13,88
35 Bélier.......	O	13	2.35.25,11	+ 69	25,80	7,22	+ 41,42	+ 41,41	2.36. 7,21
41 Bélier.......	O	12	2.41.55,68	+ 69	56,37	37,80	+ 41,43	+ 41,43	2.42.37,80
σ Bélier.......	O	13	2.43.53,56	+ 74	54,30	35,70	+ 41,40	+ 41,43	2.44.35,73
η Éridan......	O	12	2.49.37,38	+ 88	38,26	19,69	+ 41,43	+ 41,45	2.50.19,71
ε Bélier.......	O	13	2.51.21,84	+ 71	22,55	4,09	+ 41,54	+ 41,46	2.52. 4,01
α Baleine......	O	13	2.55. 2,78	+ 79	3,57	45,02	+ 41,45	+ 41,47	2.55.45,04
β Persée......	O	13	2.59.20,32	+ 66	20,98	2,49	+ 41,51	+ 41,48	3. 0. 2,46
δ Bélier......	O	13	3. 3.46,91	+ 72	47,63	29,11	+ 41,48	+ 41,49	3. 4.19,12
ε Éridan......	O	13	3.26.20,52	+ 88	21,40	2,96	+ 41,56	+ 41,54	3.27. 2,94
δ Éridan......	O	13	3.36.33,57	+ 88	34,45	61,09	+ 41,64	+ 41,59	3.37.16,04
λ Taureau.....	E	13	3.53. 4,14	− 29	3,85	45,49	+ 41,64	+ 41,65	2.53.45,50

NOMS.	P	N	PASSAGE OBSERVÉ.	I	T	A_c	C_p	C'_p	ASCENSION droite APPAR. CONCLUE.
			h m s		s	s	s	s	h m s
γ Taureau.....	E	12	4.11.59,49	− 32	59,17	40,93	+ 41,76	+ 41,70	4.12.40,87
δ Taureau.....	E	13	4,15. 2,33	− 34	1,99	43,65	+ 41,66	+ 41,72	4.15.43,71
ν Taureau.....	E	13	4.18. 8,57	− 40	8,17	49,95	+ 41,78	+ 41,73	4.18.49,90
ε Taureau.....	E	13	4.20.37,82	− 36	37,47	19,15	+ 41,68	+ 41,73	4.21.19,20

$$C_p = + 41,15 + 0,178\,(\mathrm{T} - 1,15).$$

PÉRIODES DE TEMPS.	POS.	AZ.	INCL.	m	n	$c - \varkappa$
h h		s	s	s	s	s
De 22,5 à 0,0	0	+ 0,55	− 0,01	+ 0,40	− 0,37	+ 0,50
De 0,3 à 1,2	E	+ 0,52	− 0,01	+ 0,39	− 0,35	− 0,52
De 1,2 à 3,6	0	+ 0,48	− 0,06	+ 0,32	− 0,36	+ 0,50
De 3,9 à 4,3	E	+ 0,49	− 0,07	+ 0,32	− 0,37	− 0,52

3 NOVEMBRE 1874.

NOMS.	P	N	PASSAGE OBSERVÉ.	I		T	A_c	C_p	C'_p	ASCENSION droite APPAR. CONCLUE.
			h m s			s	s	s	s	h m s
ε Capricorne...	E	12	21.29.55,62	+	01	55,63	3,95	+ 8,32	+ 8,40	21.30. 4,02
γ Capricorne...	E	13	21.33. 0,68	−	01	0,67	9,02	+ 8,35	+ 8,39	21.33. 9,06
$\varkappa$ Capricorne...	E	12	21.35.31,46	+	00	31,46	39,82	+ 8,36	+ 8,37	21.35.39,83
ε Pégase......	E	13	21.37.53,68	−	16	53,52	61,94	+ 8,42	+ 8,37	21.38. 1,89
δ Capricorne...	E	13	21.39.59,22	−	01	59,21	7,62	+ 8,41	+ 8,36	21.40. 7,57
16 Pégase......	E	13	21.47.13,60	−	31	13,29	21,63	+ 8,34	+ 8,34	21.47.22,63
α Verseau.....	E	12	21.59.12,92	−	09	12,83	21,10	+ 8,27	+ 8,31	21.59.21,14
ι Pégase......	E	12	21. 1. 2,73	−	30	2,43	10,75	+ 8,32	+ 8,30	22. 1.10,73
θ Pégase......	E	12	22. 3.44,74	−	13	44,61	52,98	+ 8,37	+ 8,29	22. 3.52,90
41 Verseau.....	E	13	22. 7.14,92	+	01	14,93	23,12	+ 8,19	+ 8,27	22. 7.23,21
θ Verseau.....	E	13	22.10. 5,43	−	05	5,38	13,61	+ 8,23	+ 8,27	22.10.13,65
45 Verseau.....	E	12	22.12. 9,33	−	02	9,31	17,61	+ 8,30	+ 8,26	22.12.17,57
L, ...	E	20	22.23. 0,30	− 10,12		50,18	58,16		+ 8,24	22.23.58,42
η Verseau.....	E	13	22.28.47,28	−	09	47,19	55,42	+ 8,23	+ 8,22	22.28.55,41
ζ Pégase......	E	13	22.35. 5,05	−	16	4,89	13,11	+ 8,22	+ 8,20	22.35.13,09
η Pégase......	E	13	22.37. 0,12	−	36	59,76	7,97	+ 8,21	+ 8,19	22.38. 7,95
68 Verseau.....	E	13	22.40.41,87	+	01	41,88	49,86	+ 7,98	+ 8,18	22.40.50,06
μ Pégase......	E	13	22.43.49,78	−	29	49,49	57,67	+ 8,18	+ 8,17	22.43.57,66
α Pégase......	0	13	22.58.22,70	+	75	23,45	31,60	+ 8,15	+ 8,12	22.58.31,57
58 Pégase......	0	13	23. 3.34,57	+	78	35,35	43,41	+ 8,06	+ 8,10	23. 3.43,45

NOMS.	P	N	PASSAGE OBSERVÉ.	I	T	A_c	C_p	C'_p	ASCENSION droite APPAR. CONCLUE.
			h m s		s	s	s	s	h m s
φ Verseau.....	0	13	23. 7.41,64	+ 88	42,52	50,60	+8,08	+8,09	23. 7.50,61
γ Poissons.....	0	11	23.10.31,93	+ 82	32,75	40,77	+8,02	+8,08	23.10.40,83
ϰ Poissons.....	0	13	23.20.22,34	+ 83	23,17	31,20	+8,03	+8,05	23.20.30,22
M.........	0	20	23.27.44,42	+ 1,73	46,15	54,09		+8,03	23.27.54,18
ι Poissons.....	0	13	23.33.22,16	+ 80	22,96	31,01	+8,05	+8,01	23.33.30,97
21 Poissons.....	0	13	23.42.54,43	+ 83	55,26	3,26	+8,00	+7,98	23.43. 3,24
φ Pégase......	0	13	23.45.58,76	+ 73	59,49	7,51	+8,02	+7,97	23.46. 7,46
ω Poissons.....	0	13	23.52.44,62	+ 80	45,42	53,37	+7,95	+7,96	23.52.53,38
30 Poissons.....	0	13	23.55.24,00	+ 88	24,88	32,88	+8,00	+7,95	23.55.32,83
2 Baleine......	0	13	23.57.11,20	+ 98	12,18	20,20	+8,02	+7,94	23.57.20,12
33 Poissons.....	0	13	23.58.47,29	+ 88	48,17	56,15	+7,98	+7,94	23.58.56,11
α Andromède...	0	13	0. 1.46,74	+ 69	47,43	55,41	+7,98	+7,93	0. 1.55,36
17 Baleine......	0	13	0. 3.46,19	+ 88	47,07	54,86	+7,79	+7,92	0. 3.54,99
γ Pégase......	0	13	0. 6.39,15	+ 76	39,91	47,80	+7,89	+7,91	0. 6.47,82
57 BAC........	0	13	0.11.13,77	+ 83	14,60	22,47	+7,87	+7,90	0.11.22,50
13 Baleine......	E	13	0.28.41,16	− 12	41,04	48,88	+7,84	+7,86	0.28.48,90
β Baleine......	E	13	0.37.11,24	− 05	11,19	19,09	+7,90	+7,81	0.37.19,00
55 Poissons.....	E	13	0.40.22,66	− 26	22,40	30,23	+7,83	+7,82	0.40.30,22
δ Poissons.....	E	13	0.42. 4,18	− 23	3,95	11,87	+7,92	+7,82	0.42.11,77
A.........	E	20	0.52.10,99	− 11,47	59,52	6,50		+7,81	0.52. 7,33
η Baleine......	E	13	1. 2.10,72	− 10	10,62	18,30	+7,68	+7,76	1. 2.18,38
τ Poissons.....	E	13	1. 4.39,37	− 48	38,89	46,65	+7,76	+7,75	1. 4.46,64
φ Poissons.....	E	13	1. 6.50,44	− 40	50,04	57,83	+7,79	+7,74	1. 6.57,78
f Poissons.....	E	13	1.11.13,70	− 19	13,51	21,18	+7,67	+7,73	1.11.21,24
α Petite Ourse..	E	20	1.13.52,35	− 38,13	14,22	20,40			
π Poissons.....	E	13	1.30.21,09	− 30	20,79	28,48	+7,69	+7,68	1.30.28,47
ν Poissons.....	E	13	1.34.48,35	− 21	48,14	55,75	+7,61	+7,66	1.34.55,80
o Poissons.....	E	13	1.38.40,36	− 24	40,12	47,74	+7,62	+7,65	1.38.47,77
54 Baleine......	E	13	1.44. 6,85	− 26	6,59	14,19	+7,60	+7,63	1.44.14,22
β Bélier.......	E	13	1.47.36,96	− 36	36,60	44,23	+7,63	+7,62	1.47.44,22
58 Baleine	E	13	1,51.31,01	− 15	30,86	38,54	+7,68	+7,61	1.51.38,47
615 BAC........	E	13	1.53.31,84	− 19	31,65	39,26	+7,61	+7,61	1.53.39,26
60 Baleine......	E	13	1.56.39,90	− 17	39,73	47,33	+7,60	+7,60	1.56.47,33

$$C_p = +8,00 \overset{s}{} - 0,176 \overset{s}{} (T - 23,78 \overset{h}{}).$$

PÉRIODES DE TEMPS.	POS.	AZ.	INCL.	m	n	$c - \varkappa$
h — h	—	s	s	s	s	s
De 21,5 à 22,5	E	+0,53	−0,01	+0,39	−0,35	−0,48
De 23,0 à 0,1	0	+0,54	−0,04	+0,38	−0,38	+0,46
De 0,4 à 2,0	E	+0,52	−0,12	+0,32	−0,43	−0,48

4 NOVEMBRE 1874.

NOMS.	P	N	PASSAGE OBSERVÉ.	I	T	A_c	C_p	C'_p	ASCENSION droite APPAR. CONCLUE.
			h m s		s	s	s	s	h m s
32 Petit Renard..	O	13	20.49. 7,69	+ 78	8,47	12,82	+ 4,35	+ 4,32	20.49.12,79
ν Cygne......	O	13	20.52.24,54	+ 75	25,29	29,66	+ 4,37	+ 4,31	20.52.29,60
θ Capricorne...	O	13	20.58.48,75	+ 106	49,81	54,08	+ 4,27	+ 4,29	20.58.54,10
61 Cygne......	O	13	21. 1.11,53	+ 74	12,27	16,53	+ 4,26	+ 4,28	21. 1.16,55
γ Petit Cheval..	O	13	21. 4. 9,62	+ 86	10,48	14,77	+ 4,29	+ 4,28	21. 4.14,76
ζ Cygne	O	13	21. 7.30,83	+ 78	31,61	35,95	+ 4,34	+ 4,27	21. 7.35,88
α Petit Cheval..	O	13	21. 9.28,36	+ 89	29,25	33,53	+ 4,28	+ 4,26	21. 9.33,51
7504 BAC........	O	20	21.24. 5,86	+ 2,38	8,24	11,58		+ 4,21	21.24.12,45
ε Capricorne...	O	13	21.29.58,69	+. 109	59,78	3,94	+ 4,16	+ 4,20	21.30. 3,98
d Verseau.....	O	13	21.33. 6,75	+ 91	7,66	11,83	+ 4,17	+ 4,19	21.33.11,85
κ Capricorne...	O	13	21.35.34,54	+ 108	35,62	39,81	+ 4,19	+ 4,18	21.35.39,80
ε Pégase......	O	13	21.37.56,86	+ 86	57,72	61,93	+ 4,21	+ 4,17	21.38. 1,89
δ Capricorne...	O	13	21.40. 2,44	+ 105	3,49	7,61	+ 4,12	+ 4,17	21.40. 7,66
α Verseau	E	13	21.59.17,07	− 07	17,00	21,09	+ 4,09	+ 4,09	21.59.21,09
θ Pégase......	E	13	22. 3.48,98	− 13	48,85	52,97	+ 4,12	+ 4,08	22. 3.52,93
41 Verseau.....	E	13	22. 7.19,05	+ 06	19,11	23,11	+ 4,00	+ 4,07	22. 7.23,18
θ Verseau.....	E	13	22.10. 9,54	− 02	9,52	13,60	+ 4,08	+ 4,06	22.10.13,58
45 Verseau.....	E	13	22.12.13,44	+ 02	13,46	17,60	+ 4,14	+ 4,06	22.12.17,52
γ Verseau.....	E	13	22.15. 7,37	− 07	7,30	11,36	+ 4,06	+ 4,05	22.15.11,35
L..........	E	20	22.23. 5,64	− 12,01	53,63	57,88		+ 4,02	22.23.57,65
η Verseau.....	E	13	22.28.51,49	− 07	51,42	55,41	+ 3,99	+ 4,01	22.28.55,43
ζ Pégase......	E	13	22.35. 9,28	− 17	9,11	13,08	+ 3,97	+ 3,98	22.35.13,09
η Pégase......	E	13	22.37. 4,38	− 41	3,97	7,95	+ 3,98	+ 3,98	22.37. 7,95
68 Verseau.....	E	13	22.40.45,87	+ 05	45,92	49,85	+ 3,93	+ 3,97	22.40.49,89
μ Pégase......	E	13	22.43.53,97	− 33	53,64	57,66	+ 4,02	+ 3,96	22.43.57,60
λ Verseau.....	E	13	22.46. 1,16	− 02	1,14	5,14	+ 4,00	+ 3,95	22.46.05,09
δ Verseau.....	E	13	22.47.56,59	+ 03	56,62	60,57	+ 3,95	+ 3,95	22.48. 0,57
58 Pégase......	O	13	23. 3.38,60	+ 90	39,50	43,40	+ 3,90	+ 3,92	23. 3.43,42
φ Verseau.....	O	13	23. 7.45,70	+ 103	46,73	50,59	+ 3,86	+ 3,91	23. 7.50,63
γ Poissons.....	O	13	23.10.35,97	+ 95	36,92	40,76	+ 3,84	+ 3,90	23.10.40,82
96 Verseau.....	O	13	23.12.49,97	+ 102	50,99	54,82	+ 3,83	+ 3,89	23.12.54,88
ν Pégase......	O	13	23.19. 3,37	+ 82	4,19	8,09	+ 3,90	+ 3,87	23.19. 8,06
M..........	O	20	23.27.49,60	+ 1,14	50,74	53,80		+ 3,88	23.27.54,62
21 Poissons.....	O	13	23.42.58,56	+ 97	59,53	3,25	+ 3,72	+ 3,80	23.43. 3,33
φ Pégase......	O	13	23.46. 2,81	+ 84	3,65	7,50	+ 3,85	+ 3,79	23.46. 7,44

NOMS.	P	N	PASSAGE OBSERVÉ.	I		T	A_c	C_p	C'_p	ASCENSION droite APPAR. CONCLUE.
			h m s			s	s	s	s	h m s
ω Poissons.....	O	13	23.52.48,63	+	92	49,55	53,37	+3,82	+3,78	23.52.53,33
30 Poissons.....	O	13	23.55.28,08	+	103	29,11	32,87	+3,76	+3,77	23.55.32,88
33 Poissons.....	O	13	23.58.51,35	+	102	52,37	56,15	+3,78	+3,76	23.58.56,13
α Andromède...	O	13	0. 1.50,78	+	78	51,56	55,41	+3,85	+3,75	0. 1.55,31
17 BAC.	O	13	0. 3.50,08	+	102	51,10	54,85	+3,75	+3,74	0. 3.54,84
γ Pégase......	O	13	0. 6.43,18	+	86	44,04	47,79	+3,75	+3,73	0. 6.47,77
57 BAC.	O	13	0.11.17,81	+	96	18,77	22,46	+3,69	+3,72	0.11.22,49
β Baleine......	E	13	0.37.15,40	—	00	15,40	19,09	+3,69	+3,69	0.37.19,09
58 Poissons.....	E	13	0.40.26,73	—	21	26,52	30,23	+3,71	+3,68	0.40.30,20
δ Poissons.....	E	13	0.42. 8,38	—	17	8,21	11,86	+3,65	+3,67	0.42.11,88
A.........	E	20	0.52.13,63	— 12,02		1,61	6,38		+3,64	0.52. 5,25
η Baleine......	E	13	1. 2.14,66	—	04	14,62	18,30	+3,68	+3,61	1. 2.18,23
τ Poissons.....	E	13	1. 4.43,44	—	44	43,00	46,65	+3,65	+3,60	1. 4.46,60
φ Poissons.....	E	13	1. 6.54,56	—	36	54,20	57,83	+3,63	+3,60	1. 6.57,80
α Petite Ourse..	E	20	1.13.57,06	— 40,15		16,91	20,09			
α Petite Ourse..	E	20	1.13.13,71	+	2,07	15,78	20,09			
μ Baleine......	E	13	2.38. 7,15	+	81	7,96	11,37	+3,41	+3,46	2.38.11,42
41 Bélier.......	E	13	2.42.33,71	+	71	34,42	37,82	+3,40	+3,45	2.42.37,87
σ Bélier.......	E	13	2.44.31,55	+	77	32,32	35,73	+3,41	+3,44	2.44.35,76
η Éridan......	E	13	2.50.15,34	+	96	16,30	19,71	+3,41	+3,42	2.50.19,72
δ Éridan......	E	13	2.37.11,89	+	97	12,86	16,12	+3,26	+3,29	3.37.16,15
ζ Persée......	O	13	3.46.12,69	+	68	13,37	16,69	+3,32	+3,26	3.46.16,63
ε Persée......	O	13	3.49.24,35	+	65	25,00	28,25	+3,25	+3,25	3.49.28,25
γ Éridan......	O	13	3.52. 8,14	+	101	9,15	12,35	+3,20	+3,24	3.52.12,39
λ Taureau.....	O	13	3.53.41,44	+	79	42,23	45,53	+3,30	+3,24	3.53.45,47
γ Taureau.....	O	13	4.12.37,01	+	77	37,78	40,97	+3,19	+3,18	4.12.40,96
δ Taureau.....	O	13	4.15.39,75	+	76	40,51	43,69	+3,18	+3,17	4.15.43,68
ν Taureau.....	O	13	4.18.45,94	+	73	46,67	49,89	+3,22	+3,16	4.18.49,83

$$C_p = + \overset{s}{3,83} - 0{,}176 \, (\overset{h}{T} - \overset{s}{23{,}78}).$$

PÉRIODES DE TEMPS.	POS.	AZ.	INCL.	m	n	$c - x$
h h		s	s	s	s	s
De 20,8 à 21,7	O	+0,56	—0,01	+0,41	—0,38	+0,50
De 21,9 à 22,8	E	+0,63	—0,04	+0,45	—0,45	—0,53
De 23,0 à 0,2	O	+0,66	—0,04	+0,46	—0,46	+0,50
De 0,5 à 1,3	E	+0,59	—0,05	+0,41	—0,43	—0,53
De 1,3 à 4,3	O	+0,59	—0,10	+0,38	—0,46	+0,50

5 NOVEMBRE 1874.

NOMS.	P	N	PASSAGE OBSERVÉ.	I	T	A_c	C_p	C'_p	ASCENSION droite APPAR. CONCLUE.
			h m s		s	s	s	s	h m s
61¹ Cygne.......	O	13	21. 1.15,65	+ 74	16,39	16,51	+0,12	+0,09	21. 1.16,48
61² Cygne.......	O	13	21. 1.17,17	+ 74	17,91	18,04	+0,13	+0,07	21. 1.17,98
γ Petit Cheval..	O	13	21. 4.13,66	+ 88	14,54	14,75	+0,21	+0,08	21. 4.14,62
α Petit Cheval..	O	13	21. 9.32,52	+ 92	33,44	33,51	+0,07	+0,06	21. 9.33,50
7504 BAC........	O	20	21.24. 9,39	+ 1,76	11,15	11,21		+0,01	21.24.11,16
ε Capricorne...	O	13	21.30. 2,83	+ 113	3,96	3,92	−0,04	−0,00	21.30. 3,96
d Verseau.....	O	13	21.33.10,92	+ 94	11,86	11,82	−0,04	−0,01	21.33.11,85
x Capricorne...	O	13	21.35.38,74	+ 112	39,86	39,81	−0,05	−0,02	21.35.39,84
ε Pégase......	O	13	21.38. 1,05	+ 88	1,93	61,91	−0,02	−0,02	21.38. 1,91
δ Capricorne...	O	13	21.40. 6,63	+ 09	7,72	7,60	−0,12	−0,03	21.40. 7,69
16 Pégase......	O	13	21.47.20,91	+ 80	21,71	21,60	−0,11	−0,05	21.47.21,66
α Verseau.....	E	13	21.59.21,22	− 06	21,16	21,07	−0,09	−0,12	21.59.21,04
ι Pégase......	E	12	22. 1.10,95	− 32	10,63	10,72	−0,09	−0,13	22. 1.10,50
θ Pégase......	E	13	22. 3.53,15	− 11	53,04	52,95	−0,09	−0,13	22. 3.52,91
41 Verseau.....	E	13	22. 7.23,22	+ 06	23,28	23,10	−0,18	−0,14	22. 7.23,14
θ Verseau.....	E	13	22.10.13,79	− 01	13,78	13,58	−0,20	−0,15	22.10.13,63
45 Verseau.....	E	13	22.12.17,68	+ 02	17,70	17,58	−0,12	−0,16	22.12.17,54
γ Verseau.....	E	13	22.15.11,59	− 06	11,53	11,34	−0,19	−0,17	22.15.11,36
L..........	E	20	22.23. 9,42	− 11,62	57,80	57,64		−0,19	22.23.57,61
η Verseau.....	E	13	22.28.55,74	− 06	55,68	55,39	−0,29	−0,21	22.28.55,47
ζ Pégase......	E	13	22.35.13,47	− 15	13,32	13,07	−0,25	−0,23	22.35.13,09
η Pégase......	E	13	22.37. 8,48	− 39	8,09	7,93	−0,16	−0,22	22.37. 7,87
68 Verseau.....	E	13	22.40.50,07	+ 05	50,12	49,84	−0,28	−0,24	22.40.49,88
μ Pégase......	E	13	22.43.58,19	− 31	57,89	57,65	−0,24	−0,25	22.43.57,64
λ Verseau.....	E	13	22.46. 5,42	− 01	5,41	5,13	−0,28	−0,26	22.46. 5,15
δ Verseau.....	E	12	22.48. 0,79	+ 03	0,82	0,56	−0,26	−0,27	22.48. 0,55
φ Verseau.....	O	13	23. 7.49,92	+ 100	50,92	50,58	−0,34	−0,33	23. 7.50,59
γ Poissons.....	O	13	23.10.40,12	+ 92	41,04	40,75	−0,29	−0,34	23.10.40,70
ν Pégase... ..	O	13	23.19. 7,62	+ 79	8,41	8,08	−0,33	−0,36	23.19. 8,05
M..........	O	20	23. 7.49,09	+ 1,29	51,19	53,53		−0,31	23. 7.50,88
21 Poissons.....	O	13	23.43. 2,77	+ 94	3,71	3,24	−0,47	−0,44	23.43. 3,27
φ Pégase......	O	13	23.46. 7,07	+ 82	7,89	7,50	−0,39	−0,45	23.46. 7,44

NOMS.	P	N	PASSAGE OBSERVÉ.	I		T	A_c	C_p	C'_p	ASCENSION droite APPAR. CONCLUE.
			h m s			s	s	s	s	h m s
ω Poissons.....	O	13	23.52.52,93	+	89	53,82	53,36	— 0,46	— 0,47	23.52.53,35
30 Poissons.....	O	13	23.55.32,29	+	100	33,29	32,86	— 0,43	— 0,48	23.55.32,81
2 Baleine......	O	13	23.57.19,61	+	111	20,72	20,17	— 0,55	— 0,48	23.57.20,24
α Andromède...	O	13	0. 1.55,15	+	76	55,91	55,39	— 0,52	— 0,49	0. 1.55,42
17 BAC........	O	13	0. 3.54,42	+	99	55,41	54,85	— 0,56	— 0,50	0. 3.54,91
γ Pégase......	O	13	0. 6.47,39	+	84	48,23	47,79	— 0,44	— 0,51	0. 6.47,72
35 Poissons.....	O	13	0. 8.32,07	+	88	32,95	32,40	— 0,55	— 0,52	0. 8.32,43
57 BAC........	O	13	0.11.22,11	+	93	23,04	22,46	— 0,58	— 0,52	0.11.22,52
42 Poissons.....	O	13	0.15.56,99	+	85	57,84	57,34	— 0,50	— 0,53	0.15.57,31
10 Baleine......	O	13	0.20. 2,33	+	94	13,27	12,74	— 0,53	— 0,54	0.20.12,73
12 Baleine......	O	13	0.23.39,19	+	98	40,17	39,58	— 0,59	— 0,55	0.23.39,62
51 Poissons.....	O	13	0.25.56,47	+	89	57,36	56,80	— 0,56	— 0,56	0.25.56,80
13 Baleine......	O	13	0.28.48,44	+	98	49,42	48,88	— 0,54	— 0,57	0.28.48,85
55 Poissons.....	O	13	0.33.20,46	+	80	21,26	20,71	— 0,55	— 0,58	0.33.20,68
β Baleine......	O	10	0.37.18,56	+	112	19,68	19,09	— 0,59	— 0,59	0.37.19,09
58 Poissons.....	O	13	0.40.30,00	+	86	30,86	30,22	— 0,64	— 0,61	0.40.30,25
δ Poissons.....	O	13	0.42.11,62	+	89	12,51	11,86	— 0,65	— 0,61	0.42.11,90
τ Poissons.....	O	8	1. 4.46,57	+	76	47,33	46,66	— 0,67	— 0,68	1. 4.46,65
α Petite Ourse..	O	20	1.13.16,39	+	2,56	18,95	19,80		— 0,68	
α Petite Ourse..	E	20	1.13.58,65	—	40,96	17,69	19,80		— 0,68	
ν Poissons.....	E	13	1.34.56,64	—	11	56,53	55,76	— 0,77	— 0,74	1.34.55,79
ο Poissons.....	E	13	1.38.48,63	—	15	48,48	47,75	— 0,73	— 0,75	1.38.47,73
54 Baleine......	E	13	1.44.15,04	—	16	14,88	14,20	— 0,68	— 0,76	1.44.14,12
β Bélier.......	E	13	1.47.45,24	—	27	44,97	44,24	— 0,73	— 0,77	1.47.44,20
586 BAC........	E	13	1.49.27,23	—	08	27,15	26,38	— 0,77	— 0,78	1.49.26,37
58 Baleine......	E	13	1.51.39,46	—	05	39,41	38,55	— 0,86	— 0,79	1.51.38,62
615 BAC........	E	13	1.53.40,22	—	09	40,13	39,27	— 0,86	— 0,79	1.53.39,34
60 Baleine......	E	13	1.56.48,19	—	0,67	48,12	47,37	— 0,75	— 0,80	1.56.47,32
67 Baleine......	E	13	2.10.46,15	—	0,02	46,13	45,28	— 0,85	— 0,81	2.10.45,32

$$C_p = - 0,38 - 0,176 \, (T - 23,46).$$

PÉRIODES DE TEMPS.	POS.	AZ.	INCL.	m	n	$c - x$
h h		s	s	s	s	s
De 21,0 à 21,8	O	+ 0,61	+ 0,02	+ 0,45	— 0,42	+ 0,50
De 21,9 à 22,8	E	+ 0,62	— 0,02	+ 0,46	— 0,42	— 0,53
De 23,1 à 1,2	O	+ 0,63	— 0,05	+ 0,44	— 0,45	+ 0,50
De 1,2 à 2,2	E	+ 0,64	— 0,04	+ 0,45	— 0,45	— 0,53

6 NOVEMBRE 1874.

NOMS.	P	N	PASSAGE OBSERVÉ.	I		'T	A_c	C_p	C'_p	ASCENSION droite APPAR. CONCLUE.
			h m s			s	s	s	s	h m s
d Verseau......	E	13	21.33.10,14	−	13	10,01	11,80	+ 1,79	+ 1,81	21.33.11,81
ϰ Capricorne....	E	13	21.35.37,99	−	10	37,89	39,77	+ 1,88	+ 1,80	21.35.39,69
ε Pégase.......	E	12	21.38. 0,34	−	20	60,14	61,89	+ 1,75	+ 1,80	21.38.61,94
∂ Capricorne....	E	13	21.40. 5,88	−	02	5,86	7,58	+ 1,72	+ 1,79	21.40. 7,65
16 Pégase.......	E	13	21.47.20,15	−	04	19,77	21,59	+ 1,82	+ 1,77	21.47.21,54
α Verseau......	E	13	21.59.19,43	−	12	19,31	21,06	+ 1,75	+ 1,74	21.59.21,05
θ Pégase.......	E	13	22. 3.51,34	−	17	51,17	52,94	+ 1,77	+ 1,73	22. 3.52,90
41 Verseau......	E	13	22. 7.21,46	+	01	21,45	23,08	+ 1,63	+ 1,72	22. 7.23,17
θ Verseau......	E	13	22.10.11,94	−	07	11,87	13,57	+ 1,70	+ 1,71	22.10.13,58
45 Verseau......	E	12	22.12.15,88	−	03	15,85	17,57	+ 1,72	+ 1,70	22.12.17,55
γ Verseau......	E	13	22.15. 9,75	−	11	9,64	11,33	+ 1,69	+ 1,69	22.15.11,33
L..........	E	20	22.23. 7,12	− 11,80		55,32	57,39		+ 1,67	23.56,99
η Verseau......	E	12	22.28.53,90	−	12	53,78	55,38	+ 1,60	+ 1,65	22.28.55,43
ζ Pégase.......	E	13	22.35.11,57	−	21	11,36	13,05	+ 1,65	+ 1,64	22.35.13,00
η Pégase.......	E	13	22.37. 6,71	−	44	6,27	7,91	+ 1,64	+ 1,63	22.37. 7,90
68 Verseau......	E	13	22.40.48,26	+	00	48,26	49,83	+ 1,57	+ 1,62	22.40.49,88
μ Pégase.......	E	13	22.43.56,34	−	36	55,98	57,63	+ 1,65	+ 1,61	22.43.57,59
λ Verseau......	E	13	22.46. 3,58	−	07	3,51	5,12	+ 1,60	+ 1,60	22.46. 5,11
∂ Verseau......	E	12	22.47.58,98	−	02	58,96	60,55	+ 1,59	+ 1,59	22.48. 0,55
58 Pégase.......	O	13	23. 3.40,97	+	84	41,81	43,38	+ 1,57	+ 1,53	23. 3.43,34
φ Verseau......	O	13	23. 7.48,04	+	96	49,00	50,57	+ 1,57	+ 1,51	23. 7.50,51
γ Poissons......	O	13	23.10.38,29	+	88	39,17	40,74	+ 1,57	+ 1,51	23.10.40,68
96 Verseau......	O	13	23.12.52,30	+	95	53,25	54,80	+ 1,55	+ 1,50	23.12.54,75
ν Pégase.......	O	13	23.19. 5,79	+	77	6,56	8,07	+ 1,51	+ 1,48	23.19. 8,04
M..........	O	20	23.27.49,78	+ 1,58		51,36	53,27		+ 1,45	27.52,81
ι Poissons......	O	13	23.33.28,61	+	87	29,48	30,99	+ 1,51	+ 1,44	23.33.30,92
21 Poissons......	O	13	23.43. 0,98	+	90	1,88	3,24	+ 1,36	+ 1,41	23.43. 3,29
φ Pégase.......	O	13	23.46. 5,36	+	79	6,15	7,50	+ 1,35	+ 1,40	23.46. 7,55
ω Poissons......	O	13	23.52.51,14	+	86	52,00	53,35	+ 1,35	+ 1,39	23.52.53,39
30 Poissons......	O	8	23.55.30,58	+	96	31,54	32,85	+ 1,31	+ 1,38	23.55.32,92
2 Baleine	O	5	23.57.17,76	+	107	18,83	20,18	+ 1,35	+ 1,37	23.57.20,20
α Andromède....	O	13	0. 1.53,27	+	74	54,01	55,39	+ 1,38	+ 1,36	0. 1.55,37

$$C_p = + 1,58 - 0,170 \, (T - 22,73).$$

PÉRIODES DE TEMPS.	POS.	AZ.	INCL.	m	n	$c - \varkappa$
h　h		s	s	s	s	s
De 21,5 à 22,8	E	+ 0,59	− 0,05	+ 0,40	− 0,43	− 0,53
De 23,0 à 0,1	O	+ 0,59	− 0,06	+ 0,40	− 0,43	+ 0,50

7 NOVEMBRE 1874.

NOMS.	P	N	PASSAGE OBSERVÉ.	I	T	A_c	C_p	C'_p	ASCENSION droite APPAR. CONCLUE.
			h m s		s	s	s	s	h m s
α Pégase.......	0	13	22.58.33,26	+ 78	34,04	31,56	— 2,48	— 2,54	22.58.31,50
γ Poissons......	0	13	23.10.42,41	+ 86	43,27	40,73	— 2,54	— 2,57	23.10.40,70
ν Pégase.......	0	9	23.19. 9,90	+ 74	10,64	8,06	— 2,58	— 2,60	23.19. 8,04
M...........	0	20	23.27.54,05	+ 1,23	55,28	53,02		— 2,63	23.27.52,65
φ Pégase.......	0	11	23.46. 9,42	+ 76	10,18	7,49	— 2,69	— 2,67	23.46. 7,51
ω Poissons......	0	13	23.52.55,33	+ 84	56,17	53,35	— 2,82	— 2,70	23.52.53,47
30 Poissons......	0	12	23.55.34,63	+ 94	35,57	32,85	— 2,72	— 2,70	23.55.32,87
2 Baleine.......	0	3	23.57.21,80	+ 105	22,85	20,17	— 2,68	— 2,70	23.57.20,15
α Andromède....	0	13	0. -1,57,36	+ 71	58,07	55,38	— 2,69	— 2,72	0. 1.55,35

$$C_p = -2,65 - 0,170\,(T - 23,63).$$

PÉRIODES DE TEMPS.	POS.	AZ.	INCL.	m	n	$c - \varkappa$
h h		s	s	s	s	s
De 22,9 à 0,1	0	+ 0,58	— 0,09	+ 0,381	— 0,450	+ 0,500

11 NOVEMBRE 1874.

NOMS.	P	N	PASSAGE OBSERVÉ.	I	T	A_c	C_p	C'_p	ASCENSION droite APPAR. CONCLUE.
			h m s		s	s	s	s	h m s
d Verseau......	0	13	21.32.55,17	+ 87	56,04	11,74	+ 15,70	+ 15.70	21.33.11,74
ε Pégase.......	0	13	21.37.45,21	+ 82	46,03	1,83	+ 15,80	+ 15,71	21.38. 1,74
δ Capricorne.....	0	13	21.39.50,77	+ 103	51,80	7,52	+ 15,72	+ 15,71	21.40. 7,51
α Verseau......	0	12	21.59. 4,32	+ 89	5,21	21,00	+ 15,79	+ 15,76	21.59.20,97
θ Pégase.......	0	13	22. 3,36,34	+ 84	37,18	52,88	+ 15,70	+ 15,77	22. 3.52,95
ν Verseau......	0	13	22.14.54,63	+ 90	55,53	11,27	+ 15,74	+ 15,79	22.55.11.32
o Andromède....	0	12	22.55.53,07	+ 66	53,73	9,61	+ 15,88	+ 15,88	22.56. 9,61
α Pégase.......	0	13	22.58.14,80	+ 78	15,58	31,52	+ 15,94	+ 15,89	22.58.31,47
58 Pégase.......	0	13	23. 3.26,69	+ 82	27,51	43,33	+ 15,82	+ 15,90	23. 3.43,41
φ Verseau......	0	13	23. 7.33,66	+ 94	34,60	50,52	+ 15,92	+ 15,91	23. 7.50,51
γ Poissons......	0	13	23.10.23,90	+ 86	24,76	40,69	+ 15,93	+ 15,92	23.10.40,68
96 Verseau......	0	13	23.12.37,91	+ 93	38,84	54,75	+ 15,91	+ 15,92	23.12.54,76
ν Pégase.......	0	12	23.18.51,28	+ 74	52,02	8,02	+ 16,00	+ 15,93	23.19. 7,95
M...........	0	20	23.27.35,32	+ 1,39	36,71	52,01		+ 15,94	23.27.52,65

$$C_p = +15,83 + 0,135\,(T - 22,51).$$

PÉRIODES DE TEMPS.	POS.	AZ.	INCL.	m	n	$c - \varkappa$
h h		s	s	s	s	s
De 21,5 à 23,5	0	+ 0,57	— 0,08	+ 0,38	— 0,44	+ 0,50

12 novembre 1874.

NOMS.	P	N	PASSAGE OBSERVÉ.	I	T	A_c	C_p	C'_p	ASCENSION droite APPAR. CONCLUE.
			h m s		s	s	s	s	h m s
θ Verseau	O	13	22. 9.53,44	+ 98	54,42	13,50	+ 19,08	+ 19,06	22.10.13,48
45 Verseau	O	7	22.11.57,43	+ 103	58,46	17,49	+ 19,03	+ 19,06	22.11.17,52
γ Verseau	O	12	22.14.51,25	+ 93	52,18	11,26	+ 19,08	+ 19,07	22.14.11,25

$$C_p = + 19,06 + 0,130 \, (T - 22,20).$$

PÉRIODES DE TEMPS.	POS.	AZ.	INCL.	m	n	$c - \varkappa$
h h		s	s	s	s	s
De 22,0 à 22,3	0	+ 0,59	− 0,05	+ 0,41	− 0,43	+ 0,50

13 novembre 1874.

NOMS.	P	N	PASSAGE OBSERVÉ.	I	T	A_c	C_p	C'_p	ASCENSION droite APPAR. CONCLUE.
			h m s	s	s	s	s	s	h m s
33 Poissons.....	O	13	23.58.32,66	+ 101	33,67	56,09	+ 22,42	+ 22,41	23.58.56,08
α Andromède...	O	13	0. 1.32,03	+ 81	32,84	55,33	+ 22,49	+ 22,41	0. 1.55,25
17 BAC.......	O	13	0. 3.31,38	+ 100	32,38	54,80	+ 22,42	+ 22,42	0. 3.54,80
γ Pégase	O	13	0. 6.24,50	+ 87	25,37	47,73	+ 22,36	+ 22,42	0. 6.47,79
35 Poissons.....	O	10	0. 8. 8,97	+ 91	9,88	32,34	+ 22,46	+ 22,43	0. 8.32,31
55 Poissons.....	O	13	0.32.57,36	+ 84	58,20	20,68	+ 22,48	+ 22,48	0.33.20,68
β Baleine......	O	13	0.36.55,43	+ 112	56,55	19,04	+ 22,49	+ 22,48	0.37.19,03
58 Poissons.....	O	12	0.40. 6,86	+ 89	7,75	30,20	+ 22,45	+ 22,49	0.40.30,24
δ Poissons.....	O	13	0.41.48,49	+ 91	49,40	11,84	+ 22,44	+ 22,49	0.42.11,89
A..........	O	20	0.51.40,89	+ 1,76	42,65	5,45		+ 22,52	0.52. 5,17

$$C_p = + 22,45 + 0,130 \, (T - 0,31).$$

PÉRIODES DE TEMPS.	POS.	AZ.	INCL.	m	n	$c - \varkappa$
h h		s	s	s	s	s
De 23,6 à 0,9	0	+ 0,61	0,00	+ 0,46	− 0,40	+ 0,50

14 novembre 1874.

NOMS.	P	N	PASSAGE OBSERVÉ.	I		T	A_c	C_p	C'_p	ASCENSION droite APPAR. CONCLUE.
			h m s			s	s	s	s	h m s
α Petit Cheval..	O	13	21. 9. 7,31	+	90	8,21	33,39	+ 25,18	+ 25,16	21. 9.33,36
7504 BAC........	O	20	21.23.40,94	+	1,58	42,52	7,75		+ 25,18	21.24. 7,70
d Verseau	O	12	21.32.45,54	+	92	46,46	11,70	+ 25,25	+ 25,20	21.33.11,66
ϰ Capricorne...	O	13	21.35.13,35	+	111	14,46	39,67	+ 25,21	+ 25,21	21.35.39,67
ε Pégase......	O	13	21.37.35,64	+	87	36,51	1,79	+ 25,28	+ 25,21	21.38. 1,72
δ Capricorne...	O	13	21.39.41,21	+	108	42,29	7,48	+ 25,19	+ 25,22	21.40. 7,51
16 Pégase......	O	11	21.46.55,40	+	78	56,18	21,46	+ 25,28	+ 25,23	21.47.21,41
29 Verseau	O	13	21.55. 9,03	+	109	10,12	35,25	+ 25,13	+ 25,25	21.55.35,37
α Verseau......	O	13	21.58.54,73	+	94	55,67	20,97	+ 25,30	+ 25,26	21.59.21,93
ι Pégase.......	O	12	22. 0.44,48	+	78	45,26	10,58	+ 25,32	+ 25,26	22. 1.10,52
θ Pégase......	O	13	22. 3.26,64	+	89	27,53	52,85	+ 25,32	+ 25,27	22. 3.52,80
41 Verseau	O	13	22. 6.56,58	+	114	57,72	22,97	+ 25,25	+ 25,28	22. 7.23,00
θ Verseau	O	13	22. 9.47,23	+	100	48,23	13,48	+ 25,25	+ 25,28	22.10.13,51
45 Verseau	O	13	22.11.51,18	+	105	52,23	17,47	+ 25,24	+ 25,29	22.12.17,52
L...........	O	20	22.22.28,41	+	1,32	29,73	55,30		+ 25,31	22.22.55,04
η Verseau	O	13	22.28.29,02	+	94	29,96	55,29	+ 25,33	+ 25,32	22.28.55,28
ζ Pégase......	O	11	22.34.46,73	+	86	47,59	12,97	+ 25,38	+ 25,34	22.35.12,93
δ Verseau	O	13	22.47.34,07	+	108	35,15	0,46	+ 25,31	+ 25,37	22.48. 0,52
M	E	20	23.27.40,75	−	17,00	23,75	51,06		+ 25,43	23.27.49,18
φ Pégase......	E	10	23.43.42,20	−	27	41,93	7,42	+ 25,49	+ 25,45	23.44. 7,38
ω Poissons.....	E	13	23.52.27,95	−	14	27,81	53,30	+ 25,49	+ 25,47	23.52.53,28
30 Poissons.....	E	13	23.55. 7,36	−	04	7,32	32,80	+ 25,48	+ 25,47	23.55.32,79
33 Poissons.....	E	13	23.58.30,71	−	04	30,67	56,08	+ 25,41	+ 25,48	23.58.56,15
α Andromède...	E	13	0. 1.30,22	−	41	29,81	55,32	+ 25,51	+ 25,49	0. 1.55,30
17 BAC........	E	13	0. 3.29,38	−	05	29,33	54,79	+ 25,46	+ 25,49	0. 3.54,82
γ Pégase......	E	13	0. 6.22,44	−	22	22,22	47,73	+ 25,51	+ 25,50	0. 6.57,72
35 Poissons.....	E	13	0. 8. 7,02	−	16	6,86	32,33	+ 25,47	+ 25,50	0. 8.32,36
57 BAC........	E	13	0.10.57,01	−	08	56,93	22,41	+ 25,48	+ 25,51	0.11.22,44
42 Poissons.....	E	13	0.15.31,93	−	21	31,72	57,29	+ 25,57	+ 25,52	0.15.57,24
10 Baleine......	E	13	0.19.47,24	−	08	47,16	12,69	+ 25,53	+ 25,52	0.20.12,68
12 Baleine......	E	13	0.23.14,08	−	06	14,02	39,55	+ 25,53	+ 25,53	0.23.39,55
51 Poissons.....	E	12	0.25.31,33	−	14	31,19	56,75	+ 25,56	+ 25,54	0.25.56,73
13 Baleine......	E	13	0.28.23,35	−	06	23,29	48,83	+ 25,54	+ 25,54	0.28.48,83

NOMS.	P	N	PASSAGE OBSERVÉ.	I	T	A_c	C_p	C'_p	ASCENSION droite APPAR. CONCLUE.
			h m s		s	s	s	s	h m s
β Baleine......	E	13	0.36.53,47	+ 03	53,50	19,04	+25,54	+25,56	0.37.19,06
58 Poissons.....	E	13	0.40. 4,82	− 19	4,63	30,19	+25,56	+25,57	0.40.30,20
η Baleine......	E	13	1. 1.52,73	− 01	52,72	18,28	+25,56	+25,62	1. 2.18,34
τ Poissons.....	E	13	1. 4.21,38	− 42	20,96	46,63	+25,67	+25,63	1. 4.46,59

$$C_p = +25{,}39 + 0{,}130\,(T - 23{,}11).$$

PÉRIODES DE TEMPS.	POS.	AZ.	INCL.	m	n	c − x
		s	s	s	s	s
De 21,0 à 22,8	O	+ 0,61	− 0,04	+ 0,43	− 0,43	+ 0,50
De 23,3 à 1,1	E	+ 0,62	− 0,05	− 0,44	− 0,45	− 0,53

17 NOVEMBRE 1874.

NOMS.	P	N	PASSAGE OBSERVÉ.	I	T	A_c	C_p	C'_p	ASCENSION droite APPAR. CONCLUE.
			h m s		s	s	s	s	h m s
φ Verseau.....	E	11	23. 7. 9,71	− 03	9,68	50,46	+40,78	+40,83	23. 7.50,52
γ Poissons.....	E	13	23. 9.59,88	− 09	59,79	40,63	+40,84	+40,83	23.10.40,62
96 Verseau.....	E	13	23.12.13,86	− 03	13,83	54,69	+40,86	+40,84	23.12.54,66
ν Pégase......	E	12	23.18.27,34	− 29	27,05	7,95	+40,90	+40,86	23.19. 7,91
M.........	E	20	23.27.24,12	−15,78	8,34	49,99		+40,88	27.49,22
ι Poissons.....	E	13	23.32.50,06	− 11	49,95	30.89	+40,94	+40,89	23.33.30,84
21 Poissons.....	E	13	23.42.22,29	− 07	22,22	3,15	+40,93	+40,91	23.43. 3,13
φ Pégase......	E	13	23.45.26,73	− 24	26,49	7,39	+40,90	+40,92	23.46. 7,41
ω Poissons.....	E	13	23.52.12,44	− 12	12,32	53,28	+40,96	+40,93	23.52.53,25
30 Poissons.....	E	13	23.54.51,87	− 03	51,84	32,78	+40,94	+40,94	23.55.32,79
2 Baleine......	E	13	23.56.39,03	+ 04	39,07	20.07	+41,00	+40,95	23.57.20,02
33 Poissons.....	E	11	23.58.15,12	− 03	15,09	56,06	+40,97	+40,95	23.58.56,03
17 BAC.......	E	13	0. 3.13,91	− 03	13,88	54,77	+40,89	+40,96	0. 3.54,84
γ Pégase......	E	12	0. 6. 6,95	− 20	6,75	47,71	+40,96	+40,97	0. 6.47,72
35 Poissons.....	E	13	0. 7.51,47	− 14	51,33	32,31	+40,98	+40,97	0. 8.32,31
12 Baleine......	O	13	0.22.57,62	+ 100	58,62	39,53	+40,91	40,96	0.23.39,57
51 Poissons.....	O	13	0.25.14,79	+ 92	15,71	56,74	+41,03	40,97	0.25.56,68
13 Baleine......	O	13	0.28. 6,81	+ 100	7,81	48,82	+41,01	40,98	0.28.48,79
55 Poissons.....	O	13	0.32.38,84	+ 84	39,68	20,66	+40,98	40,99	0.33.20,67
β Baleine......	O	13	0.36.36,87	+ 114	38,01	19,02	+41,01	41,00	0.37.19,01
58 Poissons.....	O	13	0.39.48,29	+ 89	49,18	30,18	+41,00	41,00	0.40.30,18

NOMS.	P	N	PASSAGE OBSERVÉ.	I	T	A_c	C_p	C'_p	ASCENSION droite APPAR. CONCLUE.
			h m s		s	s		s	h m s
A...........	O	20	0.51.21,47	+ 1,75	23,22	4,75		+ 41,03	0.52. 4,25
η Baleine......	O	13	1. 1.36,17	+ 105	37,22	18,27	+ 41,05	+ 41,06	1. 2.18,28
τ Poissons.....	Ó	12	1. 4. 4,75	+ 81	5,56	46,62	+ 41,06	+ 41,06	1. 4.46,61
φ Poissons.....	O	13	1. 6.15,87	+ 83	16,70	57,79	+ 41,09	+ 41,07	1. 6.57,17
α Petite Ourse..	O	20	1.12.29,71	+ 4,68	34,39	15,70		+ 41,09	
α Petite Ourse..	E	20	1.13.15,84	— 39,67	36,17	15,70		+ 41,10	
586 BAC........	E	13	1.48.45,35	— 11	45,24	26,41	+ 41,17	+ 41,21	1.49.26,45
58 Baleine......	E	13	1.50.57,38	— 08	57,30	38,58	+ 41,28	+ 41,22	1.51.38,52
615 BAC........	E	13	1.52.58,23	— 12	58,11	39,31	+ 41,20	+ 41,22	1.53.39,33
60 Baleine......	E	13	1.56. 6,27	— 10	6,17	47,37	+ 41,20	+ 41,23	1.56.47,40
α Bélier........	E	12	1.59.26,94	— 32	26,62	7,82	+ 41,20	+ 41,24	2. 0. 7,86
ε Éridan.......	E	12	3.26.21,69	— 04	21,65	3,13	+ 41,48	+ 41,45	3.27. 3,10
δ Persée.......	E	13	3.33.21,57	— 81	20,76	2,26	+ 41,50	+ 41,47	3.34. 2,23
ζ Persée......	E.	13	3.45.35,85	— 44	35,41	16,91	+ 41,50	+ 41,50	3.46.16,91
ε Persée.......	E	12	3.48.47,55	— 60	46,95	28,51	+ 41,56	+ 41,51	3.49.28,46

$$C_p = + 41{,}03 + 0{,}145\,(T - 0{,}81).$$

PÉRIODES DE TEMPS.	POS.	AZ.	INCL.	m	n	$c - x$
h h		s	s	s	s	s
De 23,0 à 0,2	E	+ 0,61	+ 0,02	+ 0,47	— 0,42	— 0,54
De 0,3 à 1,1	O	+ 0,61	— 0,02	+ 0,45	— 0,42	+ 0,52
De 1,1 à 3,9	E	+ 0,61	— 0,02	+ 0,47	— 0,41	— 0,54

21 NOVEMBRE 1874.

NOMS.	P	N	PASSAGE OBSERVÉ.	I	T	A_c	C_p	C'_p	ASCENSION droite APPAR. CONCLUE.
			h m s		s	s	1^m	1^m	h m s
55 Poissons.....	E	12	0.32. 2,69	— 26	2,43	20,63	+ 18,20	+ 18,21	0.33.20,64
β Baleine......	E	13	0.36. 0,76	+ 05	0,81	18,99	+ 18,18	+ 18,22	0.37.19,03
58 Poissons.....	E	13	0.39.12,10	— 16	11,94	30,16	+ 18,22	+ 18,22	0.40.30,16
δ Poissons.....	E	13	0.40.53,64	— 12	53,52	11,80	+ 18,28	+ 18,23	0.42.11,75
A..........	E	20	0.51.56,90	— 11,60	45,30	2,66		+ 18,31	0.52. 3,61
α Petite Ourse..	E	20	1.12.34,83	— 38,85	55,98	13,79		+ 18,46	
α Petite Ourse..	O	20	1.11.53,18	+ 2,10	55,28	13,79		+ 18,46	

NOMS.	P	N	PASSAGE OBSERVÉ.	I	T	A_c	C_p	C'_p	ASCENSION droite APPAR. CONCLUE.
			h m s		s	s	1^m	1^m	h m s
15 Bélier.......	O	13	2. 2.22,82	+ 77	23,59	42,08	+ 18,49	+ 18,46	2. 3.42,05
67 Baleine......	O	13	2. 9.25,91	+ 96	26,87	45,32	+ 18,45	+ 18,47	2.10.45,34
71 Baleine......	O	13	2.17.20,41	+ 93	21,34	39,81	+ 18,47	+ 18,49	2.18.39,83
ξ^a Baleine......	O	13	2.20.11,75	+ 84	12,59	31,12	+ 18,53	+ 18,50	2.21.31,09
27 Bélier.......	O	11	2.22.39,44	+ 79	40,23	58,71	+ 18,48	+ 18,51	2.23.58,74
29 Bélier.......	O	13	2.24.44,33	+ 80	45,13	3,68	+ 18,55	+ 18,51	2.26. 3,64

$$C_p = + 78,35 + 0,161 (T - 1,60).$$

PÉRIODES DE TEMPS.	POS.	AZ.	INCL.	m	n	$c - \varkappa$
h h		s	s	s	s	s
De 0,5 à 1,2	E	+ 0,61	− 0,01	+ 0,45	− 0,41	− 0,52
De 1,2 à 2,5	O	+ 0,60	− 0,07	+ 0,41	− 0,45	+ 0,49

22 NOVEMBRE 1874.

NOMS.	P	N	PASSAGE OBSERVÉ.	I	T	A_c	C_p	C'_p	ASCENSION droite APPAR. CONCLUE.
			h m s		s	s	1^m	1^m	h m s
ν Pégase......	O	12	23.17.41,80	+ 83	42,63	7,89	+ 25,26	+ 25,22	23.19. 7,85
η Poissons.....	O	13	23.19. 4,83	+ 95	5,78	31,02	+ 25,24	+ 25,23	23.20.31,01
M..........	O	20	23.26.21,13	+ 2,13	23,26	48,43		+ 25,25	23.27.48,51
21 Poissons.....	O	13	23.41.36,89	+ 95	37,84	3,19	+ 25,35	+ 25,27	23.43. 3,11
φ Pégase......	O	13	23.44.41,21	+ 84	42,05	7,34	+ 25,29	+ 25,28	23.46. 7,33
ω Poissons.....	O	13	23.51.27,07	+ 91	27,98	53,24	+ 25,26	+ 25,29	23.52.53,27
30 Poissons.....	O	13	23.54. 6,48	+ 101	7,49	32,73	+ 25,24	+ 25,30	23.55.32,79
2 Baleine......	O	13	23.55.53,62	+ 112	54,74	20,02	+ 25,28	+ 25,30	23.57.20,04
33 Poissons.....	O	13	23.57.29,65	+ 100	30,65	56,01	+ 25,36	+ 25,31	23.58.55,96
α Andromède...	O	13	0. 0.29,11	+ 80	29,91	55,24	+ 25,33	+ 25,31	0. 1.55,22
17 BAC........	O	13	0. 2.28,45	+ 100	29,45	54,72	+ 25,27	+ 25,32	0. 3.54,77
γ Pégase......	O	13	0. 5.21,45	+ 86	22,31	47,67	+ 25,36	+ 25,32	0. 6.47,63
35 Poissons.....	O	13	0. 7. 6,11	+ 90	7,01	32,27	+ 25,26	+ 25,33	0. 8.32,34
51 Poissons.....	E	12	0.24.31,58	− 14	31,44	56,69	+ 25,25	+ 25,26	0.25.56,70
13 Baleine......	E	13	0.27.23,61	− 06	23,55	48,78	+ 25,23	+ 25,27	0.28.48,82
55 Poissons.....	E	13	0.31.55,60	− 28	55,32	20,61	+ 25,29	+ 25,28	0.33.20,60
β Baleine......	E	13	0.35.53,64	+ 03	53,67	18,98	+ 25,31	+ 25,29	0.37.19,96
58 Poissons.....	E	13	0.39. 5,00	− 18	4,82	30,15	+ 25,33	+ 25,30	0.40.30,12
δ Poissons.....	E	13	0.40.46,61	− 14	46,47	11,79	+ 25,32	+ 25,30	0.42.11,77

NOMS.	P	N	PASSAGE OBSERVÉ.	I	T	A_c	C_p	C'_p	ASCENSION droite APPAR. CONCLUE.
			h m s		s	s		1^m	h m s
A.........	E	20	0.50.49,73	− 11,97	37,76	3,95	1^m	+ 25,32	0.52. 3,08
ε Poissons.....	E	13	0.55. 1,10	− 14	0,96	27,34	+ 25,38	+ 25,33	0.56.27,29
η Baleine	E	13	1. 0.52,91	− 02	52,89	18,24	+ 25,35	+ 25,34	1. 2.18,23
τ Poissons.....	E	13	1. 3.21,65	− 41	21,24	46,59	+ 25,35	+ 25,35	1. 4.46,59
φ Poissons.....	E	13	1. 5.32,73	− 33	32,40	57,75	+ 25,35	+ 25,35	1. 6.57,75
f Poissons.....	E	13	1. 9.56,03	− 11	55,92	21,15	+ 25,23	+ 25,36	1.11.21,28
α Petite Ourse..	E	20	1.12.26,59	− 40,10	46,49	13,40		+ 25,37	
α Petite Ourse..	O	20	1.11.42,54	+ 3,80	46,34	13,40			
58 Baleine......	O	12	1.50.12,14	+ 95	13,09	38,58	+ 25,49	+ 25,48	1.59.38,57
615 BAC........	O	12	1.52.12,97	+ 92	13,89	39,31	+ 25,42	+ 25,49	1.53.39,38
60 Baleine......	O	13	1.55.20,92	+ 93	21,85	47,37	+ 25,52	+ 25,49	1.56.47,34
α Bélier.......	O	13	1.58.41,47	+ 79	42,26	7,82	+ 25,56	+ 25,50	2. 0. 7,76
71 Baleine......	O	13	2.17.13,36	+ 96	14,82	38,81	+ 25,49	+ 25,54	2.18.39,86
ξ² Baleine......	O	13	2.20. 4,72	+ 88	5,60	31,13	+ 25,53	+ 25,54	2.21.31,14
27 Bélier.......	O	13	2.22.32,37	+ 82	33,19	58,71	+ 25,52	+ 25,55	2.23.58,74
29 Bélier.......	O	13	2.24.37,33	+ 84	38,17	3,68	+ 25,51	+ 25,55	2.26. 3,72
123 Piazzi II.....	O	13	2.27.47,60	+ 89	48,49	14,00	+ 25,51	+ 25,56	2.29.14,05
δ Baleine......	O	13	2.31.38,52	+ 94	39,46	4,97	+ 25,51	+ 25,57	2.33. 5,03
35 Bélier.......	O	13	2.34.40,95	+ 78	41,73	7,37	+ 25,64	+ 25,57	2.36. 7,30
41 Bélier.......	O	13	2.41.11,50	+ 78	12,28	37,96	+ 25,68	+ 25,59	2.42.37,87
σ Bélier	O	13	2.43. 9,44	+ 84	10,28	35,86	+ 25,68	+ 25,59	2.44.35,87

$$C_p = + 85{,}39 + 0{,}127\,(T - 0{,}68).$$

PÉRIODES DE TEMPS.	POS.	AZ.	INCL.	m	n	$c - \varkappa$
h h		s	s	s	s	s
De 23,1 à 0,2	O	+ 0,61	− 0,02	+ 0,44	− 0,42	+ 0,52
De 0,2 à 1,2	E	+ 0,62	− 0,02	+ 0,46	− 0,42	− 0,54
De 1,2 à 2,8	O	+ 0,60	− 0,05	+ 0,42	− 0,43	+ 0,51

23 NOVEMBRE 1874.

NOMS.	P	N	PASSAGE OBSERVÉ.	I	T	A_c	C_p	C'_p	ASCENSION droite APPAR. CONCLUE.
			h m s		s	s	1^m	1^m	h m s
φ Verseau.....	O	13	23. 6.21,19	+ 102	22,21	50,39	+ 28,18	+ 28,16	23. 7.50,37
γ Poissons.....	O	13	23. 9.11,43	+ 94	12,37	40,56	+ 28,19	+ 28,17	23.10.40,54
96 Verseau.....	O	13	23.11.25,50	+ 101	26,51	54,63	+ 28,12	+ 28,17	23.12.54,68
ν Pégase......	O	13	23.17.38,81	+ 83	39,64	7,88	+ 28,24	+ 28,18	23.19. 7,82
η Poissons.....	O	10	23.19. 1,89	+ 96	2,85	31,01	+ 28,16	+ 28,19	23.20.31,04

NOMS.	P	N	PASSAGE OBSERVÉ.	I	T	A_c	C_p	C'_p	ASCENSION droite APPAR. CONCLUE.
			h m s	s	s	s		1ᵐ	h m s
M.........	O	20	23.26.18,58	+ 1,80	20,38	48,13		+ 28,21	23.27.48,59
21 Poissons......	O	13	23.41.33,98	+ 96	34,94	3,10	+ 28ᵐ16	+ 28,23	23.43. 3,17
φ Pégase......	O	13	23.44.38,21	+ 85	39,06	7,34	+ 28,28	+ 28,24	23.46. 7,30
ω Poissons......	O	13	23.51.23,98	+ 92	24,90	53,23	+ 28,33	+ 28,26	23.52.53,16
30 Poissons......	O	13	23.54. 3,52	+ 92	4,44	32,73	+ 28,29	+ 28,26	23.55.32,70
2 Baleine......	O	13	23.55.50,65	+ 112	51,77	20,02	+ 28,25	+ 28,27	23.57.20,04
17 BAC......	O	10	0. 2.25,49	+ 101	26,50	54,72	+ 28,22	+ 28,28	0. 3.54,78
γ Pégase......	O	13	0. 5.18,41	+ 87	19,28	47,66	+ 28,38	+ 28,28	0. 6.47,56
35 Poissons......	O	11	0. 7. 3,12	+ 91	4,03	32,26	+ 28,23	+ 28,29	0. 8.32,32
12 Baleine......	E	13	0.22.11,35	− 11	11,24	39,49	+ 28,25	+ 28,30	0.23.39,54
51 Poissons......	E	13	0.24.38,54	− 12	38,42	56,70	+ 28,28	+ 28,29	0.25.56,71
13 Baleine......	E	13	0.27.20,52	− 05	20,47	48,78	+ 28,31	+ 28,31	0.28.48,78
π Andromède...	E	7	0.28.44,28	− 43	43,85	12,12	+ 28,27	+ 28,31	0.30.12,16
55 Poissons......	E	13	0.31.52,53	− 26	52,27	20,62	+ 28,35	+ 28,32	0.33.20,59
β Baleine......	E	13	0.35.50,68	+ 02	50,70	18,97	+ 28,27	+ 28,33	0.37.19,03
58 Poissons......	E	13	0.39. 1,89	− 16	1,73	30,12	+ 28,39	+ 28,34	0.40.30,07
A.........	E	20	0.50.46,19	− 11,46	34,73	3,82		+ 28,36	0.52. 3,09
ε Poissons......	E	13	0.54.59,10	− 13	58,97	27,34	+ 28,37	+ 28,37	0.55.27,34
η Baleine......	E	13	1. 0.49,91	− 01	49,90	18,24	+ 28,34	+ 28,38	1. 2.18,28
τ Poissons......	E	13	1. 3.18,58	− 37	18,21	46,58	+ 28,37	+ 28,39	1. 4.46,60
φ Poissons......	E	13	1. 5.29,56	− 30	29,26	57,75	+ 28,49	+ 28,39	1. 6.57,65
58 Baleine......	E	10	1.50.10,09	− 06	10,03	38,57	+ 28,54	+ 28,48	1.51.38,51
615 BAC......	E	13	1.52.10,97	− 09	10,88	39,30	+ 28,42	+ 28,49	1.53.39,37
60 Baleine......	E	13	1.55.18,91	− 07	18,84	47,37	+ 28,53	+ 28,49	1.56.47,33
α Bélier......	E	11	1.58.39,53	− 28	39,25	7,83	+ 28,58	+ 28,50	2. 0. 7,75
71 Baleine......	O	13	2.17. 9,27	+ 100	10,27	39,82	+ 28,55	+ 28,62	2.18.39,89
ξ² Baleine......	O	13	2.20. 1,60	+ 93	2,53	31,13	+ 28,60	+ 28,62	2.21.31,15
27 Bélier......	O	13	2.22.29,21	+ 88	30,09	58,72	+ 28,63	+ 28,63	2.23.58,72
29 Bélier......	O	13	2.24.34,15	+ 89	35,04	3,69	+ 28,65	+ 28,63	2.26. 3,67
123 Piazzi II......	O	13	2.27.44,41	+ 94	45,35	14,00	+ 28,65	+ 28,64	2.29.13,99
δ Baleine......	O	13	2.31.35,37	+ 98	36,35	4,98	+ 28,63	+ 28,65	2.33. 5,00
35 Bélier......	O	13	2.34.37,87	+ 84	38,71	7,37	+ 28,66	+ 28,66	2.36. 7,37
μ Baleine......	O	12	2.36.41,94	+ 92	42,86	11,49	+ 28,63	+ 28,66	2.38.11,52
41 Bélier......	O	13	2.41. 8,36	+ 84	9,20	37,97	+ 28,77	+ 28,67	2.42.37,87
σ Bélier......	O	13	2.43. 6,32	+ 89	7,21	35,87	+ 28,66	+ 28,67	2.44.35,88
η Éridan......	O	13	2.48.50,09	+ 105	51,14	19,83	+ 28,69	+ 28,68	2.50.19,82
ε Bélier......	O	12	2.50.34,69	+ 87	35,56	4,28	+ 28,72	+ 28,69	2.52. 4,25
α Baleine......	O	13	2.54.15,53	+ 96	16,49	45,18	+ 28,69	+ 28,70	2.55.45,19
β Persée......	O	13	2.58.33,17	+ 80	33,97	2,72	+ 28,75	+ 28,70	3. 0. 2,67

NOMS.	P	N	PASSAGE OBSERVÉ.	I		T	A_c	C_p	C'_p	ASCENSION droite APPAR. CONCLUE.
			h m s			s	s		1^m	h m s
5140 BAC P. I.....	O	20	3.16.33,64	+	3,47	30,17	0,15		+ 28,73	3.17.58,90
5140 BAC........	E	20	3.16. 7,04	+ 24,49		31,53	0,15		+ 28,82	3.18. 0,35
δ Persée......	E	13	3.32.34,19	—	73	33,46	2,33	+ 28,87	+ 28,87	3.34. 2,33
δ Éridan......	E	13	3.35.47,52	—	01	47,51	16,32	+ 28,81	+ 28,86	3.37.16,37
γ Taureau.....	E	13	4.11.12,54	—	21	12,33	41,28	+ 28,95	+ 28,93	4.12.41,26
δ Taureau.....	E	13	4.14.15,30	—	23	15,07	44,01	+ 28,94	+ 28,94	4.15.44,01
ν Taureau.....	E	13	4.17.21,66	—	30	21,36	50,34	+ 28,98	+ 28,94	4.18.50,30
ε Taureau.....	E	13	4.19.50,84	—	25	50,59	19,53	+ 28,94	+ 28,95	4.21.19,54

$$C_p = + 88,49 + 0,127 \,(T - 1,48,4).$$

PÉRIODES DE TEMPS.	POS.	AZ.	INCL.	m	n	$c - x$
h h		s	s	s	s	s
De 23,0 à 0,1	O	+ 0,62	— 0,02	+ 0,45	— 0,43	+ 0,51
De 0,2 à 2,0	E	+ 0,60	+ 0,02	+ 0,46	— 0,38	— 0,54
De 2,1 à 3,2	O	+ 0,62	+ 0,01	+ 0,47	— 0,39	+ 0,51
De 3,2 à 4,4	E	+ 0,63	— 0,01	+ 0,46	— 0,42	— 0,54

24 NOVEMBRE 1874.

NOMS.	P	N	PASSAGE OBSERVÉ.	I		T	A_c	C_p	C'_p	ASCENSION droite APPAR. CONCLUE.
			h m s			s	s	1^m	s	h m s
ζ Pégase......	E	11	22.33.41,74	—	06	41,68	12,85	+ 31,17	31,13	22.35.12,81
η Pégase......	E	11	22.35.36,78	—	30	36,48	7,65	+ 31,17	31,13	22.37. 7,61
68 Verseau.....	E	13	22.39.18,34	+	15	18,49	49,60	+ 31,11	31,14	22.40.49,63
μ Pégase......	E	13	22.42.26,40	—	22	26,18	57,41	+ 31,23	31,15	22.43.57,33
λ Verseau.....	E	13	22.44.33,70	+	08	33,78	4,92	+ 31,14	31,15	22.46. 4,93
δ Verseau.....	E	13	22.46.29,06	+	13	29,19	0,34	+ 31,15	31,16	22.48. 0,35
o Andromède...	E	13	22.54.38,68	—	55	38,13	9,38	+ 31,25	31,17	22.55. 9,30
α Pégase......	E	13	22.57. 0,28	—	11	0,17	31,37	+ 31,20	31,18	22.58.31,35
φ Verseau.....	E	13	23. 6.19,16	+	07	19,23	50,38	+ 31,15	31,20	23. 7.50,43
γ Poissons.....	E	13	23. 9. 9,39	+	00	9,39	40,55	+ 31,16	31,21	23.10.40,60
96 Verseau.....	E	13	23.11.23,35	+	07	23,42	54,62	+ 31,20	31,21	23.12.54,63
ν Pégase......	E	13	23.17.36,83	—	20	36,63	7,87	+ 31,24	31,22	23.19. 7,85
M..........	E	20	23.26.32,53	— 16,02		16,51	47,84		+ 31,23	23.27.47,74

NOMS.	P	N	PASSAGE OBSERVÉ.	I		T	A_c	C_p	C'_p	ASCENSION droite APPAR. CONCLUE.
			h m s			s	s	1ᵐ	s	h m s
21 Poissons.....	E	12	23.41.31,82	+	02	31,84	3,09	+ 31,25	31,27	23.43. 3,11
φ Pégase.......	E	13	23.44.36,13	—	15	35,98	7,32	+ 31,34	31,28	23.46. 7,26
ω Poissons.....	E	13	23.51.21,98	—	03	21,95	53,22	+ 31,27	31,29	23.52.53,24
30 Poissons.....	E	13	23.54. 1,41	+	07	1,48	32,72	+ 31,24	31,30	23.55.32,78
2 Baleine......	E	13	23.55.48,62	+	14	48,76	20,00	+ 31,24	31,30	23.57.20,06
									1ᵐ	
42 Poissons.....	0	12	0.14.24,83	+	113	25,96	57,21	+ 31,25	+ 31,30	0.15.57,26
10 Baleine......	0	13	0.18.40,23	+	105	41,28	12,62	+ 31,34	+ 31,31	0.20.12,59
12 Baleine......	0	13	0.22. 7,12	+	109	8,21	39,48	+ 31,27	+ 31,32	0.23.39,53
51 Poissons.....	0	13	0.24.24,36	+	100	25,36	56,69	+ 31,33	+ 31,33	0.25.56,69
13 Baleine	0	13	0.27.16,42	+	108	17,50	48,77	+ 31,27	+ 31,33	0.28.48,83
π Andromède...	0	9	0.28.39,88	+	84	40,72	12,11	+ 31,39	+ 31,33	0.30.12,05
55 Poissons, ...	0	13	0.31.48,30	+	91	49,21	20,61	+ 31,41	+ 31,34	0.33.20,55
β Baleine......	0	13	0.35.46,36	+	124	47,60	18,96	+ 31,36	+ 31,35	0.37.18,95
58 Poissons.....	0	13	0.38.57,81	+	96	58,77	30,14	+ 31,37	+ 31,36	0.40.30,13
A..........	0	20	0.50.30,77	+	1,05	31,82	3,67		+ 31,38	0.32. 3,20
ε Poissons.....	0	13	0.54.54,95	+	99	55,94	27,33	+ 31,39	+ 31,39	0.56.27,33
η Baleine	0	13	1. 0.45,73	+	115	46,88	18,23	+ 31,35	+ 31,40	1. 2.18,28
τ Poissons.....	0	12	1. 3.14,29	+	86	15,15	46,58	+ 31,43	+ 31,41	1. 4.46,56
α Petite Ourse..	0	20	1.11.36,35	+	2,22	38,57	12,61		+ 31,43	
α Petite Ourse..	E	20	1.12.21,65	—	40,49	41,16	12,61		+ 31,43	
54 Baleine......	E	13	1.42.42,84	—	14	42,70	14,22	+ 31,52	+ 31,56	1.44.14,26
β Bélier.......	E	12	1.46.12,87	—	25	12,62	44,26	+ 31,64	+ 31,57	1.47.44,19
586 BAC........	E	13	1.47.54,92	—	06	54,86	26,40	+ 31,54	+ 31,58	1.49.26,44
58 Baleine......	E	13	1.50. 7,05	—	04	7,01	38,57	+ 31,56	+ 31,58	1.51.38,59
615 BAC........	E	13	1.52. 7,83	—	07	7,76	39,30	+ 31,54	+ 31,58	1.53.39,34
60 Baleine......	E	13	1.55.15,88	—	05	15,83	47,37	+ 31,54	+ 31,59	1.56.47,42
67 Baleine.	E	13	2. 9.13,76	—	01	13,75	45,32	+ 31,57	+ 31,62	2.10.45,37
71 Baleine......	E	13	2.17. 8,20	—	03	8,17	38,82	+ 31,65	+ 31,64	2.18.38,81
ξ² Baleine......	E	13	2.19.59,60	—	12	59,48	31,13	+ 31,65	+ 31,64	2.21.31,12
27 Bélier.......	E	13	2.22.27,20	—	21	26,99	58,72	+ 31,73	+ 31,65	2.23.58,64
29 Bélier.......	E	13	2.24.32,22	—	18	32,04	3,69	+ 31,65	+ 31,65	2.26. 3,69
123 Piazzi II.....	E	13	2.27.42,44	—	11	42,33	14,00	+ 31,67	+ 31,66	2.29.13,99
σ Bélier.......	0	13	2.43. 3,26	+	90	4,16	35,87	+ 31,71	+ 31,75	2.44.35,91
η Éridan......	0	13	2.48.47,00	+	107	48,07	19,83	+ 31,76	+ 31,77	2.50.19,84
ε Bélier.......	0	13	2.50.31,70	+	87	35,57	4,28	+ 31,71	+ 31,77	2.52. 4,34
α Baleine......	0	13	2.54.12,43	+	97	13,40	45,18	+ 31,78	+ 31,78	2.55.45,18
β Persée......	0	13	2.58.30,12	+	80	30,92	2,73	+ 31,81	+ 31,79	3. 0. 2,71
δ Bélier.......	0	13	3. 2.56,64	+	88	57,52	29,33	+ 31,81	+ 31,80	3. 4.19,32

NOMS.	P	N	PASSAGE OBSERVÉ.	I	T	A_c	C_p	C'_p	ASCENSION droite APPAR. CONCLUE.
			h m s		s	s		1ᵐ	h m s
5140 BAC PI.....	O	20	3.16.30,98	+ 2,73	33,71	6,28		+ 31,82	3.18. 5,53
ε Eridan......	O	13	3.25.30,29	+ 108	31,37	3,19	+ 31,82	+ 31,84	3.27. 3,21
9 Taureau.....	O	13	3.28. 4,84	+ 86	5,70	37,52	+ 31,82	+ 31,85	3.29.37,55
δ Eridan......	O	13	3.35.43,42	+ 108	44,50	16,33	+ 31,83	+ 31,87	3.37.16,37
η Taureau.....	O	13	3.38.31,06	+ 86	31,92	3,79	+ 31,87	+ 31,87	3.40. 3,79
ε Persée......	O	13	3.47.55,93	+ 80	55,73	28,61	+ 31,88	+ 31,89	3.49.27,62
λ Taureau.....	O	13	3.52.12,95	+ 92	13,87	45,81	+ 31,94	+ 31,90	3.53.45,76
δ Taureau.....	O	12	4.14.11,19	+ 89	12,08	44,03	+ 31,95	+ 31,95	4.15.44,03
ν Taureau.....	O	13	4.17.17,51	+ 86	18,37	50,35	+ 31,98	+ 31,96	4.18.50,33
ε Taureau.....	O	13	4.19.46,59	+ 88	47,47	19,54	+ 32,07	+ 31,96	4.21.19,43

$$C_p = + 91,49 + 0,127 \, (T - 1,18).$$

PÉRIODES DE TEMPS.	POS.	AZ.	INCL.	m	n	$c - \varkappa$
h h		s	s	s	s	s
De 22,5 à 24,0	E	+ 0,71	+ 0,05	+ 0,573	− 0,431	− 0,549
De 0,1 à 1,2	O	+ 0,71	− 0,01	+ 0,526	− 0,476	+ 0,521
De 1,2 à 2,5	E	+ 0,66	0,00	+ 0,494	− 0,431	− 0,549
De 2,6 à 4,5	O	+ 0,64	− 0,01	+ 0,475	− 0,425	+ 0,521

OBSERVATIONS FAITES À PARIS
POUR LA MESURE DE L'ÉQUATION PERSONNELLE LOEWY-PERRIER.

19 SEPTEMBRE 1874.

NOMS.	O	N	PASSAGE OBSERVÉ.	I	T	A_c	C_p	C'_p	ASCENSION droite APPAR. CONCLUE.
			h m s	s	s			s	h m s
6785 BAC.......	L	7	19.42.16,27	+0,34	16,61			−8,73	19.42. 7,88
6785 BAC.......	P	5	19.42.16,26	+0,34	16,61			−8,85	19.42. 7,75
β Aigle.......	P	7	19.49.18,18	+0,28	18,46	9,67	−8,79	−8,85	19.49. 9,61
β Aigle.......	L	6	19.49.18,13	+0,28	18,41	9,67	−8,74	−8,73	19.49. 9,68
θ Aigle.......	L	7	20. 4.59,03	+0,31	59,34	50,61	−8,72	−8,73	20. 4.50,61
θ Aigle.......	P	6	20. 4.59,08	+0,31	59,39	50,61	−8,77	−8,85	20. 4.50,54
19 Petit Renard.	P	6	20. 6.42,69	+0,23	42,92			−8,85	20. 6.34,07
19 Petit Renard.	L	6	20. 6.42,55	+0,23	42,78			−8,73	20. 6.34,05
67 Aigle.......	L	7	20.10.50,94	+0,16	51,20			−8,73	20.10.42,47
67 Aigle.......	P	5	20.10.50,83	+0,26	51,09			−8,85	20.10.42,24
β² Capricorne ..	P	7	20.14. 6,99	+0,36	7,35	58,55	−8,80	−8,84	20.13.58,49
β² Capricorne...	L	6	20.14. 7,03	+0,36	7,39	58,55	−8,84	−8,74	20.13.58,65
γ Cygne......	L	7	20.17.52,76	+0,21	52,97	44,25	−8,72	−8,74	20.17.44,23
γ Cygne......	P	6	20.17.52,87	+0,21	53,08	44,25	−8,83	−8,86	20.17.44,22
ρ Capricorne...	P	7	20.21.51,56	+0,37	51,93	43,15	−8,79	−8,86	20.21.43,07
φ Capricorne ..	L	6	20.21.51,59	+0,37	51,96	43,15	−8,82	−8,74	20.21.43,22
7080 BAC.......	L	7	20 25.41,16	+0,34	41,50			−8,74	20.25.32,76
7080 BAC.......	P	6	20.25.41,30	+0,34	41,64			−8,86	20.25.32,78
ε Dauphin....	P	7	20.27.22,42	+0,27	22,69	13,93	−8,76	−8,86	20.27.13,83
ε Dauphin....	L	5	20.27 22,38	+0,27	22,65	13,93	−8,72	−8,74	20.27.13,91
47 Cygne......	L	7	20.29.10,67	+0,21	10,88			−8,74	20.29. 2,14
47 Cygne......	P	6	20.29.10,77	+0,21	10,98			−8,86	20.29. 2,12
β Dauphin....	P	7	20.31.49,32	+0,26	49,58	40,75	−8,83	−8,86	20.31.40,72
β Dauphin....	L	6	20.31.49,26	+0,26	49,52	40,75	−8,77	−8,75	20.31.40,77
α Dauphin....	L	6	20.33.57,99	+0,25	58,24	49,44	−8,80	−8,75	20.33.49,49
α Dauphin....	P	6	20.33.58,02	+0,25	58,27	49,44	−8,83	−8,86	20.33.49,41
49 Cygne......	P	7	20.36. 7,27	+0,22	7,49			−8,86	20.35.58,63
49 Cygne......	L	6	20.36. 7,30	+0,22	7,52			−8,74	20.35.58,78
3 Verseau.....	L	7	20.41.16,41	+0,32	16,73	7,94	−8,79	−8,75	20 41. 7,98
3 Verseau.....	P	5	20.41.16,51	+0,32	16,83	7,94	−8,89	−8,86	20.41. 7,97
32 Petit Renard.	P	7	20.49.22,25	+0,23	22,48	13,61	−8,87	−8,87	20.49.13,61
32 Petit Renard.	L	6	20.49.22,11	+0,23	22,34	13,61	−8,73	−8,75	20.49.13,59
7269 BAC.......	L	7	20.51.41,11	+0,29	41,40			−8,75	20.51.32,65
7269 BAC.......	P	6	20.51.41,20	+0,29	41,49			−8,87	20.51.32,62
21 Capricorne...	P	7	20.53 57,60	+0,37	57,97			−8,87	20.53.49,10

NOMS.	O	N	PASSAGE OBSERVÉ.	I	T	A_c	C_p	C'_p	ASCENSION droite APPAR. CONCLUE.
			h m s	s	s			s	h m s
21 Capricorne...	L	6	20.53.57,53	+ 0,37	57,90			− 8,75	20.53.49,15
2 Petit Cheval..	L	7	20.56.10,86	+ 0,28	11,14			− 8,75	20.56. 2,39
2 Petit Cheval..	P	6	20.56.10,98	+ 0,28	11,26			− 8,87	20.56. 2,39
θ Capricorne...	P	7	20.59. 3,22	+ 0,37	3,59	54,68	− 8,91	− 8,87	20.58.54,72
θ Capricorne...	L	6	20.59. 3,03	+ 0,37	3,40	54,68	− 8,72	− 8,75	20.58.54,65
61¹ Cygne......	L	7	21. 1.25,93	+ 0,21	26,14	17,39	− 8,75	− 8,75	21. 1.17,39
61¹ Cygne......	P	5	21. 1.26,12	+ 0,21	26,33	17,39	− 8,94	− 8,87	21. 1.17,46
61² Cygne......	L	7	21. 1.27,41	+ 0,21	27,62	18,91	− 8,71	− 8,75	21. 1.18,87
61² Cygne......	P	5	21. 1.27,57	+ 0,21	27,78	18,91	− 8,87	− 8,87	21. 1.18,91
γ Petit Cheval..	P	7	21. 4.23,98	+ 0,27	24,25	15,37	− 8,88	− 8,87	21. 4.15,38
γ Petit Cheval..	L	6	21. 4.23,85	+ 0,27	24,12	15,37	− 8,75	− 8,75	21. 4.15,37
α Petit Cheval..	L	7	21. 9.42,52	+ 0,28	42,80	34,10	− 8,76	− 8,76	21. 9.34,04
α Petit Cheval..	P	6	21. 9.42,64	+ 0,28	42,92	34,10	− 8,82	− 8,88	21. 9.34,04
16 Verseau.....	P	7	21.14.39,25	+ 0,32	39,77			− 8,88	21.14.30,89
16 Verseau.....	L	6	21.14.39,14	+ 0,32	39,46			− 8,76	21.14.30,70
19 Verseau.....	L	7	21.18.38,03	+ 0,34	38,37			− 8,76	21.18.29,61
19 Verseau.....	P	6	21.18.38,12	+ 0,34	38,46			− 8,88	21.18.29,58
70 Pégase......	P	7	21.22.24,04	+ 0,21	24,25			− 8,88	21.22.15,37
70 Pégase	L	6	21.22.23,96	+ 0,21	24,17			− 8,76	21.22.15,41
β Verseau......	L	7	21.25. 6,73	+ 0,32	7,05	58,28	− 8,77	− 8,76	21.24.58,29
β Verseau......	P	6	21.25. 6,87	+ 0,32	7,19	58,28	− 8,91	− 8,88	21.24.58,31
ε Capricorne...	P	7	21.30.13,03	+ 0,38	13,41	4,48	− 8,93	− 8,88	21.30. 4,53
ε Capricorne...	L	6	21.30.12,83	+ 0,38	13,21	4,48	− 8,73	− 8,76	21.30. 4,45
ϰ Capricorne ..	L	7	21.35.48,73	+ 0,38	49,15	40,38	− 8,73	− 8,76	21.35.40,35
ϰ Capricorne...	P	6	21.35.48,92	+ 0,38	49,30	40,38	− 8,92	− 8,88	21.35.40,42
ε Pégase......	P	7	21.38.11,03	+ 0,27	11,30	62,44	− 8,86	− 8,88	21.38. 2,42
ε Pégase......	L	6	21.38.10,92	+ 0,27	11,19	62,44	− 8,75	− 8,77	21.38. 2,42
δ Capricorne ..	L	7	21.40.16,49	+ 0,37	16,86	8,12	− 8,74	− 8,77	21.40. 8,09
δ Capricorne...	P	6	21.40.16,65	+ 0,37	17,02	8,12	− 8,90	− 8,88	21.40. 8,14
7596 BAC.......	P	7	21.42.37,30	+ 0,32	37,61			− 8,89	21.42.28,73
7596 BAC.......	L	6	21.42.37,17	+ 0,32	37,49			− 8,77	21.42.28,72
14 Pégase......	L	7	21.44.27,16	+ 0,22	27,38			− 8,77	21.44.18,61
14 Pégase......	P	6	21.44.27,43	+ 0,22	27,65			− 8,89	21.44.18,76
16 Pégase......	P	6	21.47.30,96	+ 0,23	31,19	22,21	− 8,98	− 8,89	21.47.22,30
16 Pégase......	L	6	21.47.30,76	+ 0,23	30,99	22,21	− 8,78	− 8,77	21.47.22,22
17 Pégase......	L	7	21.50.58,79	+ 0,27	59.06			− 8,77	21.50.50,29
17 Pégase......	P	6	21.50.59,05	+ 0,27	59,32			− 8,89	21.50.50,43
18 Pégase......	P	7	21.54. 1,58	+ 0,28	1,86			− 8,89	21.53.52,97
18 Pégase......	L	6	21.54. 1,44	+ 0,28	1,72			− 8,77	21.53.52,95
α Verseau.....	L	7	21.59.30,07	+ 0,30	30,37	21,52	− 8,85	− 8,77	21.59.21,60
α Verseau.....	P	6	21.59.30,12	+ 0,30	30,42	21,52	− 8,90	− 8,89	21.59.21,53
ι Pégase......	P	7	22. 1.19,96	+ 0,23	20,19	11,26	− 8,93	− 8,89	22. 1.11,30
ι Pégase......	L	6	22. 1.19,84	+ 0,23	20,07	11,26	− 8,81	− 8,77	22. 1.11,30

NOMS.	O	N	PASSAGE OBSERVÉ.	I	T	A_c	C_p	C'_p	ASCENSION droite APPAR. CONCLUE.
			h m s	s	s	s	s	s	h m s
θ Pégase......	L	7	22. 4. 1,87	+ 0,28	2,15	53,38	− 8,77	− 8,78	22. 3.53,37
θ Pégase......	P	6	22. 4. 1,98	+ 0,28	2,26	53,38	− 8,88	− 8,89	22. 3.53,37
41 Verseau.....	P	7	22. 7.32,13	+ 0,39	32,52	23,56	− 8,96	− 8,89	22. 7.23,63
41 Verseau.'....	L	6	22. 7.31,96	+ 0,39	32,35	23,56	− 8,79	− 8,78	22. 7.23,57
θ Verseau.....	L	7	22.10.22,43	+ 0,33	22,76	14,00	− 8,76	− 8,78	22.10.13,98
θ Verseau.....	P	6	22.10.22,50	+ 0,33	22,83	14,00	− 8,83	− 8,89	22.10.13,94
45 Verseau.....	P	7	22.12.26,57	+ 0,35	26,92	18,00		− 8,90	22.12.18,02
45 Verseau.....	L	6	22.12.26,34	+ 0,35	26,69	18,00		− 8,78	22.12.17,91
γ Verseau.....	L	7	22.15.20,17	+ 0,31	20,48	11,74	− 8,78	− 8,78	22.15.11,70
γ Verseau.....	P	6	22.15.20,35	+ 0,31	20,66	11,74	− 8,92	− 8,90	22.15.11,76
ζ Verseau.....	P	7	22.22.32,08	+ 0,30	32,38			− 8,90	22.22.23,48
ζ Verseau.....	L	6	22.22.31,98	+ 0,30	32,28			− 8,78	22.22.23,50
38 Pégase......	L	7	22.24.27,22	+ 0,22	27,44			− 8,78	22.24.18,66
38 Pégase......	P	6	22.24.27,41	+ 0,22	27,63			− 8,90	22.24.18,73
39 Pégase......	P	7	22.26.41,51	+ 0,25	41,76			− 8,90	22.26.32,86
39 Pégase......	L	6	22.26.41,31	+ 0,25	41,56			− 8,78	22.26.32,78
η Verseau.....	L	7	22.29. 4,18	+ 0,30	4,48	55,75	− 8,74	− 8,78	22.28.55,70
η Verseau.....	M	6	22.29. 4,41	+ 0,30	4,71	55,75	− 8,97	− 8,90	22.28.55,81
τ Verseau.....	P	7	22.43. 6,88	+ 0,36	7,24			− 8,91	22.42.58,33
τ Verseau.....	L	6	22.43. 6,77	+ 0,36	7,13			− 8,79	22.42.58,34
14 Lacerte.....	L	7	22.44.52,22	+ 0,20	52,42			− 8,79	22.44.43,63
14 Lacerte.....	P	6	22.44.52,35	+ 0,20	52,55			− 8,91	22.44.43,64
7975 BAC.......	P	7	22.47. 1,62	+ 0,25	1,87			− 8,91	22.47.52,96
7975 BAC.......	L	6	22.47. 1,40	+ 0,25	1,65			− 8,79	22.47.52,86
7988 BAC.......	L	7	22.49. 4,57	+ 0,27	4,84			− 8,79	22.48.56,05
7988 BAC.......	P	6	22.49. 4,64	+ 0,27	4,91			− 8,91	22.48.56,00
7996 BAC.......	P	7	22.50.19,60	+ 0,29	19,89			− 8,91	22.50.10,98
7996 BAC.......	L	6	22.50.19,38	+ 0,29	19,67			− 8,79	22.50.10,88
α Pégase......	L	7	22.58.40,40	+ 0,26	40,66	31,86	− 8,80	− 8,79	22.58.31,87
α Pégase	P	6	22.58.40,56	+ 0,26	40,82	31,86	− 8,96	− 8,91	22.58.31,91

1er DÉCEMBRE 1874.

NOMS.	O	N	PASSAGE OBSERVÉ.	I	T	A_c	C_p	C'_p	ASCENSION droite APPAR. CONCLUE.
			h m s	s	s	s	s	s	h m s
ε Pégase......	L	7	21.38.56,55	+ 1,05	57,60	61,58	− 56,02	− 56,14	21.38. 1,46
ε Pégase......	P	6	21.38.56,69	+ 1,05	57,74	61,58	− 56,16	− 56,25	21.38. 1,49
δ Capricorne...	P	7	21.41. 2,26	+ 1,20	3,46	7,27	− 56,18	− 56,25	21.40. 7,21
δ Capricorne ..	L	6	21.41. 2,18	+ 1,20	3,38	7,27	− 56,10	− 56,14	21.40. 7,24
7607 BAC.......	L	7	21.45.12,83	+ 1,00	13,83			− 56,14	21.44.17,69

NOMS.	O	N	PASSAGE OBSERVÉ.	I	T	A_c	C_p	C'_p	ASCENSION droite APPAR. CONCLUE.
			h m s	s	s	s		s	h m s
7607 BAC........	P	6	21.45.12,78	+1,00	13,78			−56,25	21.44.17,53
16 Pégase......	P	7	21.48.16,48	+1,00	17,48	21,21	−56,27	−56,23	21.47.21,25
16 Pégase......	L	6	21.48.16,28	+1,00	17,28	21,21	−56,07	−56,17	21.47.21,16
7650 BAC........	L	7	21.52.34,06	+1,13	35,19			−56,11	21.51.39,08
7650 BAC........	P	6	21.52.34,07	+1,13	35,20			−56,23	21.51.38,97
7659 BAC........	P	7	21.54.47,29	+1,06	48,35			−56,22	21.53.52,13
7659 BAC........	L	6	21.54.47,10	+1,06	48,16			−56,11	21.53.52,05
α Verseau.....	L	7	22. 0.15,86	+1,10	16,96	20,77	−56,19	−56,09	21.59.20,87
α Verseau.....	P	6	22. 0.15,86	+1,10	16,96	20,77	−56,19	−56,20	21.59.20,76
ι Pégase......	P	7	22. 2. 5,48	+1,01	6,49	10,34	−56,15	−56,20	22. 1.10,29
ι Pégase......	L	6	22. 2. 5,42	+1,01	6,43	10,34	−56,09	−56,09	22. 1.10,34
θ Pégase......	L	7	22. 4.47,59	+1,07	48,66	52,65	−56,01	−56,08	12. 3.52,58
θ Pégase......	P	6	22. 4.47,71	+1,07	48,78	52,65	−56,13	−56,19	22. 3.52,59
θ Verseau.....	P	7	22.11. 8,26	+1,14	9,40	13,28	−56,12	−56,19	22.10.13,21
θ Verseau.....	L	6	22.11. 8,22	+1,14	9,36	13,28	−56,08	−56,07	22.10.13,29
45 Verseau.....	L	7	22.13.12,19	+1,18	13,37	17,27	−56,10	−56,06	22.12.17,31
45 Verseau.....	P	6	22.13.12,23	+1,18	13,41	17,27	−56,14	−56,17	22.12.17,24
γ Verseau.....	P	6	22.16. 6,16	+1,10	7,26	11,04	−56,22	−56,17	22.15.11,09
γ Verseau.....	L	6	22.16. 6,15	+1,10	7,25	11,04	−56,21	−56,06	22.15.11,19
7805 BAC........	L	7	22.18.30,24	+1,12	31,36			−56,05	22.17.35,31
7805 BAC........	P	6	22.18.30,33	+1,12	31,45			−56,16	22.17.35,29
7819 BAC........	P	7	22.20.41,14	+1,21	42,35			−56,16	22.19.46,19
7819 BAC........	L	6	22.20.41,03	+1,21	42,24			−56,05	22.19.46,19
ζ Verseau.....	L	7	22.23.17,84	+1,09	18,93			−56,04	22.22.22,89
ζ Verseau.....	P	6	22.23.17,92	+1,09	19,01			−56,15	22.22.22,86
7843 BAC........	P	7	22.25.13,97	+0,99	14,96			−56,14	22.24.18,82
7843 BAC........	L	6	22.25.13,96	+0,99	14,95			−56,03	22.24.18,92
7856 BAC........	L	7	22.27.27,27	+1,02	28,29			−56,03	22.26.32,26
7856 BAC........	P	6	22.27.27,31	+1,02	28,33			−56,14	22.26.32,19
η Verseau.....	P	7	22.29.50,26	+1,09	51,35	55,10	−56,26	−56,14	22.28.55,21
η Verseau.....	L	6	22.29.50,12	+1,09	51,21	55,10	−56,12	−56,02	22.28.55,19
7844 BAC........	L	7	22.32.11,15	+1,12	12,27			−56,02	22.31.16,25
7844 BAC........	P	6	22.32.11,12	+1,12	12,24			−56,14	22.31.16,10
7900 BAC........	P	7	22.34.37,80	+1,02	38,82			−56,12	22.33.42,70
7900 BAC........	L	6	22.34.37,86	+1,02	38,88			−56,02	22.33.42,86
η Pégase......	L	6	22.38. 2,52	+1,00	3,52	7,54	−55,97	−56,00	22.37. 7,52
η Pégase......	P	6	22.38. 2,73	+1,00	3,73	7,54	−56,18	−56,11	22.37. 7,62
68 Verseau.....	P	7	22.41.44,39	+1,24	45,63	49,51	−56,12	−56,11	22.40.49,52
68 Verseau.....	L	6	22.41.44,24	+1,24	45,48	49,51	−55,97	−56,00	22.40.49,48
μ Pégase......	L	7	22.44.52,29	+1,00	53,29	57,31	−55,97	−55,90	22.43.57,30
μ Pégase......	P	6	22.44.52,41	+1,00	53,41	57,31	−56,09	−56,10	22.43.57,31
λ Verseau.....	P	7	22.46.59,85	+1,14	60,99	4,84	−56,15	−56,10	22.45. 4,89
λ Verseau.....	L	6	22.46.59,74	+1,14	60,88	4,84	−56,04	−55,98	22.45. 4,90

NOMS.	O	N	PASSAGE OBSERVÉ.	I	T	A_c	C_p	C'_p	ASCENSION droite APPAR. CONCLUE.
			h m s	s	s			s	h m s
7988 BAC.......	L	7	22.49.50,29	+ 1,05	51,34			— 55,98	22.48.55,36
7988 BAC.......	P	6	22.49.50,41	+ 1,05	51,46			— 56,09	22.48.55,37
7996 BAC.......	P	7	22.52. 5,17	+ 1,07	6,24			— 56,09	22.51.10,15
7996 BAC.......	L	6	22.52. 5,17	+ 1,07	6,24			— 55,97	22.51.10,27
8005 BAC.......	L	7	22.53.57,39	+ 1,09	58,48			— 55,97	22.53. 2,51
8005 BAC.......	P	6	22.53.57,48	+ 1,09	58,57			— 56,08	22.53. 2,49
o Andromède..	P	7	22.57. 4,26	+ 1,00	5,26	9,25	— 56,00	— 56,07	22.56. 9,19
o Andromède..	L	6	22.57. 4,15	+ 1,00	5,15	9,25	— 55,89	— 55,96	22.56. 9,19
α Pégase......	L	7	22.59.26,19	+ 1,03	27,22	31,28	— 55,93	— 55,95	22.58.31,27
α Pégase......	P	6	22.59.26,26	+ 1,03	27,29	31,28	— 56,00	— 56,07	22.58.31,22
8051 BAC.......	P	7	23. 1.36,75	+ 1,05	37,80			— 56,06	23. 0.41,74
8051 BAC.......	L	6	23. 1.36,55	+ 1,05	37,60			— 55,95	23. 0.41,65
58 Pégase......	L	7	23. 4.38,00	+ 1,05	39,05	43,11	— 55,94	— 55,94	23. 3.43,10
58 Pégase......	P	6	23. 4.38,13	+ 1,05	39,18	43,11	— 56,07	— 56,05	23. 3.43,13
8078 BAC.......	P	7	23. 6.19,84	+ 1,05	20,89			— 56,05	23. 5.24,84
8078 BAC.......	L	6	23. 6.19,59	+ 1,05	20,64			— 55,94	23. 5.24,70
φ Verseau.....	L	7	23. 8.45,13	+ 1,13	46,26	50,31	— 55,95	— 55,94	23. 7.50,32
φ Verseau.....	P	6	23. 8.45,22	+ 1,13	46,35	50,31	— 56,04	— 56,05	23. 7.50,30
γ Poissons....	P	7	23.11.35,39	+ 1,08	46,47	40,48	— 55,99	— 56,04	23.10.40,43
γ Poissons....	L	6	23.11.35,32	+ 1,08	36,40	40,48	— 55,92	— 55,92	23.10.40,48
96 Verseau.....	L	7	23.13.49,31	+ 1,12	50,43	54,55	— 55,88	— 55,92	23.12.54,51
96 Verseau.....	P	6	23.13.49,33	+ 1,12	50,45	54,55	— 55,90	— 56,03	23.12.54,42
8133 BAC.......	P	7	23.15.36,57	+ 1,00	37,57			— 56,02	23.14.41,55
8133 BAC.......	L	6	23.15.36,45	+ 1,00	37,45			— 55,92	23.14.41,53
8149 BAC.......	L	7	23.17.40,55	+ 1,04	41,59			— 55,91	23.16.45,68
8149 BAC.......	P	6	23.17.40,72	+ 1,04	41,76			— 56,01	23.16.45,75
ν Pégase......	P	6	23.20. 2,78	+ 1,01	3,79	7,78	— 56,01	— 56,01	23.19. 7,78
ν Pégase......	L	6	23.20. 2,59	+ 1,01	3,60	7,78	— 55,82	— 55,91	23.19. 7,69
x Poissons.....	L	6	23.21.25,78	+ 1,09	26,87	30,93	— 55,95	— 55,91	23.20.30,96
x Poissons.....	P	6	23.21.25,98	+ 1,09	27,07	30,93	— 56,15	— 56,01	23.20.31,06
ι Poissons.....	L	7	23.34.25,65	+ 1,07	26,72	30,76	— 55,97	— 55,88	23.33.30,84
ι Poissons.....	P	6	23.34.25,78	+ 1,07	26,85	30,76	— 56,10	— 55,98	23.33.30,87
8243 BAC.......	P	7	23.36.34,55	+ 1,09	35,64			— 55,98	23.35.39,66
8243 BAC.......	L	6	23.36.34,39	+ 1,09	35,48			— 55,87	23.35.39,61
8256 BAC.......	L	7	23.38.36,46	+ 1,00	37,46			— 55,87	23.37.41,59
8256 BAC.......	P	6	23.38.36,75	+ 1,00	37,75			— 55,97	23.37.41,78
8262 BAC.......	P	7	23.40.54,77	+ 1,08	55,85			— 55,97	23.39.59,88
8262 BAC.......	L	6	23.40.54,52	+ 1,08	55,60			— 55,86	23.39.59,74
21 Poissons.....	L	7	23.43.57,78	+ 1,09	58,87	3,02	— 55,85	— 55,85	23.43. 3,02
21 Poissons.....	P	6	23.43.57,86	+ 1,09	58,95	3,02	— 55,93	— 55,96	23.43. 2,99
φ Pégase......	P	7	23.47. 2,25	+ 1,02	3,27	7,25	— 56,01	— 55,95	23.46. 7,32
φ Pégase......	L	6	23.47. 2,05	+ 1,02	3,07	7,25	— 55,81	— 55,84	23.46. 7,23
8311 BAC.......	L	7	23.49.17,12	+ 1,09	18,21			— 55,83	23.48.22,38

NOMS.	O	N	PASSAGE OBSERVÉ.	I	T	A_c	C_p	C'_p	ASCENSION droite APPAR. CONCLUE.
			h m s	s	s			s	h m s
8311 BAC.......	P	6	23.49.17,32	+ 1,09	18,41			− 55,94	23.48.22,47
8324 BAC.......	P	7	23.51.17,85	+ 1,00	18,85			− 55,94	23.50.22,91
8324 BAC.......	L	6	23.51.17,73	+ 1,00	18,73	s	s	− 55,83	23.50.22,90
ω Poissons......	L	7	23.53.47,80	+ 1,06	48,86	53,15	− 55,71	− 55,83	23.52.53,03
ω Poissons.....	P	6	23.53.47,95	+ 1,06	49,01	53,15	− 55,86	− 55,94	23.52.53,07
30 Poissons.....	P	7	23.56.27,49	+ 1,13	28,62	32,65	− 55,97	− 55,94	23.55.32,68
30 Poissons	L	6	23.56.27,45	+ 1,13	28,58	32,65	− 55,93	− 55,82	23.55.32,76
2 Baleine	L	7	23.58.14,65	+ 1,22	15,87	19,93	− 55,95	− 55,82	23.57.20,05
2 Baleine	P	6	23.58.14,60	+ 1,22	15,82	19,93	− 55,89	− 55,93	23.57.19,89
33 Poissons....	P	7	23.59.50,79	+ 1,13	51,92	55,93	− 56,00	− 55,93	23.58.55,99
33 Poissons.....	L	6	23.59.50,57	+ 1,13	51,70	55,93	− 55,78	− 55,82	23.58.55.88

3 DÉCEMBRE 1874.

NOMS.	O	N	PASSAGE OBSERVÉ.	I	T	A_c	C_p	C'_p	ASCENSION droite APPAR. CONCLUE.
			h m s	s	s			s	h m s
7650 BAC.......	P	7	21.52.12,66	+ 1,10	13,76			− 34,71	21.51.39,05
7650 BAC.......	L	6	21.52.12,56	+ 1,10	13,66			− 34,60	21.51.39,06
7659 BAC.......	L	7	21.54.25,69	+ 1,00	26,70			− 34,60	21.53.52,11
7659 BAC.......	P	6	21.54.25,90	+ 1,01	26,91	s	s	− 34,71	21.53.52,20
29 Verseau.....	P	7	21.56. 8,41	+ 1,21	9,62	35,01	− 34,71	− 34,70	21.55.34,92
29 Verseau.....	L	6	21.56. 8,42	+ 1,21	9,63	35,01	− 34,62	− 34,59	21.55.35,04
α Verseau.....	L	7	21.59.54,26	+ 1,06	55,32	20,74	− 34,58	− 34,59	21.59.20,73
α Verseau.....	P	6	21.59.54,39	+ 1,06	55.45	20,74	− 34,71	− 34,70	21.59.20,75
ι Pégase......	P	7	22. 1.44,04	+ 0,91	44,95	10,31	− 34,64	− 34,69	22. 1.10,26
ι Pégase......	L	6	22. 1.44,01	+ 0,91	44,92	10,31	− 34,61	− 34,57	22. 1.10,35
θ Pégase......	L	7	22. 4.26,19	+ 1,01	27,20	52,62	− 34,58	− 34,57	22. 3.52,63
θ Pégase......	P	6	22. 4.26,34	+ 1,01	27,35	52,62	− 34,73	− 34,69	22. 3.52,66
41 Verseau.....	P	7	22. 7.56,07	+ 1,26	57,33	22,74	− 34,59	− 34,68	22. 7.22,65
41 Verseau.....	L	6	22. 7.56,11	+ 1,26	57,37	22,74	− 34,63	− 34,57	22. 7.22,80
θ Verseau.....	L	7	22.10.46,69	+ 1,12	47,81	13,25	− 34,56	− 34,56	22.10.13,25
θ Verseau.....	P	6	22.10.46,84	+ 1,12	47,96	13,25	− 34,71	− 34,67	22.10.13,29
45 Verseau.....	P	7	22.12.50,74	+ 1,17	51,91	17,24	− 34,67	− 34,67	22.12.17,24
45 Verseau.....	L	6	22.12.50,62	+ 1,17	51,79	17,24	− 34,55	− 34,56	22.12.17,23
γ Verseau.....	L	7	22.15.44,46	+ 1,07	45,53	11,02	− 34,51	− 34,55	22.15.10,98
γ Verseau.....	P	6	22.15.44,59	+ 1,07	45,66	11,02	− 34,64	− 34,66	22.15.11,00
7805 BAC.......	P	7	22.18. 8,80	+ 1,09	9,89			− 34,66	22.17.35,23
7805 BAC.......	L	6	22.18. 8,73	+ 1,09	9,82			− 34,55	22.17.35,27
7819 BAC.......	L	7	22.20.19,24	+ 1,21	20,45			− 34,55	22.19.45,90

NOMS.	O	N	PASSAGE OBSERVÉ.	I	T	A_c	C_p	C'_p	ASCENSION droite APPAR. CONCLUE.
			h m s	s	s	s	s	s	h m s
7819 BAC........	P	6	22.20.19,43	+ 1,21	20,64			− 34,65	22.19.45,99
ζ Verseau.....	P	7	22.22.56,35	+ 1,06	57,41			− 34,65	22.22.22,76
ζ Verseau.....	L	6	22.22.56,26	+ 1,06	57,32			− 34,53	22.22.22,79
7843 BAC.......	L	7	22.24.51,19	+ 0,88	52,02			− 34,53	22.24.17,54
7843 BAC.......	P	6	22.24.51,38	+ 0,88	52,26			− 34,64	22.24.17,62
7856 BAC.......	P	7	22.27. 5,69	+ 0,93	6,62			− 34,64	22.26.31,98
7856 BAC.......	L	6	22.27. 5,58	+ 0,93	6,51			− 34,52	22.26.31,99
η Verseau.....	L	7	22.29.28,55	+ 1,06	29,61	55,07	− 34,55	− 34,52	22.28.55,09
η Verseau.....	P	6	22.29.28,69	+ 1,06	29,75	55,07	− 34,69	− 34,64	22.28.55,11
7844 BAC.......	P	7	22.31.49,67	+ 1,09	50,76			− 34,63	22.31.16,13
7844 BAC.......	L	6	22.31.49,52	+ 1,09	50,61			− 34,51	22.31.16,10
7900 BAC.......	L	7	22.34.16,25	+ 0,93	17,18			− 34,51	22.33.42,67
7900 BAC.......	P	6	22.34.16,44	+ 0,93	17,37			− 34,62	22.33.42,75
η Pégase......	P	7	22.37.41,22	+ 0,89	42,11	7,51	− 34,59	− 34,61	22.37. 7,50
η Pégase......	L	6	22.37.41,04	+ 0,89	41,93	7,51	− 34,41	− 34,50	22.37. 7,43
68 Verseau....	L	7	22.41.22,77	+ 1,24	24,01	49,49	− 34,52	− 34,50	22.40.49,51
68 Verseau....	P	6	22.41.22,98	+ 1,24	24,22	49,49	− 34,73	− 34,61	22.40.49,61
μ Pégase......	P	7	22.44.30,89	+ 0,91	31,80	57,28	− 34,51	− 34,60	22.43.57,20
μ Pégase......	L	6	22.44.30,79	+ 0,91	31,70	57,28	− 34,41	− 34,49	22.43.57,21
λ Verseau.....	L	7	22.46.38,26	+ 1,12	39,38	4,81	− 34,57	− 34,49	22.46. 4,89
λ Verseau.....	P	6	22.46.38,34	+ 1,12	39,46	4,81	− 34,65	− 34,60	22.46. 4,86
7988 BAC.......	P	7	22.49.28,89	+ 0,99	29,88			− 34,59	22.48.55,29
7988 BAC.......	L	5	22.49.28,80	+ 0,99	29,79			− 34,48	22.48.55,31
8005 BAC.......	P	7	22.53.55,85	+ 1,05	56,90			− 34,58	22.53.22,32
8005 BAC.......	L	6	22.53.55,69	+ 1,05	56,74			− 34,47	22.53.22,27
α Pégase......	P	6	22.59. 4,88	+ 0,96	5,84	31,26	− 34,57	− 34,57	22.58.31,27
α Pégase......	L	6	22.59. 4,67	+ 0,96	5,63	31,26	− 34,36	− 34,46	22.58.31,17
8051 BAC.......	L	7	23. 1.25,20	+ 0,99	26,19			− 34,45	23. 0.51,74
8051 BAC.......	P	6	23. 1.25,30	+ 0,99	26,29			− 34,56	23. 0.51,73
58 Pégase	P	7	23. 4.16,64	+ 0,99	17,63	43,09	− 34,54	− 34,56	23. 3.43,07
58 Pégase	L	6	23. 4.16,58	+ 0,99	17,57	43,09	− 34,48	− 34,45	23. 3.43,12
8078 BAC.......	L	7	23. 5.58,23	+ 1,00	59,23			− 34,45	23. 5.24,78
8078 BAC.......	P	6	23. 5.58,32	+ 1,00	59,32			− 34,55	23. 5.24,77
φ Verseau.....	P	7	23. 8.23,74	+ 1,10	24,84	50,28	− 34,56	− 34,55	23. 7.50,29
φ Verseau.....	L	6	23. 8.23,56	+ 1,10	24,66	50,28	− 34,38	− 34,44	23. 7.50,22
γ Poissons.....	L	7	23.11.13,88	+ 1,04	14,92	40,46	− 34,46	− 34,43	23.10.40,49
γ Poissons.....	P	6	23.11.14,01	+ 1,04	15,15	40,46	− 34,59	− 34,54	23.10.40,51
96 Verseau....	P	7	23.13.27,96	+ 1,10	29,06	54,52	− 34,54	− 34,54	23.12.54,52
96 Verseau....	L	6	23.13.27,78	+ 1,10	28,88	54,52	− 34,36	− 34,43	23.12.54,45
8133 BAC.......	L	7	23.15.14,92	+ 0,89	15,81			− 34,43	23.14.41,38
8133 BAC.......	P	6	23.15.15,11	+ 0,89	16,00			− 34,54	23.14.41,46
8149 BAC.......	P	7	23.17.19,21	+ 0,97	20,18			− 34,53	23.16.45,65
8149 BAC.......	L	6	23.17.19,15	+ 0,97	20,12			− 34,42	23.16.45,70

NOMS.	O	N	PASSAGE OBSERVÉ.	I	T	A_c	C_p	C'_p	ASCENSION droite APPAR. CONCLUE.
			h m s	s	s	s	s	s	h m s
ν Pégase......	L	7	23.19.41,27	+0,92	42,19	7,75	−34,44	−34,42	23.19. 7,77
ν Pégase......	P	6	23.19.41,34	+0,92	42,26	7,75	−34,51	−34,53	23.19. 7,73
$\varkappa$ Poissons.....	P	6	23.21. 4,38	+1,05	5,43	30,91	−34,53	−34,52	23.20.30,91
$\varkappa$ Poissons.....	L	6	23.21. 4,23	+1,05	5,28	30,91	−34,38	−34,41	23.20.30,87
8182 BAC.......	L	7	23.23.22,65	+0,97	23,62			−34,41	23.22.49,21
8182 BAC.......	P	6	23.23.22,91	+0,97	23,88			−34,52	23.22.49,36
8193 BAC.......	P	7	23.25.36,91	+1,09	38,00			−34,51	23.25. 3,49
8193 BAC.......	L	6	23.25.36,91	+1,09	38,00			−34,40	23.25. 3,60
8256 BAC.......	P	7	23.38 15,18	+0,89	16,07			−34,49	23.37.41,58
8256 BAC.......	L	6	23.38.15,08	+0,89	15,97			−34,38	23.37.41,59
8262 BAC.......	L	7	23.40.33,15	+1,03	34,18			−34,37	23.39.59,81
8262 BAC.......	P	6	23.40.33,20	+1,03	34,23			−34,48	23.39.59,75
21 Poissons.....	P	7	23.43.36,39	+1,05	37,44	3,00	−34,44	−34,47	23.43. 2,97
21 Poissons.....	L	6	23.43.36,30	+1,05	37,35	3,00	−34,35	−34,36	23.43. 2,99
φ Pégase......	L	7	23.46.40,68	+0,94	41,62	7,23	−34,38	−34,36	23.46. 7,26
φ Pégase......	P	6	23.46.40,73	+0,94	41,67	7,23	−34,43	−34,47	23.46. 7,20
8311 BAC.......	P	7	23.48.55,80	+1,05	56,85			−34,46	23.48.22,39
8311 BAC.......	L	6	23.48.55,66	+1,05	56,71			−34,35	23.48.22,36
8324 BAC.......	L	7	23.51.56,29	+0,91	57,20			−34,35	23.51.22,85
8324 BAC.......	P	6	23.51.56,46	+0,91	57,37			−34,46	23.51.22,91
30 Poissons.....	P	7	23.56. 5,95	+1,10	7,05	32,63	−34,42	−34,45	23.55.32,60
30 Poissons.....	L	6	23.56. 5,92	+1,10	7,02	32,63	−34,39	−34,34	23.55.32,68
2 Baleine.....	L	7	23.57.52,99	+1,21	54,20	19,90	−34,31	−34,33	23.57.19,87
2 Baleine.....	P	6	23.57.53,19	+1,21	54,40	19,90	−34,51	−34,44	23.57.19,96
33 Poissons.....	P	7	23.59.29,26	+1,10	30,36	55,92	−34,45	−34,44	23.58.55,92
33 Poissons.....	L	6	23.59.29,16	+1,10	30,26	55,92	−34,35	−34,33	23.58.55,93
α Andromède..	L	7	0. 2.28,49	+0,89	29,38	55,12	−34,26	−34,32	0. 1.55,06
α Andromède..	P	6	0. 2.28,65	+0,89	29,54	55,12	−34,42	−34,43	0. 1.55,11
γ Pégase......	L	7	0. 7.20,91	+0,96	21,78	47,57	−34,30	−34,31	0. 6.47,56
γ Pégase......	P	6	0 7.21,05	+0,96	22,01	47,57	−34,44	−34,42	0. 6.47,59
36 Pégase......	P	7	0. 9. 5,59	+0,99	6,58			−34,42	0. 8.32,16
36 Pégase......	L	6	0. 9. 5,55	+0,99	6,54			−34,31	0. 8.32,23

OBSERVATIONS DE M. LOEWY.

ALGER.

Afin de parer au danger des décharges électriques, provenant d'orages lointains, et qu'un fil aérien pouvait facilement introduire dans le câble, l'administration des lignes télégraphiques s'imposa l'obligation de relier nos stations d'observations de Marseille et d'Alger, par des communications souterraines, avec les deux bouts non submergés de la ligne sous-marine. Cette précaution se trouva justifiée par la suite : un fil, établi dans les conditions usuelles, servant à la correspondance ordinaire du bureau central d'Alger, permit, le 16 novembre, à la foudre de pénétrer dans nos appareils. Mais, grâce aux dispositions prises, aucun dégât sérieux ne put se produire. En vue de nous conformer aux décisions adoptées, nous dûmes consacrer un temps notable à l'exécution des travaux préliminaires non prévus, mais nécessités par l'emploi du câble; la conséquence fut un retard sensible apporté au début des opérations astronomiques.

Nos premières séries d'observations n'ont pu commencer que le 22 octobre, c'est-à-dire à l'ouverture de la période des pluies à Alger, et au moment où le ciel si pur de cette région se trouve, par suite, souvent couvert de nuages. De plus, autre circonstance à redouter davantage encore : l'approche de la mauvaise saison à Paris était imminente. En présence de ces deux conditions météorologiques également défavorables, il nous a fallu faire des efforts exceptionnels pour arriver à notre but avant les mois où, dans le nord de la France, les belles soirées ne se présentent plus que fort rarement.

Afin de pouvoir profiter de toutes les éclaircies, les observateurs s'imposèrent donc la condition de veiller presque toute la durée des nuits; aussi remarquera-t-on que les opérations électriques et les séries d'observations embrassent souvent un intervalle de 9 à 12 heures. Grâce à ces mesures, nous avons pu également étudier avec un soin particulier les constantes instrumentales.

DÉTERMINATION DE L'AZIMUT.

Les ascensions droites des étoiles polaires, comme nous l'avons dit plus haut, ont été tirées des observations effectuées en 1873, lors de la détermination de la longitude de Vienne. Pour ne pas affecter les résultats des inexactitudes que peuvent produire les points de repère choisis, il faudrait, dans le calcul de l'azimut, ne faire usage que d'un nombre égal d'observations de la même étoile polaire dans les deux stations. Cette précaution serait surtout recommandable dans le cas où l'on aurait à redouter des erreurs considérables par suite des positions adoptées; mais une telle mesure entraînerait nécessairement une sujétion fort gênante dans l'exécution des travaux, et l'on se verrait, en outre, dans l'obligation de rejeter un certain nombre des déterminations obtenues. On évite ces inconvénients en se servant d'ascensions droites jouissant, autant que possible, d'une précision uniforme. A cet effet, nous nous sommes proposé de vérifier également par la première réduction les coordonnées présentement admises; mais l'ensemble des travaux faits à Paris, Marseille et Alger, nous a permis de reconnaître que les données utilisées sont très-exactes et fournissent pour l'azimut de la mire les mêmes valeurs. Toutefois, nous n'avons pu tirer profit de l'étoile polaire 5140 BAC : son ascension droite paraît être entachée d'une erreur notable, et, le nombre de résultats à notre disposition étant insuffisant, il n'a pas été possible de corriger convenablement la position primitive.

Nous avons donc pu nous servir des valeurs obtenues sans tenir compte de l'origine des déterminations particulières. Nous avons conclu, pour une même période de temps, l'azimut de la mire, en formant la moyenne absolue, c'est-à-dire sans avoir égard aux nombres d'observations fournies par les diverses étoiles polaires.

L'équation suivante représente la relation qui existe entre l'azimut α de l'instrument d'Alger et l'azimut A de la mire :

$$A = \alpha \pm \frac{5^{s}\!,3198}{\sin z} (V_{o} - L) \begin{cases} \text{Position directe, cercle à l'Est.} \\ \text{Position inverse, cercle à l'Ouest.} \end{cases}$$

$$z = 89°45' \qquad \sin z = 1,000$$

Les facteurs $\dfrac{1}{\sin z}$ et $\beta \cos z$ sont négligeables dans les calculs.

Dans le tableau suivant, on trouve la valeur de la quantité

$$n = -\,\alpha \cos \varphi + \beta \sin \varphi,$$

tirée directement des observations polaires ; la distance angulaire Δ de la mire à l'axe optique vrai de la lunette ; et, finalement, les déterminations particulières de la mire A, correspondant aux deux positions de l'instrument.

DATES.	NOMS DES POLAIRES.	n		Δ		AZIMUT DE LA MIRE A	
		OUEST.	EST.	OUEST.	EST.	OUEST.	EST.
1874.		s		s		s	
Oct. 22.	M = 3621 Carrington...	− 0,25		+ 4,99		+ 5,25	
23.	λ Petite Ourse........	− 0,19		+ 5,03		+ 5,25	
25.	α Petite Ourse P. S....	− 0,01		+ 5,10		+ 5,10	
29.	M = 3621 Carrington...	− 0,15		+ 5,20		+ 5,30	
29.	A = 2 Petite Ourse	+ 0,02	− 0,06	+ 5,24	+ 5,18	+ 5,17	+ 5,22
29.	α Petite Ourse P. S....	+ 0,00	− 0,12	+ 5,24	+ 5,14	+ 5,19	+ 5,12
30.	L = 3441 Carrington...	− 0,13	− 0,05	+ 5,18	+ 5,20	+ 5,25	+ 5,15
30.	M = 3621 Carrington...	− 0,16	− 0,15	+ 5,14	+ 5,20	+ 5,21	+ 5,27
30.	α Petite Ourse P. S.....	− 0,04	+ 0,01	+ 5,14	+ 5,23	+ 5,07	+ 5,15
31.	α Petite Ourse P. S.....	+ 0,05		+ 5,14		+ 5,04	
Nov. 1.	A = 2 Petite Ourse.....	− 0,04		+ 5,18		+ 5,16	
1.	α Petite Ourse P. S.....	+ 0,03		+ 5,18		+ 5,09	
2.	M = 3621 Carrington...	− 0,18	− 0,21	+ 5,12	+ 5,08	+ 5,31	+ 5,36
2.	A = 2 Petite Ourse.....	− 0,06	− 0,10	+ 5,12	+ 5,22	+ 5,15	+ 5,16
3.	K = 7169 BAC.......		− 0,10		+ 5,11		+ 5,20
3.	M = 3621 Carrington...	− 0,05	− 0,07	+ 5,12	+ 5,11	+ 5,16	+ 5,17
3.	A = 2 Petite Ourse.....	− 0,01	− 0,02	+ 5,12	+ 5,13	+ 5,11	+ 5,09
3.	α Petite Ourse P. S.....	− 0,09	− 0,10	+ 5,14	+ 5,13	+ 5,19	+ 5,18
4.	H = 2 Petite Ourse.....		− 0,02		+ 5,12		+ 5,15
Nov. 6.	K = 7169 BAC.......	− 0,14	− 0,08	+ 5,16	+ 5,16	+ 5,32	+ 5,26
6.	Ŧ = 1 Dragon P. I.....	− 0,06	− 0,13	+ 5,17	+ 5,16	+ 5,20	+ 5,33
6.	α Petite Ourse P. S.....		− 0,12		+ 5,17		+ 5,29
7.	K = 7169 BAC.......	− 0,20	− 0,19	+ 5,12	+ 5,12	+ 5,34	+ 5,35
7.	Ŧ = 1 Dragon P. I.....	− 0,10	− 0,10	+ 5,12	+ 5,18	+ 5,22	+ 5,31
7.	A = 2 Petite Ourse.....	+ 0,01	+ 0,02	+ 5,26	+ 5,18	+ 5,26	+ 5,14
7.	α Petite Ourse P. S.....	− 0,01		+ 5,26		+ 5,28	
8.	K = 7169 BAC.......	− 0,11	− 0,07	+ 5,14	+ 5,07	+ 5,31	+ 5,16
8.	Ŧ = 1 Dragon P. I.....	− 0,05	− 0,16	+ 5,14	+ 5,13	+ 5,22	+ 5,34
8.	α Petite Ourse P. I.....	+ 0,07	− 0,01	+ 5,19	+ 5,13	+ 5,09	+ 5,15
8.	α Petite Ourse P. S.....	− 0,02	− 0,07	+ 5,18	+ 5,10	+ 5,22	+ 5,20
9.	K = 7169 BAC.......	− 0,04	− 0,00	+ 5,16	+ 5,15	+ 5,23	+ 5,24
9.	Ŧ = 1 Dragon P. I.....	+ 0,00		+ 5,16		+ 5,18	
9.	α Petite Ourse P. I.....	− 0,03		+ 5,18		+ 5,18	

DATES.	NOMS DES POLAIRES.	n		Δ		AZIMUT DE LA MIRE A	
		OUEST.	EST.	OUEST.	EST.	OUEST.	EST.
1874.		s	s	s	s	s	s
Nov. 10.	K = 7169 BAC.......	− 0,06	+ 0,17	+ 5,21	+ 5,32	+ 5,27	+ 5,10
10.	ℸ = 1 Dragon P. I.....	− 0,02	− 0,02	+ 5,34	+ 5,32	+ 5,30	+ 5,33
10.	A = 2 Petite Ourse....	− 0,01	+ 0,10	+ 5,34	+ 5,40	+ 5,29	+ 5,21
10.	α Petite Ourse P. S.....		+ 0,08		+ 5,39		+ 5,24
10.	α Petite Ourse P. I.....	+ 0,05	+ 0,04	+ 5,35	+ 5,41	+ 5,21	+ 5,27
11.	ℸ = 1 Dragon P. I.....	− 0,01	− 0,07	+ 5,28	+ 5,27	+ 5,24	+ 5,33
11.	M = 3621 Carrington...	+ 0,00	− 0,06	+ 5,28	+ 5,27	+ 5,26	+ 5,30
Nov. 15.	M = 3621 Carrington...		+ 0,10		+ 5,35		+ 5,17
15.	A = 2 Petite Ourse....	+ 0,12	+ 0,14	+ 5,37	+ 5,35	+ 5,13	+ 5,12
15.	α Petite Ourse P. I.....	+ 0,05	+ 0,04	+ 5,35	+ 5,19	+ 5,15	+ 5,06
17.	ℸ = 1 Dragon P. I.....	+ 0,07		+ 5,32		+ 5,16	
17.	L = 3441 Carrington...	+ 0,06	+ 0,22	+ 5,32		+ 5,18	+ 5,04
17.	A = 2 Petite Ourse.....	+ 0,14	+ 0,10	+ 5,34	+ 5,36	+ 5,09	+ 5,18
18.	ℸ = 1 Dragon P. I.....	+ 0,06		+ 5,30		+ 5,17	
18.	L = 3441 Carrington...	+ 0,06	+ 0,02	+ 5,30	+ 5,26	+ 5,16	+ 5,20
18.	A = 2 Petite Ourse.....	+ 0,13		+ 5,31		+ 5,10	
18.	α Petite Ourse P. I.....	+ 0,08	+ 0,05	+ 5,31	+ 5,34	+ 5,11	+ 5,20
19.	ℸ = 1 Dragon P. I.....	+ 0,09	− 0,04	+ 5,22	+ 5,30	+ 5,03	+ 5,29
19.	L = 3441 Carrington...	+ 0,07	− 0,01		+ 5,30	+ 5,13	+ 5,26
20.	ℸ = 1 Dragon P. I.....	+ 0,14	+ 0,00	+ 5,32	+ 5,19	+ 5,10	+ 5,14
20.	L = 3441 Carrington...		+ 0,02		+ 5,19		+ 5,12
20.	A = 2 Petite Ourse.....	+ 0,08	+ 0,05	+ 5,21	+ 5,19	+ 5,10	+ 5,08
22.	α Petite Ourse P. I.....	+ 0,09	+ 0,08	+ 5,23	+ 5,23	+ 5,06	+ 5,02
23.	ℸ = 1 Dragon P. I.....	− 0,06	+ 0,10		+ 5,28	+ 5,21	+ 5,06
23.	L = 3441 Carrington...	+ 0,02	+ 0,12	+ 5,21	+ 5,28	+ 5,12	+ 5,04
23.	A = 2 Petite Ourse.....	+ 0,01	+ 0,03	+ 5,21	+ 5,18	+ 5,13	+ 5,09
23.	α Petite Ourse P. S.....		− 0,02		+ 5,18		+ 5,11

Ces deux séries de nombres ont été l'objet d'examens minutieux, qui nous ont permis de nous rendre compte, aussi exactement que possible, du mouvement de la mire. Une petite variation brusque semble avoir eu lieu entre le 4 et le 6 novembre; mais, à partir de ce jour jusqu'au 11 novembre, aucun changement sensible n'a pu être constaté. Le travail fut ensuite interrompu jusqu'au 15 novembre, et les pluies fréquentes, survenues à cette époque, paraissent avoir provoqué un second déplacement des piliers, très-faible et dans un sens opposé au premier; nous avons donc regardé la mire comme invariable durant les trois intervalles de temps indiqués. Les moyennes ont été formées séparément pour la position directe et pour la position inverse; et la valeur, définitivement adoptée pour l'azimut de la mire, est la moyenne des deux nombres moyens ainsi obtenus dans chacune des périodes de temps.

Dans le calcul de l'azimut instrumental, on a fait ensuite usage des expressions suivantes, en négligeant les facteurs $\frac{1}{\sin z}$ et $\beta \cos z$ qui ne peuvent faire naître aucune erreur appréciable.

POSITION DIRECTE (CERCLE EST). POSITION INVERSE (CERCLE OUEST).

Du 22 oct. au 4 nov. $\alpha = \overset{s}{5},18 - \overset{s}{5},3198\,(v_o - l)$. $\alpha = + \overset{s}{5},18 - \overset{s}{5},3198\,(l - v_o)$.

Du 6 nov. au 11 nov. $\alpha = 5,25 - 5,3198\,(v_o - l)$. $\alpha = + \overset{s}{5},25 - \overset{s}{5},3198\,(l - v_o)$.

Du 15 nov. au 24 nov. $\alpha = 5,13 - 5,3198\,(v_o - l)$. $\alpha = + 5,13 - 5,3198\,(l - v_o)$.

COLLIMATION DE L'AXE OPTIQUE.

La collimation a été déduite des observations des étoiles polaires et des lectures faites sur la mire, avant et après le retournement de la lunette. On obtient donc pour cet élément de réduction deux valeurs, dont l'une correspond à la direction horizontale, l'autre à la direction polaire de l'axe optique. Mais, en passant d'une position à l'autre, il arrive souvent, malgré toutes les précautions prises, que l'axe de rotation ne se trouve plus replacé dans les conditions primitives. Dans ce cas, il devient nécessaire de tenir compte, dans les calculs de la collimation, de la variation produite en azimut et en inclinaison.

Voici les formules qui ont été employées.

Soient :

v, la moyenne des treize lectures obtenues par les pointés du fil mobile sur les treize fils du réticule;

l_d, la lecture faite sur la mire dans la position directe de la lunette (cercle Est);

l_i, la lecture faite sur la mire dans les positions inverses de la lunette (cercle Ouest);

v_o, la lecture du tambour correspondant à la position du fil mobile pour laquelle la collimation est nulle;

c, la collimation du fil moyen fictif, dont la position dans le champ de la lunette se trouve désignée par la lecture v;

α, l'azimut de la lunette;

β_d, l'inclinaison de l'axe pour les positions directes (cercle Ouest);

β_i, l'inclinaison de l'axe pour les positions inverses (cercle Est);

t_d, le passage de la polaire observé dans la position directe, et réduit à la moyenne des treize fils;

t_i, le passage de la polaire observé dans la position inverse, et réduit à la moyenne des treize fils;

φ, la latitude de l'observation;

A, l'ascension droite de l'étoile polaire;

D, la déclinaison de l'étoile polaire.

Lorsque le plan de rotation occupe, par rapport au méridien, après le retournement, la même situation qu'antérieurement, on aura, pour le calcul de la collimation physique :

$$c = 5{,}3198\ (v_o - v) \text{ position directe : cercle ou vis Est;}$$
$$c = 5{,}3198\ (v - v_o) \text{ position inverse : cercle ou vis Ouest;}$$

et pour la collimation polaire :

$$c = \frac{t_i - t_d}{2 \sec \delta} \text{ passage supérieur;}$$

$$c = \frac{t_d - t_i}{2 \sec \delta} \text{ passage inférieur.}$$

Mais dans le cas où la condition d'invariabilité n'aurait pas été remplie, nous avons employé, pour la détermination rigoureuse de la collimation polaire, les formules développées ci-dessous.

Le changement d'inclinaison se trouve facilement par la comparaison des lectures du niveau obtenues dans les deux positions de l'instrument; mais les déviations produites en azimut ne sont pas fournies directement; il faut, pour évaluer ces quantités, recourir aux considérations suivantes. La ligne perpendiculaire à l'axe de rotation passant par le centre de l'objectif, ou l'axe optique vrai, coupe le plan focal en un point m. Or, on sait que la lecture v_o, correspondant à ce lieu, est déduite des lectures l_d et l_i, faites sur la mire avant et après le retournement de la lunette : v_o est égal à $\frac{l_d + l_i}{2}$. La valeur numérique de cette quantité ne change naturelle-ment pas tant que les positions relatives du fil mobile, du réticule et de l'objectif ne se trouvent pas modifiées. D'ailleurs, les coordonnées d'un point quelconque du centre du champ sont indépendantes de la situation absolue qu'occupe l'instrument dans l'espace. Dans les conditions suppo-sées, quels que soient l'azimut et l'inclinaison de l'axe de rotation, on de-vrait toujours obtenir pour v_o la même lecture. Mais, dans la détermi-nation pratique de cet élément, on fait intervenir la position absolue de la lunette. Si donc, dans le retournement, l'invariabilité en azimut et en inclinaison ne se trouve pas maintenue, on affectera v_o d'erreurs propor-tionnelles aux valeurs de ces deux sortes de déviations, dues au transport de l'appareil. Le mode d'observation établit donc une relation forcée, mais très-simple, entre la lecture erronée v_o et la variation azimutale. Si v_o' re-présente la vraie valeur de la lecture de ce point m, pour lequel la colli-mation devient nulle, $2\,(v_o' - v_o)$ accusera la variation azimutale produite par un choc accidentel de l'instrument.

La vraie valeur v_o' s'obtient facilement. L'inspection du tableau renfer-mant les diverses déterminations de cet élément révèle l'intervalle de temps durant lequel il peut être regardé comme invariable. Lorsque, dans une telle période, l'écart d'un nombre est trop considérable pour pouvoir être expliqué par les erreurs inévitables, inhérentes au mode d'observation, on néglige provisoirement cette donnée, et la moyenne de toutes les autres mesures fournit la valeur exacte de la quantité cherchée, qui est égale à v_o'.

En différentiant la formule

$$A = t + C_p + m + n\, tg\,\delta + (c - \varkappa)\sec\delta,$$

par rapport à α et à β, et en remplaçant $d\alpha$ par $2\,(v_o' - v_o)$ et $d\beta$ par $\frac{\beta_i - \beta_d}{2}$, on obtient les formules qui, dans le second cas, nous ont servi dans les calculs.

Dans l'emploi de ces expressions, il faut toujours considérer la position directe comme position initiale.

PASSAGE SUPÉRIEUR.

$$c = \frac{t_i - t_d}{2\sec\delta} - 5\overset{s}{,}3198\,(v_o' - v_o)\sin(\varphi - \delta) + \frac{\beta_i - \beta_d}{2}\cos(\varphi - \delta).$$

PASSAGE INFÉRIEUR.

$$c = \frac{t_i - t_d}{2 \sec \delta} + 5\overset{s}{,}3198 \left(v_o' - v_o'\right) \sin\left(\varphi + \delta\right) + \frac{\beta_d - \beta_i}{2} \cos\left(\varphi + \delta\right).$$

Dans le tableau suivant, on trouve les deux séries de collimations calculées d'après les principes exposés, dont l'une correspond à la direction horizontale de la lunette, l'autre à la direction polaire.

POSITION DIRECTE (CERCLE EST).

DATES.	POLAIRES.	COLLIMATION POLAIRE.	COLLIMATION HORIZONTALE.
Octobre 27.			$+0,13$
29.			$+0,13$
29.	A = 2 Petite Ourse	$+0,17$	$+0,17$
29.	α Petite Ourse. P. S.	$+0,19$	$+0,16$
29.			$+0,18$
30.	L = 3441 Carrington.	$+0,10$	$+0,13$
30.	M = 3621 Carrington.	$+0,13$	$+0,07$
30.	α Petite Ourse. P. S.	$+0,07$	$+0,10$
31.			$+0,14$
Novembre 1.			$+0,09$
2.	M = 3621 Carrington.	$+0,17$	$+0,16$
2.	A = 2 Petite Ourse.	$+0,14$	
2.	5140 BAC. P. I.	$+0,14$	$+0,14$
3.			$+0,14$
3.	M = 3621 Carrington.	$+0,17$	$+0,15$
3.	A = 2 Petite Ourse.	$+0,17$	$+0,13$
3.	α Petite Ourse. P. S.	$+0,16$	$+0,14$
4.			$+0,13$
4.			$+0,14$
6.	K = 7169 BAC.	$+0,16$	$+0,15$
6.	℧ = 1 Dragon. P. I.	$+0,16$	$+0,15$
6.			$+0,14$
6.			$+0,10$
7.			$+0,14$
7.	K = 7169 BAC.	$+0,18$	$+0,15$
7.	℧ = 1 Dragon. P. 1.	$+0,14$	$+0,15$

DATES.	POLAIRES.	COLLIMATION POLAIRE.	COLLIMATION HORIZONTALE.
Novembre 7.	A = 2 Petite Ourse......................	+ 0,16	+ 0,19
8.	K = 7169 BAC.....................	+ 0,13	+ 0,19
8.	F = 1 Dragon. P. I.................	+ 0,18	+ 0,16
8.	α Petite Ourse. P. S.................	+ 0,19	+ 0,18
8.	α Petite Ourse. P. I.................	+ 0,19	+ 0,19
9.	K = 7169 BAC.....................	+ 0,15	+ 0,14
9.			+ 0,14
10.			+ 0,15
10.	K = 7169 BAC.....................	+ 0,12	
10.	F = 1 Dragon. P. I.................	+ 0,14	+ 0,17
10.	A = 2 Petite Ourse.................	+ 0,16	+ 0,13
10.	α Petite Ourse. P. I.................	+ 0,15	+ 0,11
11.	F = 1 Dragon. P. I.................	+ 0,16	+ 0,15
11.	M = 3621 Carrington.................	+ 0,19	+ 0,17
11.			+ 0,14
15.	A = 2 Petite Ourse.................	+ 0,16	+ 0,18
16.			+ 0,17
16.	α Petite Ourse. P. I.................	+ 0,12	
17.	L = 3441 Carrington.................	+ 0,14	
17.	A = 2 Petite Ourse.................	+ 0,18	+ 0,19
17.			+ 0,19
18.	L = 3441 Carrington.................	+ 0,19	+ 0,19
18.			+ 0,15
18.	α Petite Ourse. P. I.................	+ 0,17	+ 0,14
19.			+ 0,10
19.	F = 1 Dragon. P. I.................	+ 0,17	+ 0,13
19.	L = 3441 Carrington.................	+ 0,21	+ 0,13
20.	F = 1 Dragon. P. I.................	+ 0,20	+ 0,16
20.			+ 0,24
20.	A = 2 Petite Ourse.................	+ 0,19	+ 0,19
23.	α Petite Ourse. P. I.................	+ 0,16	+ 0,16
23.			+ 0,15
23.			+ 0,15
23.	F = 1 Dragon. P. I.................	+ 0,10	+ 0,11
23.	L = 3441 Carrington.................	+ 0,12	+ 0,13
23.	A = 2 Petite Ourse.................	+ 0,16	+ 0,17
24.			+ 0,18

De ces deux séries d'observations résultent les valeurs moyennes suivantes :

POSITION DIRECTE (CERCLE EST).

LIMITES DE TEMPS.	COLL. POL.	COLLIM. HORIZ.	DIFFÉRENCE.	NOMBRE DE DÉTERMINATIONS.
	s	s	s	
Du 27 oct. au 1er nov..	$+ 0,132$	$+ 0,130$	$+ 0,002$	5-10
Du 2 nov. au 12 nov..	$+ 0,159$	$+ 0,149$	$+ 0,010$	22-29
Du 15 nov. au 24 nov.	$+ 0,162$	$+ 0,161$	$+ 0,001$	14-20

La différence est tellement faible qu'elle peut être uniquement attribuée aux inexactitudes accidentelles des observations, et dans la réduction nous avons adopté la moyenne des deux catégories de nombres; ainsi on a définitivement :

LIMITES DE TEMPS.	CERCLE EST.	CERCLE OUEST.
	c	$c - x$	$c - x$
	s	s	s
Du 27 oct. au 1er nov..........	$+ 0,131$	$+ 0,114$	$- 0,148$
Du 2 nov. au 11 nov.............	$+ 0,154$	$+ 0,137$	$- 0,171$
Du 11 nov. au 24 nov..........	$+ 0,161$	$+ 0,143$	$- 0,177$

INCLINAISON ET MOYENNES DES DIVERSES CONSTANTES INSTRUMENTALES.

L'inclinaison a été à peu près mesurée de vingt minutes en vingt minutes, et des lectures ont presque toujours été simultanément effectuées sur la mire.

La stabilité d'installation nous a permis de considérer ces éléments de réduction comme invariables durant toute la durée de chaque série d'observations relative à une même position de la lunette. Les moyennes des diverses déterminations individuelles en azimut et en inclinaison ont donc été formées pour les périodes successives avant et après les retournements de l'appareil.

RECHERCHE DE LA CORRECTION MOYENNE DE PENDULE
D'UNE SOIRÉE.

A l'aide des ascensions rectifiées par la première réduction, on a calculé les corrections de pendule, puis les moyennes pour chaque groupe relatif à une même position de la lunette; toutefois, avant de conclure la correction définitive d'une soirée, il a fallu procéder encore à un dernier examen de ces données moyennes, afin de pouvoir, comme on le verra plus loin, éviter l'influence de quelques causes de légères erreurs systématiques.

Selon le programme arrêté d'avance, les observateurs devaient s'efforcer d'obtenir, dans une soirée, un nombre égal de déterminations de l'heure dans les deux positions de la lunette, mais des difficultés de toute nature empêchent souvent dans la pratique de remplir cette condition; il arrive alors que certains écarts systématiques se révèlent entre les deux catégories de corrections de pendule, écarts qui peuvent provenir soit de faibles erreurs de certains éléments de réduction, soit d'une flexion anormale qui se présente quelquefois par la rotation de l'instrument.

Dans le cas où l'on remarque une telle différence constante, il faut, après avoir déterminé avec précision sa valeur numérique, rectifier préalablement toutes les données obtenues avant de conclure la correction définitive de la pendule. A cet effet, nous avons suivi le procédé suivant; soient :

$$C_{pe} \text{ et } C_{po},$$

les corrections moyennes de pendule qui résultent de l'observation de m et n étoiles faites respectivement dans les deux positions Est et Ouest de la lunette, et ramenées au même instant physique, on attribuera à la différence $C_{pe} - C_{po}$ le poids $\frac{m\,n}{m+n}$.

A l'aide de toutes les différences analogues, on formera la valeur moyenne cherchée dont il faut tenir compte, et pour établir ensuite un accord satisfaisant entre les deux séries d'observations, nous nous sommes laissé guider par les considérations suivantes. Si le résultat moyen était affranchi de toute erreur accidentelle, pour établir la compensation nécessaire, il faudrait appliquer la moitié de cette différence moyenne aux corrections moyennes de pendule de chaque série, mais cette dernière supposition n'est pas rigoureuse, car chacun de ces nombres particuliers $C_{pe} - C_{po}$ se trouve entaché de quelques inexactitudes d'origines diverses. Si l'on désigne par ε l'erreur probable d'une correction moyenne de pendule, la différence $C_{pe} - C_{po}$ correspondante se trouvera sujette à une erreur accidentelle $\varepsilon \sqrt{2}$; par conséquent, si P est le nombre des déterminations pareilles, l'erreur du résultat final sera $\dfrac{\varepsilon \sqrt{2}}{\sqrt{P}}$.

La différence moyenne obtenue sera, en général, une quantité de l'ordre de cette erreur probable, et tout au plus deux ou trois fois $\varepsilon \sqrt{\dfrac{2}{P}}$; il sera donc aussi naturel de l'attribuer à des causes purement accidentelles que d'y voir l'expression d'une anomalie systématique dont l'explication physique offre de grandes difficultés. Toutefois, pour faire la part des deux probabilités, nous ne prenons que le quart de la différence moyenne en question pour l'appliquer avec le signe convenable aux corrections moyennes de pendule.

Dans les observations d'Alger, la différence entre les corrections de pendule relatives aux positions Ouest et Est du cercle $C_{po} - C_{pe}$ donne un résultat égal à $+0^s,04$. En nous conformant à la règle développée plus haut, nous avons ajouté aux $C_{po} - 0^s,01$ et aux $C_{pe} + 0^s,01$. Une partie de l'écart constaté s'explique d'ailleurs naturellement; l'inégalité définitivement adoptée diffère un peu de celle qui est réellement utilisée. Pour faire correspondre la réduction à la vraie valeur de cette constante instrumentale, il aurait fallu diminuer les C_{pe} de $-0^s,005$ et augmenter les C_{po} de $+0^s,005$. La rectification nécessaire se trouve donc établie par la correction précédente.

Les feuilles suivantes renferment les détails les plus essentiels de la réduction des observations. La signification des diverses colonnes se trouve déjà fournie, page 44. Dans la détermination des poids p, nous nous sommes conformés aux règles exposées plus loin.

NOTA. — Nous avons réuni à la fin de ces tableaux toutes les observations faites à Alger pour la mesure de l'équation personnelle. Elles ont servi, comme celles de Paris, à la détermination des ascensions droites définitivement adoptées.

RÉDUCTION DES OBSERVATIONS DE PASSAGES
FAITES À ALGER PAR M. LŒWY.

29 OCTOBRE 1874.

NOMS.	P	N	PASSAGE OBSERVÉ.	I	T	A_c	C_p	C'_p	ASCENSION droite APPAR. CONCLUE.
			h m s	s	s	s	s	s	h m s
γ Poissons......	O	12	23.10.35,10	+ 0,01	35,11	40,81	+ 5,70	+ 5,68	23.10.40,79
96 Verseau......	O	13	23.12.49,18	+ 0,02	49,20	54,87	+ 5,67	+ 5,68	23.12.54,88
υ Pégase.......	O	13	23.19. 2,49	0,00	2,49	8,14	+ 5,65	+ 5,68	23.19. 8,17
$\varkappa$ Poissons......	O	13	23.20.25,47	+ 0,01	25,48	31,24	+ 5,76	+ 5,68	23.20.31,16
M Polaire.......	O	22	23.27.50,48	+ 0,74	51,22	55,55		+ 5,68	23.27.56,90
21 Poissons......	O	13	23.42.57,59	+ 0,01	57,60	3,29	+ 5,69	+ 5,68	23.43. 3,28
φ Pégase.......	O	13	23.45. 1,87	0,00	1,87	7,53	+ 5,66	+ 5,68	23.45. 7,55
ω Poissons......	O	13	23.52.47,73	0,00	47,73	53,40	+ 5,67	+ 5,68	23.52.53,41
30 Poissons......	O	13	23.55.27,15	+ 0,02	27,17	32,90	+ 5,73	+ 5,68	23.55.32,85
2 Baleine.......	O	10	23.57.14,59	+ 0,04	14,63	20,23	+ 5,60	+ 5,68	23.57.20,31
33 Poissons......	O	13	23.58.50,44	+ 0,02	50,46	56,18	+ 5,72	+ 5,68	23.58.56,14
α Andromède....	O	13	0. 1.49,80	− 0,01	49,79	55,44	+ 5,65	+ 5,68	0. 1.55,47
γ Pégase.......	O	13	0. 6.42,17	0,00	42,17	47,82	+ 5,65	+ 5,68	0. 6.47,85
δ Poissons......	E	13	0.42. 6,47	− 0,24	6,23	11,87	+ 5,64		
A Polaire.......	E	6	0.51. 3,98	− 2,80	1,18	7,05		+ 5,65	0.51. 6,83
A Polaire.......	O	3	0.51.59,56	+ 1,73	1,29	7,05		+ 5,64	0.51. 6,93
τ Poissons......	O	13	1. 4.40,94	+ 0,04	40,98	46,64	+ 5,66		
φ Poissons......	O	12	1. 6.52,06	+ 0,03	52,09	57,84	+ 5,75		
$\int$ Poissons......	O	13	1.11.15,46	+ 0,01	15,47	21,17	+ 5,70		
α Polaire.......	O	12	1.13.11,40	+ 5,83	17,23	21,83			
α Polaire.......	E	12	1.13.27,90	− 13,68	14,22	21,83			
η Poissons......	E	9	1.24.42,41	− 0,36	42,05	47,76	+ 5,71	+ 5,66	1.24.47,71
π Poissons......	E	12	1.30.23,10	− 0,35	22,75	28,46	+ 5,71	+ 5,66	1.30.28,41
ν Poissons......	E	13	1.35.50,40	− 0,33	50,07	55,73	+ 5,66	+ 5,66	1.35.55,73
o Poissons......	E	13	1.38.42,35	− 0,34	42,01	47,72	+ 5,71	+ 5,66	1.38.47,67
54 Baleine.......	E	13	1.44. 8,85	− 0,34	8,51	14,17	+ 5,66	+ 5,66	1.44.14,17
β Bélier........	E	13	1.47.38,96	− 0,38	38,58	44,21	+ 5,63	+ 5,66	1.47.44,24
60 Baleine.......	E	13	1.56.41,90	− 0,31	41,59	47,31	+ 5,72	+ 5,66	1.56.47,25
α Bélier........	E	13	1.59. 2,55	− 0,40	2,15	7,74	+ 5,59	+ 5,66	1.59. 7,81
15 Bélier........	E	13	2. 3.36,76	− 0,38	36,38	41,99	+ 5,61	+ 5,66	2. 3.42,04

NOMS.	P	N	PASSAGE OBSERVÉ.	I	T	A_c	C_p	C'_p	ASCENSION droite APPAR. CONCLUE.
			h m s	s	s			s	h m s
19 Bélier.......	E	13	2. 6. 9,08	− 0,36	8,72			+ 5,66	2. 6.14,38
67 Baleine......	E	13	2.10.39,87	− 0,29	39,58	45,23	+ 5,65	+ 5,66	2.10.45,24
o Baleine......	E	9	2.12.56,87	− 0,30	56,57	62,22	+ 5,65	+ 5,66	2.13. 2,23
ζ² Baleine......	E	13	2.21.25,68	− 0,34	25,34	30,99	+ 5,65	+ 5,66	2.21.31,00
27 Bélier.......	E	13	2.23.53,20	− 0,37	52,83	58,54	+ 5,71	+ 5,66	2.23.58,49
29 Bélier.......	E	13	2.25.58,16	− 0,36	57,80	3,53	+ 5,73	+ 5,66	2.26. 3,46
123 Piazzi.......	E	13	2.29. 8,50	− 0,33	8,17	13,83	+ 5,66	+ 5,66	2.29.13,83
δ Baleine......	E	13	2.32.59,44	− 0,31	59,13	4,82	+ 5,69	+ 5,66	2.33. 4,79
35 Bélier.......	E	13	2.36. 1,90	− 0,42	1,48	7,17	+ 5,69	+ 5,66	2.36. 7,14
845 Piazzi.......	E	12	2.38. 5,97	− 0,34	5,63	11,30	+ 5,67	+ 5,66	2.38.11,29
41 Bélier.......	E	9	2.42.32,50	− 0,41	32,09	37,75	+ 5,66	+ 5,66	2.42.37,75
δ Persée......	O	12	3.33.56,23	+ 0,01	56,24	61,88	+ 5,64	+ 5,67	3.34. 1,91
δ Éridan......	O	13	3.37.10,32	− 0,01	10,31	16,03	+ 5,72	+ 5,67	3.37.15,98
η Taureau.....	O	12	3.39.57,71	− 0,02	57,69	63,40	+ 5,71	+ 5,67	3.40. 3,36
27 Taureau.....	O	13	3.41.38,19	− 0,02	38,17	43,92	+ 5,75	+ 5,67	3.41.43,84
28 Taureau.....	O	10	3.41.39,43	− 0,02	39,41	45,11	+ 5,70	+ 5,67	3.41.45,08
ε Persée......	O	12	3.49.22,53	0,00	22,53	28,02	+ 5,49	+ 5,67	3.49.28,20

$$C_p \text{ moy.} = + 5{,}670 + 0{,}000\,(t - 1{,}47).$$

PÉRIODES DE TEMPS.	POS.	AZ.	INCL.	m	n	$c - x$
h h		s	p	s	s	s
De 23,2 à 0,1	O	− 0,02	− 1,36	− 0,11	− 0,06	+ 0,114
De 0,7 à 0,9	E	0,00	− 1,22	− 0,08	− 0,06	− 0,148
De 0,9 à 1,2	O	− 0,06	− 0,73	− 0,09	+ 0,01	+ 0,114
De 1,2 à 2,7	E	+ 0,04	− 2,72	− 0,16	− 0,17	− 0,148
De 3,6 à 3,8	O	− 0,06	− 1,39	− 0,13	− 0,02	+ 0,114

30 OCTOBRE 1874.

NOMS.	P	N	PASSAGE OBSERVÉ.	I	T	A_c	C_p	C'_p	ASCENSION droite APPAR. CONCLUE.
			h m s	s	s	s		s	h m s
L Polaire......	O	1	22.22.53,72	+ 0,42	54,14	59,28		+ 5,81	22.22.59,95
L Polaire......	E	11	22.22.56,30	− 3,04	53,26	59,28		+ 5,81	22.22.59,07
68 Verseau.....	E	13	22.40.44,40	− 0,26	44,14	49,91	+ 5,77	+ 5,81	22.40.49,95
μ Pégase......	E	13	22.43.52,33	− 0,33	52,00	57,72	+ 5,72	+ 5,81	22.43.57,81
λ Verseau.....	E	13	22.45.59,65	− 0,27	59,38	5,20	+ 5,82	+ 5,81	22.46. 5,19
α Poiss. austral..	E	13	22.50.38,77	− 0,26	38,51	44,29	+ 5,78	+ 5,81	22.50.44,32

NOMS.	P	N	PASSAGE OBSERVÉ.	I	T	A_c	C_p	C'_p	ASCENSION droite APPAR. CONCLUE.
			h m s	s	s	s	s	s	h m s
o Andromède....	E	12	22.56. 4,52	— 0,40	4,12	9,81	+ 5,69	+ 5,81	22.56. 9,93
α Pégase.......	E	13	22.58.26,15	— 0,31	25,84	31,64	+ 5,80	+ 5,81	22.58.31,65
58 Pégase.......	E	13	23. 3.37,94	— 0,30	37,64	43,45	+ 5,81	+ 5,81	23. 3.43,45
φ Verseau......	E	13	23. 7.45,04	— 0,27	44,77	50,63	+ 5,86	+ 5,81	23. 7.50,58
γ Poissons......	E	13	23.10.35,29	— 0,28	35,01	40,80	+ 5,79	+ 5,81	23.10.40,82
96 Verseau......	E	13	23.12.49,25	— 0,27	48,98	54,86	+ 5,88	+ 5,81	23.12.54,79
υ Pégase.......	E	13	23.19. 2,62	— 0,33	2,29	8,13	+ 5,84	+ 5,81	23.19. 8,10
$\varkappa$ Poissons......	E	13	23.20.25,55	— 0,28	25,27	31,23	+ 5,96	+ 5,81	23.20.31,08
M Polaire.......	E	3	23.27.54,70	— 4,03	50,67	55,28		+ 5,81	23.27.56,48
M Polaire.......	O	8	23.27.50,20	— 0,45	49,75	55,28		+ 5,87	23.27.55,62
i Poissons......	O	8	23.33.25,25	— 0,01	25,24	31,04	+ 5,80	+ 5,87	23.33.31,11
21 Poissons......	O	13	23.42.57,42	0,00	57,42	3,29	+ 5,87	+ 5,87	23.43. 3,29
φ Pégase.......	O	13	23.46. 1,73	— 0,04	1,69	7,53	+ 5,84	+ 5,87	23.46. 7,56
ω Poissons......	O	10	23.52.47,53	— 0,01	47,52	53,40	+ 5,88	+ 5,87	23.52.53,39
30 Poissons......	O	13	23.55.27,03	+ 0,02	27,05	32,90	+ 5,85	+ 5,87	23.55.32,92
2 Baleine.......	O	13	23.57.14,26	+ 0,05	14,31	20,23	+ 5,92	+ 5,87	23.57.20,18
33 Poissons......	O	13	23.58.50,28	+ 0,02	50,30	56,18	+ 5,88	+ 5,87	23.58.56,17
α Andromède....	O	13	0. 1.49,65	— 0,05	49,60	55,44	+ 5,84	+ 5,87	0. 1.55,47
17 BAC.........	O	10	0. 3.48,94	+ 0,01	48,95	54,80	+ 5,85	+ 5,87	0. 3.54,82
γ Pégase.......	O	13	0. 7.41,99	— 0,03	41,96	47,82	+ 5,86	+ 5,87	0. 7.47,83
35 Poissons......	O	13	0. 8.26,52	— 0,02	26,50	32,42	+ 5,92	+ 5,87	0. 8.32,37
57 BAC.........	O	13	0.11.16,53	0,00	16,53	22,48	+ 5,95	+ 5,87	0.11.22,40
ι Baleine.......	O	13	0.12.57,65	+ 0,02	57,67			+ 5,87	0.13. 3,54
10 Baleine.......	O	13	0.20. 6,85	0,00	6,85	12,76	+ 5,91	+ 5,87	0.20.12,72
12 Baleine.......	O	13	0.23.33,72	+ 0,01	33,73	39,61	+ 5,88	+ 5,87	0.23.39,60
51 Poissons......	O	12	0.25.50,92	— 0,01	50,91	56,81	+ 5,90	+ 5,87	0.25.56,78
13 Baleine.......	O	13	0.28.43,01	+ 0,01	43,02	48,89	+ 5,87	+ 5,87	0.28.48,89
π Andromède....	O	11	0.30. 6,45	— 0,05	6,40	12,26	+ 5,86	+ 5,87	0.30.12,27
55 Poissons......	O	12	0.33.14,91	— 0,04	14,87	20,73	+ 5,86	+ 5,87	0.33.20,74
β Baleine.......	O	13	0.37.13,21	+ 0,05	13,26	19,10	+ 5,84	+ 5,87	0.37.19,13
τ Poissons......	O	11	1. 4.40,91	— 0,05	40,86	46,64	+ 5,78	+ 5,87	1. 4.46,73
α Polaire.......	O	20	1.13.12,70	— 0,96	11,74	21,62			
α Polaire.......	E	20	1.13.21,90	— 6,86	15,04	21,62			
η Poissons......	E	13	1.24.42,17	— 0,26	41,91	47,77	+ 5,86	+ 5,84	1.24.47,75
π Poissons......	E	13	1.30.22,85	— 0,26	22,59	28,47	+ 5,88	+ 5,84	1.30.28,43
ν Poissons......	E	13	1.34.50,20	— 0,25	49,95	55,74	+ 5,79	+ 5,84	1.34.55,79
o Poissons......	E	13	1.38.42,18	— 0,25	41,93	47,73	+ 5,80	+ 5,84	1.38.47,77

NOMS.	P	N	PASSAGE OBSERVÉ.	l	T	A_c	C_p	C'_p	ASCENSION droite APPAR. CONCLUE.
			h m s	s	s	s	s	s	h m s
54 Baleine	E	13	1.44. 8,60	— 0,26	8,34	14,18	+ 5,84	+ 5,84	1.44.14,18
β Bélier.......	E	13	1.47.38,68	— 0,26	38,42	44,21	+ 5,79	+ 5,84	1.47.44,26
586 BAC........	E	10	1.49.20,67	— 0,25	20,42	26,35	+ 5,93	+ 5,84	1.49.26,26
58 Baleine......	E	13	1.51.32,84	— 0,25	32,59	38,52	+ 5,93	+ 5,84	1.51.38,43
67 Baleine......	E	13	2.10.39,64	— 0,25	39,39	45,23	+ 5,84	+ 5,84	2.10.45,23
ξ² Baleine......	E	13	2.21.25,40	— 0,25	25,15	30,96	+ 5,81	+ 5,84	2.21.30,99
27 Bélier.......	E	11	2.23.53,08	— 0,26	52,82	58,57	+ 5,75	+ 5,84	2.23.58,66
29 Bélier.......	E	13	2.25.57,93	— 0,26	57,67	3,54	+ 5,87	+ 5,84	2.26. 3,51

$$C_p \text{ moy.} = + 5{,}845 + 0{,}000 \, (t - 0{,}34).$$

PÉRIODES DE TEMPS.	POS.	AZ.	INCL.	m	n	$c - x$
h h		s	p	s	s	s
De 22,4 à 22,4	O	0,00	— 1,35	— 0,09	— 0,07	+ 0,114
De 22,4 à 23,5	E	— 0,02	— 1,72	— 0,13	— 0,08	— 0,148
De 23,5 à 1,2	O	+ 0,04	— 1,96	— 0,11	— 0,13	+ 0,114
De 1,2 à 2,4	E	— 0,05	+ 1,03	— 0,10	— 0,01	— 0,148

31 OCTOBRE 1874.

NOMS.	P	N	PASSAGE OBSERVÉ.	I	T	A_c	C_p	C'_p	ASCENSION droite APPAR. CONCLUE.
			h m s	s	s	s	s	s	h m s
ω Poissons.....	E	13	23.52.39,74	— 0,26	39,48	53,39	+ 13,91	+ 13,92	23.52.53,40
30 Poissons.....	E	13	23.55.19,19	— 0,24	18,95	32,89	+ 13,94	+ 13,92	23.55.32,87
2 Baleine......	E	13	23.56. 6,54	— 0,23	6,31	20,22	+ 13,91	+ 13,92	23.56.20,23
33 Poissons.....	E	13	23.58.42,45	— 0,24	42,21	56,17	+ 13,96	+ 13,92	23.58.56,13
α Andromède...	E	13	0. 1.41,86	— 0,31	41,55	55,43	+ 13,88	+ 13,92	0. 1.55,47
γ Pégase......	E	12	0. 6.34.16	— 0,28	33,88	47,81	+ 13,93	+ 13,92	0. 6.47,80
35 Poissons.....	E	10	0. 8.18,73	— 0,26	18,47	32,41	+ 13,94	+ 13,91	0. 8.32,38
57 BAC........	E	13	0.11. 8,74	— 0,25	8,49	22,48	+ 13,99	+ 13,91	0.11.22,40
ι Baleine......	E	13	0.12.49,82	— 0,24	49,58			+ 13,91	0.13. 3,49
10 Baleine......	E	13	0.19.59,09	— 0,25	58,84	12,76	+ 13,92	+ 13,91	0.20.12,75
12 Baleine......	E	13	0.23.25,98	— 0,24	25,74	39,61	+ 13,87	+ 13,91	0.23.39,65
51 Poissons.....	E	13	0.25.43,14	— 0,26	42,88	56,81	+ 13,93	+ 13,91	0.25.56,79
13 Baleine......	E	13	0.28.35,23	— 0,24	34,99	48,89	+ 13,90	+ 13,91	0.28.48,90
55 Poissons.....	E	13	0.33. 7,16	— 0,29	6,87	20,72	+ 13,85	+ 13,91	0.33.20,78
β Baleine......	E	13	0.37. 5,47	— 0,23	5,24	19,10	+ 13,86	+ 13,96	0.37.19,14
Aldébaran....	O	10	4.28.31,01	+ 0,16	31,17	44,92	+ 13,75	+ 13,84	4.28.45,01
π Orion........	O	11	4.42.49,39	+ 0,16	49,55	63,37	+ 13,82	+ 13,83	4.43. 3,38

NOMS.	P	N	PASSAGE OBSERVÉ.	I	T	A_c	C_p	C'_p	ASCENSION droite APPAR. CONCLUE.
			h m s	s	s	s	s	s	h m s
δ Orion........	O	13	5.25.23,20	+ 0,16	23,36	37,24	+ 13,88	+ 13,83	5.25.37,19
ε Orion........	O	13	5.29.38,19	+ 0,16	38,35	52,20	+ 13,85	+ 13,83	5.29.52,18
α Orion........	O	13	5.48.10,05	+ 0,16	10,21	24,07	+ 13,86	+ 13,83	5.48.24,04

$$C_p \text{ moy.} = + 13,887 - 0,020\,(t - 1,52).$$

PÉRIODES DE TEMPS.	POS.	AZ.	INCL.	m	n	$c - \varkappa$
h h		s	p	s	s	s
De 23,9 à 0,6	E	0,00	− 1,53	− 0,11	− 0,08	− 0,148
De 4,5 à 5,8	O	+ 0,04	+ 0,26	+ 0,04	− 0,02	+ 0,114

1er NOVEMBRE 1874.

NOMS.	P	N	PASSAGE OBSERVÉ.	I	T	A_c	C_p	C'_p	ASCENSION droite APPAR. CONCLUE.
			h m s	s	s	s	s	s	h m s
α Andromède...	O	13	0. 1.41,32	+ 0,03	41,35	55,42	+ 14,07	+ 14,11	0. 1.55,46
17 BAC........	O	13	0. 3.40,69	+ 0,05	40,74	54,87	+ 14,13	+ 14,11	0. 3.54,85
γ Pégase......	O	12	0. 6.33,68	+ 0,03	33,71	47,81	+ 14,10	+ 14,12	0. 6.47,83
ι Baleine......	O	12	0 12.49,40	+ 0,05	49,45			+ 14,12	0.13. 3,57
42 Poissons.....	O	10	0.15.43,21	+ 0,03	43,24	57,35	+ 14,11	+ 14,13	0.15.57,37
π Andromède...	O	13	0.29.58,19	+ 0,03	58,22	12,26	+ 14,04	+ 14,13	0.30.12,35
55 Poissons.....	O	13	0.33. 6,59	+ 0,03	6,62	20,72	+ 14,10	+ 14,14	0.33.20,76
58 Poissons.....	O	13	0.40.16,04	+ 0,03	16,07	30,23	+ 14,16	+ 14,14	0.40.30,21
δ Poissons.....	O	13	0.41.57,70	+ 0,03	57,73	11,87	+ 14,14	+ 14,14	0.42.11,87
A Polaire......	O	20	0.51.51,55	+ 0,71	52,26	6,75		+ 14,14	0.52. 6,40
ε Poissons.....	O	7	0.56.13,22	+ 0,03	13,25	27,40	+ 14,15	+ 14,15	0.56.27,40
η Baleine......	O	7	1. 2. 4,03	+ 0,05	4,08	18,30	+ 14,22	+ 14,15	1. 2.18,23
φ Poissons.....	O	13	1. 6.43,53	+ 0,03	43,56	57,83	+ 14,27	+ 14,15	1. 6.57,71
f Poissons.....	O	13	1.11. 6,97	+ 0,04	7,01	21,17	+ 14,16	+ 14,16	1.11.21,17
α Polaire P. S..	O	20	1.13. 0,95	+ 2,47	3,42	21,05		+ 14,16	1.13.17,58
η Poissons.....	O	13	1.24.33,54	+ 0,03	33,57	47,77	+ 14,20	+ 14,17	1.24.47,74
β Bélier.......	O	10	1.47.30,02	+ 0,03	30,05	44,22	+ 14,17	+ 14,18	1.47.44,23
67 Baleine......	E	12	2.10.31,39	− 0,18	31,21	45,25	+ 14,04	+ 14,05	2.10.45,26
ξ Baleine......	E	13	2.21.17,11	− 0,18	16,93	31,02	+ 14,09	+ 14,06	2.21.30,99
27 Bélier.......	E	13	2.23.44,76	− 0,19	44,57	58,59	+ 14,02	+ 14,06	2.23.58,63
29 Bélier.......	E	13	2.25.49,70	− 0,18	49,52	3,56	+ 14,04	+ 14,06	2.26. 3,58
123 Piazzi.......	E	12	2.28.59,96	− 0,18	59,78	13,86	+ 14,08	+ 14,07	2.29.13,85

NOMS.	P	N	PASSAGE OBSERVÉ.	I	T	A_c	C_p	C'_p	ASCENSION droite APPAR. CONCLUE.
			h m s	s	s	s	s	s	h m s
δ Baleine........	E	13	2.32.50,98	— 0,18	50,80	4,85	+ 14,05	+ 14,07	2.33. 4,87
41 Bélier.........	E	13	2.42.23,95	— 0,19	23,76	37,78	+ 14,02	+ 14,08	2.42.37,84
σ Bélier.........	E	11	2.44.21,75	— 0,18	21,57	35,69	+ 14,12	+ 14,08	2.44.35,65
ζ Persée........	E	13	3.46. 2,71	— 0,20	2,51	16,63	+ 14,12	+ 14,12	3.46.16,63
π' Orion.........	E	13	4.42.49,36	— 0,18	49,18	63,39	+ 14,21	+ 14,16	4.43. 3,34
ι Cocher........	E	13	4.48.37,22	— 0,21	37,01	51,19	+ 14,18	+ 14,16	4.48.51,17
ε Lièvre........	E	13	4.59.56,53	— 0,20	56,33	10,65	+ 14,32	+ 14,17	5. 0.10,50
β Orion.........	E	13	5. 8.17,89	— 0,18	17,71	31,90	+ 14,19	+ 14,17	5. 8.31,88
λ Cocher........	E	7	5.10. 7,03	— 0,23	6,80	20,83	+ 14,03	+ 14,17	5.10.20,97
β Taureau......	E	12	5.18. 9,33	— 0,20	9,13	23,29	+ 14,16	+ 14,18	5.18.23,31
α Lièvre	E	9	5.26.59,23	— 0,19	59,04	13,26	+ 14,22	+ 14,19	5.27.13,23
ε Orion........	E	13	5.29.38,25	— 0,18	38,07	52,23	+ 14,16	+ 14,19	5.29.52,26

$$C_p \text{ moy.} = + 14{,}132 + 0{,}040 \, (t - 2{,}40).$$

PÉRIODES DE TEMPS.	POS.	AZ.	INCL.	m	n	$c - \varkappa$
h h		s	p	s	s	s
De 0,0 à 1,8	0	0,00	— 1,00	— 0,07	— 0,05	+ 0,114
De 2,2 à 5,5	E	— 0,03	— 0,18	— 0,03	+ 0,01	— 0,148

2 NOVEMBRE 1874.

NOMS.	P	N	PASSAGE OBSERVÉ.	I	T	A_c	C_p	C'_p	ASCENSION droite APPAR. CONCLUE.
			h m s	s	s	s	s	s	h m s
λ Verseau	E	10	22.45.46,75	— 0,08	46,67	5,16	+ 18,49	+ 18,46	22.46. 5,13
α Poiss. austral...	E	12	22.50.25,85	— 0,08	25,77	44,25	+ 18,48	+ 18,46	22.50.44,23
o Andromède....	E	13	22.55.51,53	— 0,20	51,33	9,76	+ 18,43	+ 18,46	22.56. 9,79
α Pégase........	E	13	22.58.13,20	— 0,11	13,09	31,61	+ 18,52	+ 18,46	22.58.31,55
58 Pégase........	E	12	23. 3.25,04	— 0,10	24,94	43,42	+ 18,48	+ 18,46	23. 3.43,40
γ Poissons......	E	12	23.10.22,46	— 0,09	22,37	40,77	+ 18,40	+ 18,46	23.10.40,83
96 Verseau	E	13	23.12.36,41	— 0,09	36,32	54,83	+ 18,51	+ 18,46	23.12.54,78
υ Pégase........	E	12	23.18.49,87	— 0,13	49,74	8,10	+ 18,36	+ 18,46	23.19. 8,20
$\varkappa$ Poissons......	E	13	23.20.12,80	— 0,09	12,71	31,21	+ 18,50	+ 18,46	23.20.31,17
M Polaire........	E	18	23.27.42,40	— 3,82	38,58	54,38		+ 18,46	23.27.57,04
M Polaire........	0	20	23.27.36,58	+ 1,19	37,77	54,38		+ 18,46	23.27.56,23
21 Poissons......	0	13	23.42.44,71	+ 0,15	44,86	3,26	+ 18,40	+ 18,46	23.43. 3,32
φ Pégase........	0	13	23.45.48,95	+ 0,13	49,08	7,51	+ 18,43	+ 18,46	23.46. 7,54

NOMS.	P	N	PASSAGE OBSERVÉ.	I	T	A_c	C_p	C'_p	ASCENSION droite APPAR. CONCLUE.
			h m s	s	s	s	s	s	h m s
ω Poissons.....	O	13	23.51.34,77	+ 0,14	34,91	53,38	+ 18,47	+ 18,46	23.51.53,37
30 Poissons.....	O	13	23.55.14,24	+ 0,16	14,40	32,88	+ 18,48	+ 18,47	23.55.32,87
2 Baleine......	O	13	23.57. 1,55	+ 0,18	1,73	20,20	+ 18,47	+ 18,47	23.57.20,20
33 Poissons.....	O	13	23.58.37,51	+ 0,16	37,67	56,16	+ 18,49	+ 18,47	23.58.56,14
α Andromède...	O	8	0. 1.36,85	+ 0,13	36,98	55,41	+ 18,43	+ 18,47	0. 1.55,45
17 BAC........	O	11	0. 3.36,13	+ 0,16	36,29	54,86	+ 18,57	+ 18,47	0. 3.54,76
γ Pégase......	O	13	0. 6.29,17	+ 0,14	29,31	47,80	+ 18,49	+ 18,47	0. 6.47,78
35 Poissons.....	O	13	0. 8.13,70	+ 0,14	13,84	32,40	+ 18,56	+ 18,47	0. 8.32,31
57 BAC........	O	13	0.11. 3,81	+ 0,15	3,96	22,47	+ 18,51	+ 18,47	0.11.22,43
ι Baleine......	O	13	0.12.44,91	+ 0,16	45,07			+ 18,47	0.13. 3,54
81 BAC........	O	12	0.17.47,74	+ 0,15	47,89	6,41	+ 18,52	+ 18,47	0.18. 6,36
10 Baleine......	O	13	0.19.54,10	+ 0,15	54,25	12,75	+ 18,50	+ 18,47	0.20.12,72
12 Baleine......	O	13	0.23.20,96	+ 0,16	21,12	39,60	+ 18,48	+ 18,47	0.23.39,59
51 Poissons.....	O	13	0.25.38,20	+ 0,14	38,34	56,80	+ 18,46	+ 18,48	0.25.56,82
13 Baleine......	O	13	0.28.30,29	+ 0,16	30,45	48,88	+ 18,43	+ 18,48	0.28.48,93
π Andromède...	O	11	0.29.53,68	+ 0,13	53,81	12,24	+ 18,43	+ 18,48	0.30.12,29
55 Poissons.....	O	13	0.33. 2,13	+ 0,13	2,26	20,72	+ 18,46	+ 18,48	0.33.20,74
β Baleine......	O	13	0.37. 0,47	+ 0,18	0,65	19,09	+ 18,44	+ 18,48	0.37.19,13
58 Poissons.....	O	13	0.40.11,65	+ 0,14	11,79	30,23	+ 18,44	+ 18,48	0.40.30,27
δ Poissons.....	O	12	0.41.53,25	+ 0,14	53,39	11,86	+ 18,47	+ 18,48	0.42.11,87
A Polaire......	O	20	0.51.47,92	+ 0,92	47,94	6,62		+ 18,48	0.52. 6,42
A Polaire......	E	20	0.51.52,03	− 3,85	48,18	6,62		+ 18,46	0.52. 6,64
τ Poissons.....	E	7	1. 4.28,78	− 0,48	28,30	46,65		+ 18,46	1. 4.46,76
φ Poissons.....	E	10	1. 6.39,84	− 0,45	39,39	57,83	+ 18,44	+ 18,46	1. 6.57,85
π Poissons.....	E	13	1.30.10,44	− 0,42	10,02	28,48	+ 18,46	+ 18,46	1.30.28,48
υ Poissons.....	E	13	1.34.37,68	− 0,40	37,28	55,75	+ 18,47	+ 18,47	1.34.55,75
o Poissons.....	E	13	1.38.29,72	− 0,41	29,31	47,74	+ 18,43	+ 18,47	1.38.47,78
4 Bélier.......	E	13	1.41. 6,27	− 0,43	5,84			+ 18,47	1.41.24,31
54 Baleine......	E	13	1.43.56,12	− 0,41	55,71	14,19	+ 18,48	+ 18,47	1.44.14,18
β Bélier.......	E	13	1.47.26,30	− 0,44	25,86	44,23	+ 18,37	+ 18,47	1.47.44,33
15 Bélier.......	E	13	2. 3.23,97	− 0,44	23,53	42,02	+ 18,49	+ 18,48	2. 3.42,01
19 Bélier.......	E	13	2. 5.56,25	− 0,42	55,83			+ 18,48	2. 6.14,31
67 Baleine......	E	7	2.10.27,18	− 0,38	26,80	45,26	+ 18,46	+ 18,48	2.10.45,28
ξ² Baleine......	E	13	2.21.12,95	− 0,41	12,54	31,03	+ 18,49	+ 18,48	2.21.31,02
27 Bélier	E	13	2.23.40,52	− 0,43	40,09	58,60	+ 18,51	+ 18,48	2.23.58,57
29 Bélier.......	E	13	2.25.45,56	− 0,42	45,14	3,57	+ 18,43	+ 18,48	2.26. 3,62
123 Piazzi.......	E	9	2.28.55,80	− 0,40	55,40	13,87	+ 18,47	+ 18,48	2.29.13,88
δ Baleine......	E	13	2.32.46,78	− 0,39	46,39	4,86	+ 18,47	+ 18,48	2.33. 4,87
35 Bélier.......	E	13	2.35.49,22	− 0,47	48,75	7,22	+ 18,47	+ 18,49	2.36. 7,24
845 BAC........	E	13	2.38.53,26	− 0,41	52,85	11,35	+ 18,50	+ 18,49	2.39.11,34
41 Bélier.......	E	13	2.42.19,79	− 0,47	19,32	37,80	+ 18,48	+ 18,49	2.42.37,81

NOMS.	P	N	PASSAGE OBSERVÉ.	l	T	A_c	C_p	C'_p	ASCENSION droite APPAR. CONCLUE.
			h m s	s	s	s	s	s	h m s
σ Bélier......	E	11	2.44.17,61	— 0,42	17,19	35,71	+ 18,52	+ 18,49	2.44.35,68
η Éridan......	E	9	2.50. 1,62	— 0,37	1,25	19,69	+ 18,44	+ 18,49	2.50.19,74
α Baleine.....	E	13	2.55.26,89	— 0,40	26,49	45,02	+ 18,53	+ 18,49	2.55.44,98
δ Bélier......	E	13	3. 4.10,96	— 0,44	10,52	29,11	+ 18,59	+ 18,50	3. 4.29,02
5140 BAC P. I....	E	20	3.17.33,98	+ 6,79	40,77	2,28		+ 18,50	3.17.59,27
5140 BAC P. I....	O	20	3.17.40,85	— 0,59	40,26	2,28		+ 18,53	3.17.58,79
δ Éridan......	O	11	3.36.57,45	+ 0,08	57,53	16,09	+ 18,56	+ 18,53	3.37.16,06
24 Taureau	O	7	3.39.36,82	+ 0,01	36,83			+ 18,53	3.39.55,36
η Taureau	O	5	3.39.44,99	+ 0,01	45,00	63,47	+ 18,47	+ 18,53	3.40. 3,53
27 Taureau	O	8	3.41.25,49	+ 0,01	25,50	44,00	+ 18,50	+ 18,53	3.41.44,03
28 Taureau	O	6	3.41.26,64	+ 0,01	26,65	45,19	+ 18,54	+ 18,53	3.41.45,18
ζ Persée......	O	13	3.45.58,09	0,00	58,09	16,65	+ 18,56	+ 18,53	3.46.16,62
ε Persée......	O	13	3.49. 9,68	— 0,01	9,67	28,21	+ 18,54	+ 18,53	3.49.28,20
ε Taureau	O	13	4.21. 0,61	+ 0,02	0,63	19,16	+ 18,53	+ 18,54	4.21.19,17
α Taureau	O	8	4.28.26,29	+ 0,02	26,31	44,96	+ 18,65	+ 18,55	4.28.44,86
β Orion......	O	13	5. 8.13,38	+ 0,03	13,41	31,93	+ 18,52	+ 18,56	5. 8.31,97
λ Cocher......	O	10	5.10. 2,32	— 0,01	2,31	20,86	+ 18,55	+ 18,56	5.10.20,87

$$C_p \text{ moy.} = + 18{,}484 \overset{s}{} + 0{,}020 \overset{s}{} (t \overset{h}{} - 1{,}32 \overset{h}{}).$$

PÉRIODES DE TEMPS.	POS.	AZ.	INCL.	m	n	$c - \varkappa$
h h		s	p	s	s	s
De 22,8 à 23,5	E	+ 0,10	+ 0,30	+ 0,08	— 0,06	— 0,171
De 23,5 à 0,9	O	+ 0,06	— 0,59	+ 0,01	— 0,07	+ 0,137
De 0,9 à 3,3	E	— 0,04	— 2,85	— 0,22	— 0,11	— 0,171
De 3,3 à 5,2	O	+ 0,04	— 1,72	— 0,09	— 0,12	+ 0,137

3 NOVEMBRE 1874.

NOMS.	P	N	PASSAGE OBSERVÉ.	I	T	A_c	C_p	C'_p	ASCENSION droite APPAR. CONCLUE.
			h m s	s	s	s	s	s	h m s
β Cygne........	E	12	19.25.20,87	— 0,23	20,64	39,32	+ 18,68	+ 18,69	19.25.39,33
γ Aigle........	E	13	19.39.59,10	— 0,19	58,91	17,57	+ 18,66	+ 18,70	19.40.17,61
α Aigle........	E	5	19.44.21,01	— 0,18	20,83	39,60	+ 18,77	+ 18,70	19.44.39,53
η Aigle........	E	12	19.45.46,32	— 0,17	46,15	4,88	+ 18,73	+ 18,70	19.46. 4,85
β Aigle........	E	13	19.48.50,44	— 0,18	50,26	8,98	+ 18,72	+ 18,70	19.49. 8,96
θ Aigle........	E	13	20. 4.31,41	— 0,17	31,24	49,95	+ 18,71	+ 18,70	20. 4.49,94
α' Capricorne....	E	12	20.10.23,22	— 0,16	23,06	41,78	+ 18,72	+ 18,70	20.10.41,76

NOMS.	P	N	PASSAGE OBSERVÉ.	I	T	A_c	C_p	C'_p	ASCENSION droite APPAR. CONCLUE.
			h m s	s	s	s	s	s	h m s
α^2 Capricorne....	E	10	20.10.47,26	− 0,16	47,10	5,75	+ 18,65	+ 18,70	20.11. 5,80
β^2 Capricorne....	E	13	20.13.39,36	− 0,15	39,21	57,90	+ 18,69	+ 18,70	20.13.57,91
23 Hévélius......	E	13	20.16.39,28	− 0,18	39,10	57,83	+ 18,73	+ 18,70	20.16.57,80
π Capricorne....	E	13	20.19.50,03	− 0,15	49,88	8,59	+ 18,71	+ 18,70	20.20. 8,58
ρ Capricorne....	E	13	20.21.23,86	− 0,15	23,71	42,49	+ 18,78	+ 18,70	20.21.42,41
69 Aigle........	E	13	20.22.47,18	− 0,16	47,02	5,75	+ 18,73	+ 18,71	20.23. 5,73
ϵ Dauphin......	E	13	20.26.54,73	− 0,19	54,54	13,26	+ 18,72	+ 18,71	20.27.13,25
β Dauphin......	E	11	20.29. 8,85	− 0,20	8,65			+ 18,71	20.29.27,36
K Polaire.......	E	20	20.34.19,33	− 1,58	17,75	36,21		+ 18,71	20.34.36,46
3 Verseau......	E	7	20.41.48,72	− 0,16	48,56	7,33	+ 18,77	+ 18,71	20.42. 7,27
15 Dauphin......	E	13	20.43.20,76	− 0,19	20,57	39,24	+ 18,67	+ 18,71	20.43.39,28
γ Verseau......	E	13	20.45.34,99	− 0,16	34,83	53,54	+ 18,71	+ 18,71	20.45.53,54
α Pégase.......	E	9	22.58.13,11	− 0,20	12,91	31,60	+ 18,69	+ 18,73	22.58.31,64
58 Pégase.......	E	13	23. 3.24,92	− 0,19	24,73	43,41	+ 18,68	+ 18,73	23. 3.43,46
φ Verseau......	E	13	23. 7.32,07	− 0,16	31,91	50,60	+ 18,69	+ 18,73	23. 7.50,64
γ Poissons......	E	13	23.10.22,21	− 0,17	22,04	40,77	+ 18,73	+ 18,73	23.10.40,77
96 Verseau......	E	13	23.12.36,26	− 0,16	36,10	54,83	+ 18,73	+ 18,73	23.12.54,83
$\varkappa$ Poissons......	E	12	23.20.12,65	− 0,17	12,48	31,20	+ 18,72	+ 18,73	23.20.31,21
M Polaire.......	E	23	23.27.39,62	− 4,24	35,38	54,09		+ 18,73	23.27.54,11
M Polaire.......	0	19	23.27.33,72	+ 1,37	35,09	54,09		+ 18,73	23.27.53,82
21 Poissons......	0	13	23.42.44,31	+ 0,16	44,47	3,26	+ 18,79	+ 18,73	23.43. 3,20
φ Pégase.......	0	13	23.45.48,60	+ 0,15	48,75	7,51	+ 18,76	+ 18,73	23.46. 7,48
ω Poissons......	0	13	23.52.34,50	+ 0,15	34,65	53,37	+ 18,72	+ 18,73	23.52.53,38
30 Poissons......	0	13	23.55.13,97	+ 0,17	14,14	32,87	+ 18,73	+ 18,73	23.55.32,87
2 Baleine.......	0	13	23.57. 1,28	+ 0,19	1,47	20,20	+ 18,73	+ 18,73	23.57.20,20
33 Poissons......	0	13	23.58.37,24	+ 0,17	37,41	56,15	+ 18,74	+ 18,73	23.58.56,14
α Andromède....	0	13	0. 1.36,52	+ 0,15	36,67	55,41	+ 18,74	+ 18,73	0. 1.55,40
17 BAC.........	0	13	0. 3.35,96	+ 0,17	36,13	54,86	+ 18,73	+ 18,73	0. 3.54,86
γ Pégase.......	0	13	0. 6.28,90	+ 0,15	29,05	47,80	+ 18,75	+ 18,73	0. 6.47,78
35 Poissons......	0	11	0. 8.13,50	+ 0,15	13,65	32,40	+ 18,75	+ 18,73	0. 8.32,38
57 BAC.........	0	13	0.11. 3,55	+ 0,16	3,71	22,47	+ 18,76	+ 18,73	0.11.22,44
1 Baleine.......	0	13	0.11.44,63	+ 0,17	44,80			+ 18,73	0.12. 3,53
42 Poissons......	0	13	0.15.38,47	+ 0,15	38,62	57,35	+ 18,73	+ 18,74	0.15.57,36
81 BAC.........	0	13	0.17.47,56	+ 0,16	47,72	6,41	+ 18,69	+ 18,74	0.18. 6,46
10 Baleine.......	0	13	0.19.53,83	+ 0,16	53,99	12,75	+ 18,76	+ 18,74	0.20.12,73
12 Baleine.......	0	13	0.23.20,69	+ 0,16	20,85	39,60	+ 18,75	+ 18,74	0.23.39,59
51 Poissons......	0	13	0.25.37,95	+ 0,15	38,10	56,80	+ 18,70	+ 18,74	0.25.56,84
13 Baleine.......	0	13	0.28.29,99	+ 0,16	30,15	48,88	+ 18,73	+ 18,74	0.28.48,89
π Andromède....	0	11	0.29.53,44	+ 0,15	53,59	12,24	+ 18,65	+ 18,74	0.30.12,33

NOMS.	P	N	PASSAGE OBSERVÉ.	I	T	A_c	C_p	C'_p	ASCENSION droite APPAR. CONCLUE.
			h m s	s	s	s	s	s	h m s
55 Poissons......	O	13	0.33. 1,85	+ 0,15	2,00	20,72	+ 18,72	+ 18,74	0.33.20,74
β Baleine.......	O	13	0.37. 0,16	+ 0,19	0,35	19,09	+ 18,74	+ 18,74	0.37.19,09
58 Poissons......	O	13	0.40.11,31	+ 0,15	11,46	30,23	+ 18,77	+ 18,74	0.40.30,20
δ Poissons......	O	13	0.41.52,93	+ 0,15	53,08	11,86	+ 18,78	+ 18,74	0.42.11,82
A Polaire.......	O	20	0.51.45,90	+ 1,06	46,96	6,50		+ 18,74	0.52. 5,70
A Polaire.......	E		0.51.50,42	− 3,55	46,87	6,50		+ 18,86	0.52. 5,73
η Baleine.......	E	12	1. 1.59,70	− 0,20	59,50	18,30	+ 18,80		
τ Poissons......	E	13	1. 4.28,15	− 0,30	27,85	46,65	+ 18,80		
φ Poissons......	E	13	1. 6.39,13	− 0,28	38,85	57,83	+ 18,98		
α Petite Ourse...	E	12	1.13.13,19	− 11,46	1,73	20,40			
α Petite Ourse...	O	12	1.12.59,32	+ 2,50	1,82	20,40			
41 Bélier........	O	13	2.42.18,80	+ 0,08	18,88	37,81	+ 18,93	+ 18,91	2.42.37,79
σ Bélier........	O	13	2.44.16,70	+ 0,08	16,78	35,72	+ 18,94	+ 18,91	2.44.35,69
η Éridan.......	O	13	2.50. 0,54	+ 0,11	0,65	19,70	+ 19,05	+ 18,91	2.50.19,56
ε Bélier........	O	13	2.51.45,10	+ 0,08	45,18	4,11	+ 18,93	+ 18,91	2.52. 4,09
α Baleine.......	O	13	2.55.26,00	+ 0,10	26,10	45,03	+ 18,93	+ 18,91	2.55.45,01
β Persée	O	13	2.59.43,65	+ 0,08	43,73	62,51		+ 18,91	3. 0. 2,64
δ Bélier........	O	13	3. 4.10,14	+ 0,08	10,22	29,12	+ 18,90	+ 18,91	3. 4.29,13
12 Éridan.......	O	11	3. 6.27,40	+ 0,17	27,57	46,51	+ 18,94	+ 18,91	3. 6.46,48
ε Éridan.......	O	13	3.26.43,93	+ 0,12	44,05	62,98	+ 18,93	+ 18,92	3.27. 2,97
9 Taureau......	O	13	3.28.18,28	+ 0,08	18,36	37,25	+ 18,89	+ 18,92	3.28.37,28
δ Persée	O	13	3.34.43,11	+ 0,08	43,19	61,99	+ 18,80	+ 18,92	3.35. 2,11
24 Taureau......	O	12	3.39.36,33	+ 0,08	36,41			+ 18,92	3.39.55,33
η Taureau......	O	12	3.39.44,47	+ 0,08	44,55	63,49	+ 18,94	+ 18,92	3.40. 3,47
27 Taureau......	O	13	3.41.25,05	+ 0,08	25,13	44,01	+ 18,88	+ 18,92	3.41.44,05
28 Taureau......	O	13	3.41.26,28	+ 0,08	26,36	45,20	+ 18,84	+ 18,92	3.41.45,28
ε Taureau......	O	13	4.21. 0,19	+ 0,08	0,27	19,18	+ 18,91	+ 18,93	4.21.19,20

$$C_p \text{ moy.} = + 18{,}771 + 0{,}010\,(t - 23{,}66).$$

PÉRIODES DE TEMPS.	POS.	AZ.	INCL.	m	n	$c - x$
h h		s	p	s	s	s
De 19,4 à 23,5	E	+ 0,07	− 0,54	0,00	− 0,08	− 0,171
De 23,5 à 0,9	O	+ 0,06	− 0,27	+ 0,02	− 0,06	+ 0,137
De 0,9 à 1,2	E	+ 0,05	− 1,17	− 0,05	− 0,10	− 0,171
De 1,2 à 4,3	O	+ 0,04	− 0,97	− 0,04	− 0,08	+ 0,137

4 NOVEMBRE 1874.

NOMS.	P	N	PASSAGE OBSERVÉ.	I	T	A_c	C_p	C'_p	ASCENSION droite APPAR. CONCLUE.
			h m s	s	s	s	s	s	h m s
δ Aigle........	O	10	19.18.50,87	+ 0,15	51,02	10,17	+ 19,15	+ 19,14	19.19.10,16
β Cygne......	O	10	19.25.20,05	+ 0,13	20,18	39,30	+ 19,12	+ 19,15	19.25.39,33
γ Aigle........	O	7	19.39.58,26	+ 0,14	58,40	17,55	+ 19,15	+ 19,15	19.40.17,55
δ Sagittaire....	O	13	19.41.28,07	+ 0,13	28,20	47,38	+ 19,18	+ 19,15	19.41.47,35
α Aigle........	O	12	19.44.20,32	+ 0,14	20,46	39,58	+ 19,12	+ 19,15	19.44.39,61
η Aigle........	O	13	19.45.45,59	+ 0,15	45,74	4,86	+ 19,12	+ 19,15	19.46. 4,89
β Aigle........	O	10	19.48.49,64	+ 0,14	49,78	8,96	+ 19,18	+ 19,15	19.49. 8,93
θ Aigle........	O	13	20. 4.30,65	+ 0,15	30,80	49,93	+ 19,13	+ 19,15	20. 4.49,95
α' Capricorne....	O	11	20.10.22,43	+ 0,17	22,60	41,76	+ 19,16	+ 19,15	20.10.41,75
α² Capricorne....	O	12	20.10.46,51	+ 0,17	46,68	5,73	+ 19,05	+ 19,15	20.11. 5,83
β Capricorne....	O	13	20.13.38,51	+ 0,18	38,69	57,88	+ 19,19	+ 19,15	20.13.57,84
γ Cygne........	O	13	20.17.24,09	+ 0,13	24,22	43,19	+ 18,97	+ 19,15	20.17.43,37
π Capricorne....	O	10	20.19.49,14	+ 0,18	49,32	8,58	+ 19,26	+ 19,16	20.20. 8,48
69 Aigle........	O	11	20.22.46,34	+ 0,15	46,49	5,73	+ 19,24	+ 19,16	20.23. 5,65
ε Dauphin......	O	13	20.26.53,90	+ 0,14	54,04	13,25	+ 19,21	+ 19,16	20.27.13,20
β Dauphin......	O	13	20.31.20,68	+ 0,13	20,81	40,05	+ 19,24	+ 19,16	20.31.39,97
3₂ Petit Renard...	E	13	20.48.53,78	− 0,15	53,63	12,82	+ 19,19	+ 19,09	20.49.12,72
ν Cygne.......	E	13	20.52.10,82	− 0,24	10,58	29,65	+ 19,07	+ 19,09	20.52.29,67
θ Capricorne....	E	13	20.58.35,15	− 0,12	35,03	54,07	+ 19,04	+ 19,09	20.58.54,12
61 Cygne........	E	13	21. 0.57,71	− 0,23	57,48	16,53	+ 19,05	+ 19,09	21. 1.16,57
6₂ Cygne........	E	13	21. 0.59,32	− 0,23	59,09	18,05		+ 19,09	21. 1.18,18
γ Petit Cheval...	E	13	21. 3.55,83	− 0,15	55,68	14,76	+ 19,08	+ 19,09	21. 4.14,77
ζ Cygne.......	E	13	21. 7.17,06	− 0,19	16,87	35,95	+ 19,08	+ 19,09	21. 7.35,96
α Petit Cheval...	E	13	21. 9.14,55	− 0,14	14,41	33,52	+ 19,11	+ 19,09	21. 9.33,50
υ Pégase.......	E	13	23.18.49,15	− 0,17	48,98	8,09	+ 19,11	+ 19,12	23.19. 8,10
ϰ Poissons......	E	8	23.20.12,08	− 0,14	11,94	31,19		+ 19,12	23.20.31,06
ι Poissons......	E	10	23.33.12,10	− 0,14	11,96	31,00	+ 19,04	+ 19,12	23.33.31,08
21 Poissons......	E	9	23.42.44,34	− 0,14	44,20	3,25	+ 19,05	+ 19,12	23.43. 3,32
φ Pégase.......	E	11	23.45.48,61	− 0,15	48,46	7,51	+ 19,05	+ 19,12	23.46. 7,58
ω Poissons......	E	13	23.52.34,44	− 0,14	34,30	53,37	+ 19,07	+ 19,12	23.52.53,42
30 Poissons......	E	10	23.55.13,89	− 0,13	13,76	32,87	+ 19,11	+ 19,12	23.55.32,88
2 Baleine......	E	13	23.57. 1,19	− 0,12	1,07	20,19	+ 19,12	+ 19,12	23.57.20,19
33 Poissons......	E	13	23.58.37,16	− 0,13	37,03	56,15	+ 19,12	+ 19,12	23.58.56,15
57 BAC........	E	12	0.11. 3,38	− 0,14	3,24	22,46	+ 19,22	+ 19,12	0.11.22,36
ι Baleine......	E	13	0.12.44,44	− 0,13	44,31			+ 19,12	0.13. 3,43
4₂ Poissons.....	E	12	0.15.38,36	− 0,16	38,20	57,34	+ 19,14	+ 19,12	0.15.57,32
10 Baleine......	E	10	0.19.53,70	− 0,14	53,56	12,74	+ 19,18	+ 19,13	0.20.12,69
12 Baleine......	E	13	0.23.20,55	− 0,14	20,4..	39,69	+ 19,19	+ 19,13	0.23.39,54
51 Poissons.....	E	13	0.25.37,76	− 0,14	37,62	56,80	+ 19,18	+ 19,13	0.25.56,75

13

NOMS.	P	N	PASSAGE OBSERVÉ.	I	T	A_c	C_p	C'_p	ASCENSION droite APPAR. CONCLUE.
			h m s	s	s	s	s	s	h m s
13 Baleine.......	E	13	0.28.29,89	−0,14	29,75	48,88	+19,13	+19,13	0.28.48,88
55 Poissons......	E	13	0.33. 1,75	−0,17	1,58	20,72	+19,14	+19,13	0.33.20,71
β Baleine.......	E	13	0.37. 0,08	−0,12	59,96	19,09	+19,13	+19,13	0.37.19,09
58 Poissons......	E	13	0.40.11,24	−0,15	11,09	30,23	+19,14	+19,13	0.40.30,22
δ Poissons......	E	13	0.41.52,86	−0,14	52,72	11,86	+19,14	+19,13	0.42.11,85
A Polaire.......	E	20	0.51.49,81	−2,82	46,99	6,38		+19,13	0.52. 6,12
δ Persée.......	O	5	3.33.42,62	+0,18	42,80	62,01	+19,21	+19,29	3.34. 2,09
δ Éridan.......	O	11	3.36.56,59	+0,17	56,76	16,11	+19,35	+19,30	3.37.16,06
24 Taureau......	O	13	3.39.35,94	+0,15	36,09			+19,30	3.39.55,39
η Taureau......	O	9	3.39.44,00	+0,15	44,15	63,51	+19,36	+19,30	3.40. 3,45
27 Taureau......	O	13	3.41.24,49	+0,15	24,64	44,03	+19,39	+19,30	3.41.43,94
28 Taureau......	O	13	3.41.25,77	+0,15	25,92	45,22	+19,30	+19,30	3.41.45,22
o² Éridan.......	O	13	4. 9.12,08	+0,17	12,25	31,53	+19,28	+19,30	4. 9.31,55
ε Taureau......	O	13	4.20.59,73	+0,15	59,88	19,20	+19,32	+19,30	4.21.19,18
α Taureau......	O	13	4.28.25,53	+0,15	25,68	45,00	+19,32	+19,30	4.28.44,98
π Orion.......	O	13	4.42.43,99	+0,16	44,15	63,45	+19,30	+19,31	4.43. 3,46
ι Cocher.......	O	12	4.48.31,86	+0,16	32,02	51,27	+19,25	+19,31	4.48.51,33
β Orion.......	O	7	5. 8.12,45	+0,15	12,60	31,97	+19,37	+19,31	5. 8.31,91
λ Cocher.......	O	12	5.10. 1,56	+0,16	1,72	20,92	+19,20	+19,31	5.10.21,03

$$C_p \text{ moy.} = +19{,}171 + 0{,}010\,(t - 23{,}34).$$

PÉRIODES DE TEMPS.	POS.	AZ.	INCL.	m	n	$c - x$
h h		s	p	s	s	s
De 19,3 à 20,5	O	+0,07	−0,41	+0,01	−0,08	+0,137
De 20,8 à 0,9	E	+0,06	−0,08	+0,03	−0,05	−0,171
De 3,6 à 5,2	O	+0,05	−0,07	+0,03	−0,04	+0,137

6 NOVEMBRE 1874.

NOMS.	P	N	PASSAGE OBSERVÉ.	l	T	A_c	C_p	C'_p	ASCENSION droite APPAR. CONCLUE.
			h m s	s	s	s	s	s	h m s
γ Aigle.........	O	12	19.39.58,38	+0,18	58,56	17,52	+18,96	+18,97	19.40.17,53
δ Sagittaire. ...	O	11	19.41.28,18	+0,17	28,35	47,35	+19,00	+18,97	19.41.47,32
α Aigle........	O	13	19.44.20,36	+0,18	20,54	39,55	+19,01	+18,97	19.44.39,51
β Aigle........	O	8	19.48.49,69	+0,18	49,87	8,93	+19,06	+18,97	19.49. 8,84

NOMS.	P	N	PASSAGE OBSERVÉ.	I	T	A_c	C_p	C'_p	ASCENSION droite APPAR. CONCLUE.
			h m s	s	s	s	s	s	h m s
α^1 Capricorne...	O	11	20.10.22,57	+ 0,21	22,78	41,73	+ 18,95	+ 18,98	20.10.41,76
α^2 Capricorne...	O	11	20.10.46,63	+ 0,21	46,84	5,70	+ 18,86	+ 18,98	20.11. 5,82
β^2 Capricorne...	O	13	20.13.38,68	+ 0,22	38,90	57,85	+ 18,95	+ 18,98	20.13.57,88
23 Hévélius	O	13	20.16.38,56	+ 0,18	38,74	57,78	+ 19,04	+ 18,98	20.16.57,72
π Capricorne...	O	13	20.19.49,37	+ 0,22	49,59	8,55	+ 18,96	+ 18,98	20.20. 8,57
ρ Capricorne...	O	13	20.21.23,22	+ 0,22	23,44	42,45	+ 19,01	+ 18,98	20.21.42,42
K Polaire	O	19	20.34.16,53	+ 0,44	16,97	35,77		+ 18,98	20.34.35,95
K Polaire	E	14	20.34.18,55	− 1,52	17,03	35,77		+ 18,94	20.34.35,97
15 Dauphin....	E	13	20.43.20,32	− 0,13	20,19	39,20	+ 19,01	+ 18,94	20.43.39,13
γ Verseau.....	E	13	20.45.34,71	− 0,10	34,61	53,49	+ 18,88	+ 18,94	20.45.53,55
ν Cygne......	E	13	20.52.10,95	− 0,23	10,72	29,60	+ 18,88	+ 18,94	20.52.29,66
θ Capricorne...	E	13	20.58.35,21	− 0,09	35,12	54,04	+ 18,92	+ 18,94	20.58.54,06
6₁ Cygne......	E	13	21. 0.57,75	− 0,22	57,53	16,49	+ 18,96	+ 18,94	21. 1.16,47
6₂ Cygne......	E	13	21. 0.59,27	− 0,22	59,05	18,01	+ 18,96	+ 18,94	21. 1.17,99
γ Petit Cheval..	E	13	21. 3.55,93	− 0,13	55,80	14,73	+ 18,93	+ 18,94	21. 4.14,74
ζ Cygne......	E	13	21. 7.17,11	− 0,18	16,93	35,91	+ 18,98	+ 18,94	21. 7.35,87
α Petit Cheval.	E	13	21. 9.14,65	− 0,12	14,53	33,49	+ 18,96	+ 18,94	21. 9.33,47
F P. I........	E	25	21.18.44,25	+ 1,81	46,06	65,21		+ 18,94	21.19. 5,00
F P. I........	O	20	21.18.46,60	− 0,20	46,40	65,21		+ 18,97	21.19. 5,37
ε Capricorne...	O	13	21.29.44,81	+ 0,19	45,00	3,91	+ 18,91	+ 18,97	21.30. 3,97
ε Pégase......	O	13	21.37.42,79	+ 0,12	42,91	61,89	+ 18,98	+ 18,97	21.38. 1,88
δ Capricorne...	O	11	21.39.48,47	+ 0,18	48,65	7,58	+ 18,93	+ 18,97	21.40. 7,62
φ Pégase	O	13	23.45.48,39	+ 0,11	48,50	7,50	+ 19,00	+ 18,99	23.46. 7,49
ω Poissons	O	13	23.52.34,18	+ 0,13	34,31	53,36	+ 19,05	+ 18,99	23.52.53,30
2 Baleine.....	O	13	23.57. 1,07	+ 0,18	1,25	20,18	+ 18,93	+ 18,99	23.57.20,24
33 Poissons.....	O	13	23.58.36,93	+ 0,15	37,08	56,14	+ 19,06	+ 18,99	23.58.56,07
φ Poissons	E	13	1. 6.39,07	− 0,22	38,85	57,83	+ 18,98	+ 19,01	1. 6.57,86
α Petite Ourse.	E	20	1.13.13,06	−10,97	2,09	19,54			
δ Bélier......	E	9	3. 4.10,36	− 0,20	10,16	29,17	+ 19,01	+ 19,04	3. 4.29,20
12 Éridan......	E	6	3. 5.27,69	− 0,13	27,56	46,54	+ 18,98	+ 19,04	3. 5.46,60
5140 BAC P. I....	E	10	3.17.34,70	+ 6,53	41,23	1,70		+ 19,04	3.18. 0,27
24 Taureau.....	E	11	3.39.36,54	− 0,22	36,32			+ 19,05	3.39.55,37
η Taureau	E	10	3.39.44,66	− 0,22	44,44	63,54	+ 19,10	+ 19,05	3.40. 3,49
27 Taureau	E	10	3.41.25,18	− 0,22	24,96	44,07	+ 19,11	+ 19,05	3.41.44,01

NOMS.	P	N	PASSAGE OBSERVÉ.	I	T	A_c	C_p	C'_p	ASCENSION droite APPAR. CONCLUE.
			h m s	s	s	s	s	s	h m s
28 Taureau.....	E	10	3.41.26,36	− 0,22	26,14	45,26	+ 19,12	+ 19,05	3.41.45,19
ζ Persée......	E	13	3.45.57,90	− 0,24	57,66	16,73	+ 19,07	+ 19,05	3.46.16,71
ε Persée......	E	13	3.49. 9,55	− 0,29	9,26	28,30	+ 19,04	+ 19,05	3.49.28,31
γ^1 Éridan......	E	13	3.51.53,48	− 0,14	53,34	12,38	+ 19,04	+ 19,05	3.52.12,39
λ Taureau.....	E	13	3.53.26,65	− 0,18	26,47	45,56	+ 19,09	+ 19,06	3.53.45,53
ε Taureau	E	13	4.21. 0,39	− 0,20	0,19	19,24	+ 19,05	+ 19,06	4.21.19,25
α Taureau	E	13	4.28.26,19	− 0,19	26,00	45,05	+ 19,05	+ 19,06	4.28.45,06
53 Éridan......	E	13	4.32. 8,95	− 0,14	8,81	27,85	+ 19,04	+ 19,06	4.32.27,87
D. Polaire ...	E	12	4.33.16,32	− 0,14	16,18				

$$C_p \text{ moy.} = + 18{,}994 + 0{,}015\,(t - 23{,}15).$$

PÉRIODES DE TEMPS.	POS.	AZ.	INCL.	m	n	$c - x$
h h		s	p	s	s	s
De 19,7 à 20,6	0	+ 0,09	− 0,05	+ 0,06	− 0,08	+ 0,137
De 20,6 à 21,3	E	+ 0,09	+ 0,04	+ 0,06	− 0,08	− 0,171
De 21,3 à 24,0	0	+ 0,08	− 0,82	+ 0,01	− 0,11	+ 0,137
De 1,1 à 4,6	E	+ 0,08	− 0,47	+ 0,02	− 0,09	− 0,171

7 NOVEMBRE 1874.

NOMS.	P	N	PASSAGE OBSERVÉ.	I	T	A_c	C_p	C'_p	ASCENSION droite APPAR. CONCLUE.
			h m s	s	s	s	s	s	h m s
γ Lyre........	O	9	18.53.55,02	+ 0,14	55,16	14,33	+ 19,17	+ 19,16	18.54.14,32
ζ Aigle........	O	9	18.59.18,88	+ 0,18	19,06	38,14	+ 19,08	+ 19,16	18.59.38,22
δ Aigle.......	O	12	19.18.50,78	+ 0,20	50,98	10,13	+ 19,15	+ 19,17	19.19.10,15
β Cygne......	O	13	19.26.19,96	+ 0,15	20,11	39,25	+ 19,14	+ 19,17	19.26.39,28
γ Aigle.......	O	13	19.40.58,16	+ 0,19	58,35	17,51	+ 19,16	+ 19,17	19.41.17,52
δ Sagittaire ...	O	13	19.41.27,96	+ 0,17	28,13	47,33	+ 19,20	+ 19,17	19.41.47,30
α Aigle.......	O	13	19.44.20,16	+ 0,19	20,35	39,54	+ 19,19	+ 19,17	19.44.39,52
η Aigle.......	O	13	19.45.45,38	+ 0,21	45,59	4,82	+ 19,23	+ 19,17	19.46. 4,76
β Aigle.......	O	13	19.48.49,53	+ 0,19	49,72	8,92	+ 19,20	+ 19,17	19.49. 8,89
θ Aigle.......	E	13	20. 4.30,87	− 0,10	30,77	49,89	+ 19,12	+ 19,10	20. 4.49,87
α^1 Capricorne...	E	11	20.10.22,67	− 0,07	22,60	41,72	+ 19,12	+ 19,10	20.10.41,70
α^2 Capricorne...	E	12	20.10.46,70	− 0,07	46,63	5,69	+ 19,06	+ 19,10	20.11. 5,73
β^2 Capricorne...	E	13	20.13.38,85	− 0,06	38,79	57,84	+ 19,05	+ 19,10	20.13.57,89

NOMS.	P	N	PASSAGE OBSERVÉ.	I	T	A_c	C_p	C'_p	ASCENSION droite APPAR. CONCLUE.
			h m s	s	s	s	s	s	h m s
23 Hévélius.....	E	12	20.16.38,75	− 0,11	38,64	57,77	+ 19,13	+ 19,10	20.16.57,74
π Capricorne....	E	13	20.19.49,52	− 0,06	49,46	8,53	+ 19,07	+ 19,11	20.20. 8,57
ρ Capricorne....	E	13	20.21.23,42	− 0,06	23,36	42,43	+ 19,07	+ 19,11	20.21.42,47
69 Aigle........	E	13	20.22.46,62	− 0,09	46,53	5,69	+ 19,16	+ 19,11	20.23. 5,64
ε Dauphin.....	E	13	20.26.54,16	− 0,12	54,04	13,20	+ 19,16	+ 19,11	20.27.13,15
β Dauphin.....	E	13	20.31.20,99	− 0,12	20,87	40,00	+ 19,13	+ 19,11	20.31.39,98
K. Polaire.....	E	20	20.34.18,82	− 1,70	17,12	35,62		+ 19,11	20.34.36,23
K. Polaire.....	O	19	20.34.16,56	+ 0,09	16,65	35,62		+ 19,15	20.34.35,80
γ Verseau.....	O	7	20.45.34,07	+ 0,22	34,29	53,48	+ 19,19	+ 19,15	20.45.53,44
ν Cygne.......	O	13	20.52.10,32	+ 0,14	10,46	29,58	+ 19,12	+ 19,16	20.52.29,62
θ Capricorne....	O	13	20.58.34,64	+ 0,25	34,89	54,03	+ 19,14	+ 19,16	20.58.54,05
61 Cygne........	O	13	21. 0.57,28	+ 0,14	57,42	16,47	+ 19,05	+ 19,16	21. 1.16,58
62 Cygne........	O	13	21. 0.58,80	+ 0,14	58,94	17,99	+ 19,05	+ 19,16	21. 1.18,10
γ Petit Cheval...	O	13	21. 3.55,28	+ 0,18	55,46	14,72	+ 19,26	+ 19,16	21. 4.14,62
ζ Cygne........	O	13	21. 6.16,50	+ 0,15	16,65	35,89	+ 19,24	+ 19,16	21. 6.35,81
α Petit Cheval...	O	13	21. 9.14,07	+ 0,19	14,26	33,48	+ 19,22	+ 19,16	21. 9.33,42
F P.I.......	O	20	21.18.46,27	− 0,07	46,20	65,37		+ 19,16	21.19. 5,36
F P.I........		20	21.18.44,32	+ 1,70	46,02	65,37		+ 19,17	21.19. 5,19
ε Capricorne....	E	12	21.29.44,71	− 0,12	44,59	3,89	+ 19,30	+ 19,17	21.30. 3,76
d Verseau......	E	13	21.32.52,77	− 0,15	52,62	11,79	+ 19,17	+ 19,17	21.33.11,79
x Capricorne....	E	13	21.35.20,71	− 0,12	20,59	39,76	+ 19,17	+ 19,17	21.35.39,76
ε Pégase........	E	13	21.37.42,88	− 0,16	42,72	61,88	+ 19,16	+ 19,17	21.38. 1,89
δ Capricorne....	E	13	21.39.48,47	− 0,12	48,35	7,57	+ 19,22	+ 19,18	21.40. 7,53
ω Poissons......	E	11	23.52.34,31	− 0,16	34,15	53,35	+ 19,20	+ 19,21	23.52.53,36
30 Poissons......	E	13	23.55.13,86	− 0,14	13,72	32,85	+ 19,13	+ 19,21	23.55.32,93
2 Baleine.......	E	13	23.57. 0,98	− 0,12	0,86	20,17	+ 19,31	+ 19,21	23.57.20,07
33 Poissons......	E	13	23.58.37,01	− 0,14	36,87	56,13	+ 19,26	+ 19,21	23.58.56,08
α Andromède....	E	12	0. 1.36,40	− 0,21	36,19	55,38	+ 19,19	+ 19,21	0. 1.55,40
γ Pégase.......	E	13	0. 6.28,80	− 0,16	28,64	47,78	+ 19,14	+ 19,21	0. 6.47,85
35 Poissons......	E	13	0. 8.13,31	− 0,16	13,15	32,38	+ 19,23	+ 19,21	0. 8.32,36
57 BAC.........	E	13	0.11. 3,35	− 0,15	3,20	22,45	+ 19,25	+ 19,21	0.11.22,41
ι Baleine.......	E	13	0.12.44,38	− 0,14	44,24			+ 19,21	0.13. 3,45
42 Poissons......	E	12	0.15.38,32	− 0,16	38,16	57,33	+ 19,17	+ 19,21	0.15.57,37
10 Baleine.......	E	10	0.19.53,70	− 0,15	53,55	12,73	+ 19,18	+ 19,22	0.20.12,77
12 Baleine.......	E	8	0.23.20,62	− 0,14	20,48	39,59	+ 19,11	+ 19,22	0.23.39,70
51 Poissons......	E	13	0.25.37,80	− 0,16	37,64	56,79	+ 19,15	+ 19,22	0.25.56,86

NOMS.	P	N	PASSAGE OBSERVÉ.	I	T	A_c	C_p	C'_p	ASCENSION droite APPAR. CONCLUE.
			h m s	s	s	s	s	s	h m s
π Andromède...	E	11	0.29.53,16	− 0,23	52,93	12,22	+ 19,29	+ 19,22	0.30.12,15
55 Poissons.....	E	12	0.33. 1,58	− 0,19	1,39	20,71	+ 19,32	+ 19,22	0.33.20,61
β Baleine......	E	13	0.37. 0,00	− 0,12	59,88	19,08	+ 19,20	+ 19,22	0.37.19,10
58 Poissons.....	E	13	0.40.11,22	− 0,16	11,06	30,22	+ 19,16	+ 19,22	0.40.30,28
δ Poissons.....	E	11	0.41.52,77	− 0,16	52,61	11,86	+ 19,25	+ 19,22	0.42.11,83
A. Polaire....	E	20	0.51.48,94	− 3,09	45,85	6,06		+ 19,22	0.52. 5,07
A. Polaire....	O	20	0.51.44,67	+ 1,80	46,47	6,06		+ 19,29	0.52. 5,76
τ Poissons.....	O	13	1. 4.27,32	+ 0,12	27,44	46,66	+ 19,22	+ 19,29	1. 4.46,73
φ Poissons.....	O	13	1. 6.38,39	+ 0,12	38,51	57,83	+ 19,32	+ 19,29	1. 6.57,80
α Petite Ourse..	O	21	1.12.54,42	+ 5,90	60,32	19,30			
19 Bélier.......	O	13	2. 5.55,03	+ 0,12	55,15			+ 19,30	2. 6 14,45
67 Baleine......	O	13	2.10.25,92	+ 0,12	26,04	45,29	+ 19,25	+ 19,30	2.10.45,34
123 Piazzi.......	O	13	2.28.54,50	+ 0,12	54,62	13,92	+ 19,30	+ 19,31	2.29.13,93
δ Baleine......	O	13	2.32.45,53	+ 0,12	45,65	4,90	+ 19,25	+ 19,31	2.33. 4,96
35 Bélier.......	O	13	2.35.47,91	+ 0,12	48,03	7,28	+ 19,25	+ 19,31	2.36. 7,34
845 BAC........	O	13	2.37.52,04	+ 0,12	52,16	11,40	+ 19,24	+ 19,31	2.38.11,47
41 Bélier.......	O	13	2.42.18,46	+ 0,12	18,58	37,85	+ 19,27	+ 19,31	2.42.37,89
η Éridan......	O	13	2.50. 0,34	+ 0,12	0,46	19,74	+ 19,28	+ 19,31	2.50.19,77
ε Bélier.......	O	13	2.51.44,71	+ 0,12	44,83	4,16	+ 19,33	+ 19,32	2.52. 4,15
α Baleine......	O	13	2.55.25,58	+ 0,12	25,70	45,07	+ 19,37	+ 19,32	2.55.45,02
12 Éridan......	O	13	3. 6.27,00	+ 0,12	27,12	46,55	+ 19,43	+ 19,32	3. 6.46,44
9 Taureau.....	O	13	3.29.17,87	+ 0,12	17,99	37,32	+ 19,33	+ 19,32	3.29.37,31
ε Persée......	O	13	3.49. 8,83	+ 0,12	8,95	28,32	+ 19,37	+ 19,33	3.49.28,28
γ^1 Éridan......	O	13	3.51.52,94	+ 0,12	53,06	12,40	+ 19,34	+ 19,33	3.52.12,39
λ Taureau.....	O	13	3.53.26,06	+ 0,12	26,18	45,58	+ 19,40	+ 19,33	3.53.45,51
o^2 Éridan......	O	13	4. 9.12,10	+ 0,12	12,22	31,58	+ 19,36	+ 19,33	4. 9.31,55
γ Taureau.....	O	13	4.12.21,49	+ 0,12	21,61	41,03	+ 19,42	+ 19,34	4.12.40,95

$$C_p \text{ moy.} = + \overset{s}{19,}213 + \overset{s}{0,}015\,(\overset{h}{t} - \overset{h}{23,}13).$$

PÉRIODES DE TEMPS.	POS.	AZ.	INCL.	m	n	$c - x$
h h		s	p	s	s	s
De 18,9 à 19,8	O	+ 0,16	− 0,45	+ 0,07	− 0,15	+ 0,137
De 20,1 à 20,6		+ 0,13	− 0,15	+ 0,07	− 0,11	− 0,171
De 20,6 à 21,3	O	+ 0,13	− 0,23	+ 0,07	− 0,12	+ 0,137
De 21,3 à 0,9	E	+ 0,07	− 0,27	+ 0,02	− 0,07	− 0,171
De 0,9 à 4,2	O	− 0,01	− 0,17	− 0,02	− 0,00	+ 0,137

8 NOVEMBRE 1874.

NOMS.	P	N	PASSAGE OBSERVÉ.	I	T	A_c	C_p	C'_p	ASCENSION droite APPAR. CONCLUE.
			h m s	s	s	s	s	s	h m s
γ Aigle........	E	13	19.40.58,31	− 0,09	58,22	17,50	+ 19,28	+ 19,28	19.41.17,50
δ Sagittaire....	E	13	19.41.28,17	− 0,12	28,05	47,32	+ 19,27	+ 19,28	19.41.47,33
α Aigle.......	E	12	19.44.20,26	− 0,08	20,18	39,53	+ 19,35	+ 19,28	19.44.39,46
η Aigle.......	E	11	19.45.45,52	− 0,06	45,46	4,81	+ 19,35	+ 19,28	19.46. 4,74
β Aigle.......	E	13	19.48.49,67	− 0,08	49,59	8,91	+ 19,32	+ 19,28	19.49. 8,87
θ Aigle.......	E	13	20. 4.30,69	− 0,06	30,63	49,88	+ 19,25	+ 19,28	20. 4.49,91
α^1 Capricorne...	E	12	20.10.22,50	− 0,03	22,47	41,71	+ 19,24	+ 19,28	20.10.41,75
α^2 Capricorne...	E	11	20.10.46,50	− 0,03	46,47	5,68	+ 19,21	+ 19,28	20.11. 5,75
23 Hévélius.....	E	13	20.16.38,53	− 0,07	38,46	57,76	+ 19,30	+ 19,27	20.16.57,73
π Capricorne...	E	13	20.19.49,36	− 0,02	49,34	8,52	+ 19,18	+ 19,27	20.20. 8,61
ρ Capricorne...	E	13	20.21.23,17	− 0,02	23,15	42,42	+ 19,27	+ 19,27	20.21.42,42
69 Aigle........	E	13	20.22.46,40	− 0,05	46,35	5,68	+ 19,33	+ 19,27	20.23. 5,62
ε Dauphin.....	E	13	20.26.54,02	− 0,09	53,93	13,19	+ 19,26	+ 19,27	20.27.13,20
K. Polaire....	E	20	20.34.17,78	− 1,91	15,87	35,48		+ 19,27	20.34.35,14
K. Polaire....	O	20	20.34.15,81	+ 0,24	16,05	35,48		+ 19,28	20.34.35,33
15 Dauphin.....	O	8	20.43.19,78	+ 0,16	19,94	39,17	+ 19,23	+ 19,28	20.43.39,22
γ Verseau.....	O	13	20.45.34,02	+ 0,20	34,22	53,47	+ 19,25	+ 19,28	20.45.53,50
32 Petit Renard..	O	13	20.48.53,24	+ 0,14	53,38	12,75	+ 19,37	+ 19,28	20.49.12,66
ν Cygne......	O	13	20.52.10,25	+ 0,13	10,38	29,56	+ 19,18	+ 19,28	20.52.29,66
θ Capricorne...	O	12	20.58.34,64	+ 0,22	34,86	54,02	+ 19,16	+ 19,28	20.58.54,14
61^1 Cygne.......	O	13	21. 0.56,99	+ 0,13	57,12	16,45	+ 19,33	+ 19,27	21. 1.16,39
61^2 Cygne.......	O	13	21. 0.58,53	+ 0,13	58,66	17,97	+ 19,31	+ 19,27	21. 1.17,93
γ Petit Cheval..	O	13	21. 3.55,27	+ 0,16	55,43	14,71	+ 19,28	+ 19,27	21. 4.14,70
ζ Cygne.......	O	10	21. 7.16,42	+ 0,14	16,56	35,87	+ 19,31	+ 19,27	21. 7.35,83
α Petit Cheval..	O	13	21. 9.13,96	+ 0,17	14,13	33,47	+ 19,34	+ 19,27	21. 9.33,40
F P.I........	O	20	21.18.46,68	− 0,16	46,52	65,54		+ 19,27	21.19. 5,79
F P.I........	E	20	21.18.44,17	+ 1,97	46,14	65,54		+ 19,19	21.19. 5,33
d Verseau.....	E	13	21.32.52,74	− 0,10	52,64	11,78	+ 19,14	+ 19,20	21 33.11,84
ε Pégase	E	13	21.37.42,92	− 0,12	42,80	61,87	+ 19,07	+ 19,20	21.38. 2,00
30 Poissons.....	E	13	23.55.13,82	− 0,09	13,73	32,84	+ 19,11	+ 19,18	23.55.32,91
2 Baleine......	E	13	23.57. 1,09	− 0,08	1,01	20,16	+ 19,15	+ 19,18	23.57.20,19
33 Poissons.....	E	13	23.58.37,01	− 0,09	36,92	56,12	+ 19,20	+ 19,17	23.58.56,09
α Andromède...	E	13	0. 1.36,39	− 0,18	36,21	55,37	+ 19,16	+ 19,17	0. 1.55,38
17 BAC........	E	11	0. 3.35,73	− 0,09	35,64	54,83	+ 19,19	+ 19,17	0. 3.54,81
γ Pégase......	E	13	0. 6.28,74	− 0,12	28,62	47,77	+ 19,15	+ 19,17	0. 6.47,79
35 Poissons.....	E	12	0. 8.13,25	− 0,12	13,13	32,37	+ 19,24	+ 19,17	0. 8.32,30
57 BAC........	E	13	0.11. 3,36	− 0,10	3,26	22,44	+ 19,18	+ 19,17	0.11.22,43
ι Baleine......	E	13	0.12.44,37	− 0,09	44,28			+ 19,17	0.13. 3,45
42 Poissons.....	E	13	0.15.38,29	− 0,13	38,16	57,32	+ 19,16	+ 19,17	0.15.57,33

NOMS.	P	N	PASSAGE OBSERVÉ.	I	T	A_c	C_p	C'_p	ASCENSION droite APPAR. CONCLUE.
			h m s	s	s	s	s	s	h m s
10 Baleine......	E	13	0.19.53,61	− 0,10	53,51	12,72	+ 19,21	+ 19,17	0.20.12,68
12 Baleine......	E	13	0.23.20,48	− 0,09	20,39	39,58	+ 19,19	+ 19,17	0.23.39,56
51 Poissons.....	E	13	0.25.37,69	− 0,11	37,58	56,78	+ 19,20	+ 19,17	0.25.56,75
13 Baleine......	E	13	0.28.29,77	− 0,09	29,68	48,86	+ 19,18	+ 19,17	0.28.48,85
π Andromède...	E	10	0.29.53,09	− 0,20	52,89	12,21	+ 19,32	+ 19,17	0.30.12,06
55 Poissons.....	E	13	0.32. 1,67	− 0,15	1,52	20,70	+ 19,18	+ 19,17	0.32.20,69
β Baleine......	E	13	0.37. 0,02	− 0,08	59,94	19,07	+ 19,13	+ 19,17	0.37.19,11
58 Poissons.....	E	13	0.40.11,20	− 0,12	11,08	30,22	+ 19,14	+ 19,17	0.40.30,25
α P.S........	E	20	1.13. 7,60	− 11,33	56,27	19,07			
α P.S........	O	20	1.12.50,90	+ 3,41	54,31	19,07			
ν Poissons.....	O	13	1.34.36,43	+ 0,16	36,59	55,77	+ 19,18	+ 19,21	1.34.55,80
o Poissons.....	O	13	1.38.28,37	+ 0,15	28,52	47,76	+ 19,24	+ 19,21	1.38.47,73
4 Bélier.......	O	13	1.41. 4,97	+ 0,15	5,12			+ 19,21	1.41.24,33
54 Baleine......	O	13	1.43.54,84	+ 0,15	54,99	14,21	+ 19,22	+ 19,21	1.44.14,20
β Bélier.......	O	13	1.47.24,88	+ 0,15	25,03	44,25	+ 19,22	+ 19,21	1.47.44,24
586 BAC........	O	13	1.49. 7,03	+ 0,16	7,19	26,39	+ 19,20	+ 19,21	1.49.26,40
58 Baleine......	O	13	1.51.19,19	+ 0,16	19,35	38,55	+ 19,20	+ 19,21	1.51.38,56
615 BAC........	O	13	1.53.19,92	+ 0,16	20,08	39,28	+ 19,20	+ 19,21	1.53.39,29
60 Baleine......	O	13	1.56.27,98	+ 0,16	28,14	47,35	+ 19,21	+ 19,21	1.56.47,35
α Bélier.......	O	13	1.59.48,44	+ 0,15	48,59	7,79	+ 19,20	+ 19,21	2. 0. 7,80
15 Bélier.......	O	13	2. 3.22,67	+ 0,15	22,82	42,05	+ 19,23	+ 19,21	2. 3.42,03
19 Bélier.......	O	13	2. 5.55,11	+ 0,15	55,26			+ 19,21	2. 6.14,47
67 Baleine......	O	12	2.10.25,96	+ 0,17	26,13	45,29	+ 19,16	+ 19,21	2.10.45,34
ξ² Baleine......	O	13	2.21.11,71	+ 0,15	11,86	31,08	+ 19,22	+ 19,21	2.21.31,07
27 Bélier.......	O	13	2.23.39,30	+ 0,15	39,45	58,65	+ 19,20	+ 19,21	2.23.58,66
29 Bélier.......	O	13	2.26.44,31	+ 0,15	44,46	3,62	+ 19,16	+ 19,21	2.27. 3,67
123 Piazzi.......	O	13	2.28.54,56	+ 0,15	54,71	13,93	+ 19,22	+ 19,20	2.29.13,91
δ Baleine......	O	12	2.32.45,52	+ 0,16	45,68	4,91	+ 19,23	+ 19,20	2.33. 4,88
35 Bélier.......	O	13	2.35.47,90	+ 0,15	48,05	7,29	+ 19,24	+ 19,20	2.36. 7,25
845 BAC........	O	10	2.37.52,01	+ 0,15	52,16	11,41	+ 19,25	+ 19,20	2.38.11,36
α P.S........	O	10	13.14. 4,76	− 4,30	0,46	18,96			
α P.S........	E	63	13.12.49,72	+ 11,94	1,66	18,96			

$$C_p \text{ moy.} = + 19,225 - 0,010\,(t - 23,27).$$

PÉRIODES DE TEMPS.	POS.	AZ.	INCL.	m	n	$c - x$
h — h	—	— s	— p	— s	— s	— s
De 19,7 à 20,6	E	+ 0,18	− 0,02	+ 0,11	− 0,15	− 0,171
De 20,6 à 21,3	O	+ 0,11	− 0,35	+ 0,05	− 0,11	+ 0,137
De 21,3 à 1,2	E	+ 0,12	+ 0,05	+ 0,08	− 0,10	− 0,171
De 1,2 à 2,6	O	+ 0,06	− 0,17	+ 0,03	− 0,06	+ 0,137
De 13,2 à 13,2	O	+ 0,07	+ 0,31	+ 0,07	− 0,04	+ 0,137
De 13,2 à 13,2	E	+ 0,15	+ 0,20	+ 0,11	− 0,11	− 0,171

9 NOVEMBRE 1874.

NOMS.	P	N	PASSAGE OBSERVÉ.	I	T	A_c	C_p	C'_p	ASCENSION droite APPAR. CONCLUE.
			h m s	s	s	s	s	s	h m s
θ Aigle........	E	13	20. 4.30,90	− 0,02	30,88	49,87	+ 18,99	+ 18,99	20. 4.49,87
α^1 Capricorne...	E	12	20.10.22,73	− 0,02	22,71	41,70	+ 18,99	+ 18,99	20.10.41,70
α^2 Capricorne...	E	12	20.10.46,76	− 0,02	46,74	5,67	+ 18,93	+ 18,99	20.11. 5,73
β^2 Capricorne...	E	13	20.13.38,90	− 0,02	38,88	57,82	+ 18,94	+ 18,99	20.13.57,87
23 Hévélius.....	E	13	20.13.38,78	− 0,02	38,76	57,74	+ 18,98	+ 18,99	20.13.57,75
π Capricorne...	E	13	20.19.49,49	− 0,03	49,46	8,50	+ 19,04	+ 18,99	20.20. 8,45
ρ Capricorne...	E	13	20.21.23,34	− 0,03	23,31	42,40	+ 19,09	+ 18,99	20.21.42,30
69 Aigle........	E	13	20.22.46,64	− 0,02	46,62	5,66	+ 19,04	+ 18,99	20.23. 5,61
ϵ Dauphin.....	E	10	20.26.54,28	− 0,03	54,25	13,17	+ 18,92	+ 18,99	20.27.13,24
K Polaire......	E	20	20.34.17,43	− 0,99	16,44	35,34		+ 18,99	20.34.35,43
K Polaire......	O	20	20.34.15,50	+ 0,35	15,85	35,34		+ 19,04	20.34.34,89
μ Verseau.....	O	13	20.45.34,25	+ 0,19	34,44	53,45	+ 19,01	+ 19,03	20.45.53,47
θ Capricorne...	O	13	20.58.34,79	+ 0,21	35,00	54,00	+ 19,00	+ 19,02	20.58.54,02
61 Cygne.......	O	13	21. 0.57,21	+ 0,14	57,35	16,43	+ 19,08	+ 19,02	21. 1.16,37
62 Cygne.......	O	13	21. 0.58,73	+ 0,14	58,87	17,95	+ 19,08	+ 19,02	21. 1.17,89
γ Petit Cheval..	O	13	21. 3.55,46	+ 0,16	55,62	14,69	+ 19,07	+ 19,02	21. 4.14,64
ζ Cygne.......	O	13	21. 7.16,67	+ 0,14	16,81	35,86	+ 19,05	+ 19,02	21. 7.35,83
α Petit Cheval..	O	13	21. 9.14,26	+ 0,16	14,42	33,45	+ 19,03	+ 19,02	21. 9.33,44
F P.I........	O	21	21.18.47,47	− 0,32	47,15	65,72		+ 19,02	21.19. 6,17
β Verseau.....	O	10	21.24.38,56	+ 0,18	38,74	57,69	+ 18,95	+ 19,01	21.24.57,75
ϵ Capricorne...	O	13	21.29.44,67	+ 0,21	44,88	3,86	+ 18,98	+ 19,01	21.30. 3,89
$\varkappa$ Capricorne...	O	6	21.35.20,47	+ 0,21	20,68	39,73	+ 19,05	+ 19,01	21.35.39,69
ϵ Pégase......	O	5	21.37.42,68	+ 0,16	42,84	61,85	+ 19,01	+ 19,01	21.38. 1,85
δ Capricorne...	O	11	21.39.48,38	+ 0,20	48,58	7,54	+ 18,96	+ 19,01	21.40. 7,59
ω Poissons.....	O	10	23.52.34,18	+ 0,16	34,34	53,34	+ 19,00	+ 18,96	23.52.53,30
30 Poissons.....	O	13	23.55.13,71	+ 0,18	13,89	32,84	+ 18,95	+ 18,96	23.55.32,85
2 Baleine......	O	13	23.57. 0,98	+ 0,21	1,19	20,15	+ 18,96	+ 18,96	23.57.20,15
33 Poissons.....	O	9	23.58.36,99	+ 0,18	37,17	56,12	+ 18,95	+ 18,96	23.58.56,13
α Andromède...	O	10	0. 1.36,30	+ 0,14	36,44	55,36	+ 18,92	+ 18,96	0. 1.55,40
α P^{te} Ourse P. I.	O	25	13.13. 4,33	− 0,32	4,01	18,73			

$$C_p \text{ moy.} = + 18{,}999 - 0{,}020\,(t - 21{,}40).$$

PÉRIODES DE TEMPS.	POS.	AZ.	INCL.	m	n	$c - \varkappa$
h h		s	p	s	s	s
De 20,1 à 20,6	E	+ 0,10	+ 1,33	+ 0,15	− 0,01	− 0,171
De 20,6 à 0,0	O	+ 0,09	− 0,36	+ 0,03	− 0,09	+ 0,137
De 13,2 à 13,2	O	+ 0,07	− 0,53	+ 0,01	− 0,09	+ 0,137

10 NOVEMBRE 1874.

NOMS.	P	N	PASSAGE OBSERVÉ.	I	T	A_c	C_p	C'_ρ	ASCENSION droite APPAR. CONCLUE.
			h m s	s	s	s	s	s	h m s
γ Aigle........	E	13	19.39.58,94	− 0,13	58,81	17,47	+ 18,66	+ 18,71	19.40.17,52
δ Sagittaire....	E	11	19.41.28,68	− 0,14	28,54	47,29	+ 18,75	+ 18,70	19.41.47,24
α Aigle........	E	13	19.44.20,95	− 0,13	20,82	39,50	+ 18,68	+ 18,70	19.44.39,52
η Aigle......	E	12	19.45.46,15	− 0,12	46,03	4,78	+ 18,75	+ 18,70	19.46. 4,73
β Aigle........	E	13	19.48.50,32	− 0,12	50,20	8,88	+ 18,68	+ 18,70	19.49. 8,90
α¹ Capricorne...	O	13	20.10.22,66	+ 0,16	22,82	41,68	+ 18,86	+ 18,81	20.10.41,63
α² Capricorne...	O	9	20.10.46,75	+ 0,16	46,91	5,65	+ 18,74	+ 18,81	20.11. 5,72
β² Capricorne...	O	13	20.13.38,84	+ 0,17	39,01	57,80	+ 18,79	+ 18,81	20.13.57,82
23 Hévélius.....	O	7	20.16.38,75	+ 0,15	38,90	57,73	+ 18,83	+ 18,81	20.16.57,71
π Capricorne...	O	10	20.19.49,53	+ 0,17	49,70	8,49	+ 18,79	+ 18,81	20.20. 8,51
ρ Capricorne...	O	10	20.21.23,40	+ 0,17	23,57	42,39	+ 18,82	+ 18,81	20.21.42,38
69 Aigle........	O	12	20.22.46,66	+ 0,15	46,81	5,65	+ 18,84	+ 18,81	20.23. 5,62
ε Dauphin.....	O	13	20.26.54,21	+ 0,14	54,35	13,16	+ 18,81	+ 18,81	20.27.13,16
K Polaire......	O	20	20.34.15,74	+ 0,58	16,32	35,19		+ 18,81	20.34.35,13
K Polaire......	E	20	20.34.16,76	− 0,82	15,94	35,19		+ 18,71	20.34.34,65
μ Verseau.....	E	13	20.45.35,08	− 0,24	34,84	53,44	+ 18,60	+ 18,70	20.45.53,54
32 Petit Renard..	E	13	20.48.54,29	− 0,23	54,06	12,72	+ 18,66	+ 18,70	20.49.12,76
θ Capricorne...	E	13	20 58.35,59	− 0,25	35,34	53,99	+ 18,65	+ 18,69	20.58.54,03
61¹ Cygne.......	E	13	21. 0.57,85	− 0,24	57,61	16,41	+ 18,80	+ 18,69	21. 1.16,30
61² Cygne.......	E	13	21. 0.59,43	− 0,24	59,19	17,93	+ 18,74	+ 18,69	21. 1.17,88
γ Petit Cheval..	E	13	21. 3.56,19	− 0,22	55,97	14,68	+ 18,71	+ 18,69	21. 4.14,66
ζ Cygne.......	E	13	21. 7.17,37	− 0,23	17,14	35,84	+ 18,70	+ 18,69	21. 7.35,83
α Petit Cheval..	E	13	21. 9.14,98	− 0,23	14,75	33,44	+ 18,69	+ 18,69	21. 9.33,44
F P. I........	E	20	21.18.46,14	+ 0,78	46,92	65,90		+ 18,69	21.19. 5,61
F P. I........	O	19	21.18.48,05	− 1,30	46,75	65,90		+ 18,65	21.19. 5,40
7504 BAC........	O	20	21.23.47,28	+ 2,68	49,96	9,59		+ 18,65	21.24. 8,61
ω Poissons.....	O	12	23.52.34,66	+ 0,03	34,69	53,33	+ 18,64	+ 18,65	23.52.53,34
30 Poissons.....	O	13	23.55.14,19	+ 0,03	14,22	32,83	+ 18,61	+ 18,65	23.55.32,87
2 Baleine......	O	13	23.57. 1,55	+ 0,03	1,58	20,14	+ 18,56	+ 18,65	23.57.20,23
33 Poissons.....	O	13	23.58.37,41	+ 0,03	37,44	56,11	+ 18,67	+ 18,65	23.58.56,09
α Andromède...	O	13	0. 1.36,68	+ 0,07	36,75	55,35	+ 18,60	+ 18,65	0. 1.55,40
17 BAC........	O	13	0. 3.36,15	+ 0,03	36,18	54,82	+ 18,64	+ 18,65	0. 3.54,83
γ Pégase......	O	13	0. 6.29,06	+ 0,04	29,10	47,76	+ 18,66	+ 18,65	0. 6.47,75
35 Poissons.....	O	13	0. 8.13,67	+ 0,04	13,71	32,36	+ 18,65	+ 18,65	0. 8.32,36
57 BAC........	O	13	0.11. 3,72	+ 0,03	3,75	22,43	+ 18,68	+ 18,65	0.11.22,40

NOMS.	P	N	PASSAGE OBSERVÉ.	I	T	A_c	C_p	C'_p	ASCENSION droite APPAR. CONCLUE.
			h m s	s	s			s	h m s
ι Baleine......	O	13	0.12.44,86	+ 0,03	44,89			+ 18,65	0.13. 3,54
42 Poissons.....	O	13	0.15.38,63	+ 0,04	38,67	57,31	+ 18,64	+ 18,64	0.15.57,31
81 BAC.... ...	O	13	0.17.47,70	+ 0,03	47,73	6,37	+ 18,64	+ 18,64	0.18. 6,37
10 Baleine......	O	13	0.19.54,01	+ 0,03	54,04	12,71	+ 18,67	+ 18,64	0.20.12,68
12 Baleine......	O	12	0.23.20,86	+ 0,03	20,89	39,57	+ 18,68	+ 18,64	0.23.39,53
51 Poissons.....	O	13	0.25.38,09	+ 0,03	38,12	56,77	+ 18,65	+ 18,64	0.25.56,76
13 Baleine......	O	13	0.28.30,16	+ 0,03	30,19	48,85	+ 18,66	+ 18,64	0.28.48,83
55 Poissons.....	O	13	0.32. 1,99	+ 0,05	2,04	20,69	+ 18,65	+ 18,64	0.32.20,68
β Baleine......	O	13	0.37. 0,35	+ 0,03	0,38	19,06	+ 18,68	+ 18,64	0.37.19,02
A Polaire......	O	22	0.51.44,34	+ 2,09	46,43	5,79		+ 18,64	0.52. 5,07
A Polaire......	E	22	0.51.48,28	− 1,44	46,84	5,79		+ 18,64	0.52. 5,48
α P. S........	E	50	1.13. 3,94	− 5,27	58,67	18,49			
α P. I........	E	20	13.12.54,98	+ 4,87	59,85	18,49			
α P. I........	O	57	13.13. 7,90	− 6,90	1,00	18,49			

$$C_p \text{ moy.} = + 18,698 - 0,020 \, (t - 22,12).$$

PÉRIODES DE TEMPS.	POS.	AZ.	INCL.	m	n	$c - x$
h h		s	p	s	s	s
De 19,7 à 19,8	E	+ 0,05	+ 0,18	+ 0,05	− 0,03	− 0,171
De 20,2 à 20,6	O	+ 0,04	− 0,27	+ 0,01	− 0,05	+ 0,137
De 20,6 à 21,3	E	− 0,08	− 0,19	− 0,06	+ 0,05	− 0,171
De 21,3 à 0,9	O	− 0,09	− 0,84	− 0,11	+ 0,03	+ 0,137
De 0,9 à 1,2	E	− 0,14	− 0,77	− 0,14	+ 0,07	− 0,171
De 13,2 à 13,2	E	− 0,16	− 1,39	− 0,20	+ 0,05	− 0,171
De 13,2 à 13,2	O	− 0,10	− 1,13	− 0,14	+ 0,02	+ 0,137

11 NOVEMBRE 1874.

NOMS.	P	N	PASSAGE OBSERVÉ.	I	T	A_c	C_p	C'_p	ASCENSION droite APPAR. CONCLUE.
			h m s	s	s	s	s	s	h m s
γ Aigle.......	O	13	19.39.59,08	+ 0,06	59,14	17,46	+ 18,32	+ 18,29	19.40.17,43
α Aigle.......	O	13	19.44.21,10	+ 0,06	21,16	39,49	+ 18,33	+ 18,29	19.44.39,45
θ Aigle.......	O	13	20. 4.31,49	+ 0,06	31,55	49,84	+ 18,29	+ 18,28	20. 4.49,83
α² Capricorne...	O	11	20.10.47,28	+ 0,07	47,35	5,64	+ 18,29	+ 18,28	20.11. 5,63

NOMS.	P	N	PASSAGE OBSERVÉ.	I	T	A_c	C_p	C'_p	ASCENSION droite APPAR. CONCLUE.
			h m s	s	s	s	s	s.	h m s
β^2 Capricorne...	O	13	20.13.39,43	+ 0,07	39,50	57,79	+ 18,29	+ 18,28	20.13.57,78
23 Hévélius.....	O	10	20.16.39,34	+ 0,06	39,40	57,72	+ 18,32	+ 18,28	20.16.57,68
15 Dauphin.....	O	13	20.43.20,77	+ 0,06	20,83	39,13	+ 18,30	+ 18,27	20.43.39,10
μ Verseau.....	O	13	20.45.35,11	+ 0,07	35,18	53,43	+ 18,25	+ 18,27	20.45.53,45
32 Petit Renard..	O	13	20.48.54,41	+ 0,06	54,47	12,70	+ 18,23	+ 18,26	20.49.12,73
ν Cygne.......	O	13	20.52.11,12	+ 0,08	11,20	29,49	+ 18,29	+ 18,26	20.52.29,46
θ Capricorne...	O	13	20.58.35,72	+ 0,08	35,80	53,98	+ 18,18	+ 18,26	20.58.54,06
61 Cygne.......	O	13	21. 0.58,07	+ 0,08	58,15	16,39	+ 18,24	+ 18,26	21. 1.16,41
62 Cygne.......	O	13	21. 0.59,54	+ 0,08	59,62	17,91	+ 18,29	+ 18,26	21. 1.17,88
γ Petit Cheval..	O	13	21. 3.56,43	+ 0,06	56,49	14,66	+ 18,17	+ 18,26	21. 4.14,75
F Polaire P. I...	O	20	21.18.48,68	− 0,85	47,83	66,09		+ 18,25	21.19. 6,08
F Polaire P. I...	E	20	21.18.46,43	+ 1,21	47,64	66,09		+ 18,17	21.19. 5,81
$\varkappa$ Capricorne...	E	12	21.35.21,74	− 0,21	21,53	39,71	+ 18,18	+ 18,17	21.35.39,70
ε Pégase......	E	13	21.37.43,87	− 0,22	43,65	61,83	+ 18,18	+ 18,17	21.38. 1,82
δ Capricorne...	E	13	21.39.49,49	− 0,21	49,28	7,51	+ 18,23	+ 18,17	21.40. 7,45
16 Pégase......	E	13	21.47. 3,60	− 0,24	3,36	21,51	+ 18,15	+ 18,17	21·47.21,53
29 Verseau.....	E	10	21.55.17,37	− 0,21	17,16	35,29	+ 18,13	+ 18,17	21.55.35,33
α Verseau.....	E	13	21.59. 3,11	− 0,22	2,89	21,00	+ 18,11	+ 18,16	21.59.21,05
ν Pégase......	E	10	22. 0.52,73	− 0,24	52,49			+ 18,16	22. 1.10,65
θ Pégase......	E	13	22. 3.34,86	− 0,22	34,64	52,88	+ 18,24	+ 18,16	22. 3.52,80
41 Verseau.....	E	13	22. 7. 5,16	− 0,21	4,95	23,02	+ 18,07	+ 18,16	22. 7.23,11
45 Verseau.....	E	11	22.11.59,56	− 0,21	59,35	17,51	+ 18,16	+ 18,16	22.12.17,51
γ Verseau.....	E	13	22.16.53,29	− 0,22	53,07	11,27	+ 18,20	+ 18,16	22.17.11,23
M Polaire......	E	20	23.27.38,05	− 3,10	34,95	52,01		+ 18,15	23.27.53,10
M Polaire......	O	20	23.27.31,58	+ 2,14	33,72	52,01		+ 18,15	23.27.51,87
21 Poissons.....	O	13	23.42.45,03	+ 0,08	45,11	3,20	+ 18,09	+ 18,15	23.43. 3,26
φ Pégase......	O	13	23.45.49,28	+ 0,08	49,36	7,45	+ 18,09	+ 18,15	23.46. 7,51
ω Poissons.....	O	13	23.52.35,14	+ 0,08	35,22	53,32	+ 18,10	+ 18,15	23.52.53,37
30 Poissons.....	O	13	23.55.14,62	+ 0,08	14,70	32,82	+ 18,12	+ 18,14	23.55.32,84
2 Baleine.......	O	8	23.57. 1,96	+ 0,09	2,05	20,13	+ 18,08	+ 18,14	23.57.20,19
33 Poissons.....	O	8	23.58.37,88	+ 0,08	37,96	56,10	+ 18,14	+ 18,14	23.58.56,10
α Andromède...	O	13	0. 1.37,15	+ 0,09	37,24	55,34	+ 18,10	+ 18,14	0. 1.55,38
17 BAC........	O	13	0. 3.36,55	+ 0,08	36,63	54,81	+ 18,18	+ 18,14	0. 3.54,77
γ Pégase......	O	13	0. 6.29,57	+ 0,08	29,65	47,75	+ 18,10	+ 18,14	0. 6.47,79
35 Poissons.....	O	13	0. 8.14,20	+ 0,08	14,28	32,35	+ 18,07	+ 18,14	0. 8.32,42
57 BAC........	O	13	0.11. 4,21	+ 0,08	4,29	22,43	+ 18,14	+ 18,14	0.11.22,43

NOMS.	P	N	PASSAGE OBSERVÉ.	I	T	A_c	C_p	C'_p	ASCENSION droite APPAR. CONCLUE.
			h m s	s	s			s	h m s
ι Baleine......	O	12	0.12.45,30	+ 0,08	45,38			+ 18,14	0.13. 3,52
42 Poissons.....	O	13	0.15.39,10	+ 0,08	39,18	57,31	+ 18,13	+ 18,14	0.15.57,32
81 BAC........	O	13	0.17.48,24	+ 0,08	48,32	6,37	+ 18,05	+ 18,14	0.18. 6,46
10 Baleine......	O	13	0.19.54,48	+ 0,08	54,56	12,71	+ 18,15	+ 18,13	0.20.12,69
12 Baleine......	O	13	0.23.21,29	+ 0,08	21,37	39,57	+ 18,20	+ 18,13	0.23.39,50
51 Poissons.....	O	13	0.25.38,52	+ 0,08	38,60	56,77	+ 18,17	+ 18,13	0.25.56,73
13 Baleine......	O	12	0.28.30,63	+ 0,08	30,71	48,85	+ 18,14	+ 18,13	0.28.48,84
π Andromède...	O	11	0.29.53,86	+ 0,10	53,96	12,20	+ 18,24	+ 18,13	0.30.12,09
55 Poissons.....	O	13	0.33. 2,44	+ 0,09	2,53	20,69	+ 18,16	+ 18,13	0.33.20,66
β Baleine......	O	13	0.37. 0,85	+ 0,09	0,94	19,06	+ 18,12	+ 18,13	0.37.19,07
58 Poissons.....	O	13	0.40.11,89	+ 0,08	11,97	30,20	+ 18,23	+ 18,13	0.40.30,10
δ Poissons.....	O	13	0.42.53,60	+ 0,08	53,68	11,84		+ 18,12	0.43.11,80
α Bélier.......	E	13	1.59.50,06	− 0,21	49,85	7,80		+ 18,04	2. 0. 7,89
15 Bélier.......	E	13	2. 3.24,31	− 0,22	24,09	42,06	+ 17,97	+ 18,04	2. 3.42,13
19 Bélier..	E	13	2. 5.56,69	− 0,22	56,47			+ 18,04	2. 6.14,51
67 Baleine.....	E	13	2.10.27,48	− 0,23	27,25	45,30	+ 18,05	+ 18,04	2.10.45,29
29 Bélier.......	E	13	2.25.45,86	− 0,22	45,64	3,63	+ 17,99	+ 18,03	2.26. 3,67
δ Baleine......	E	12	2.32.47,08	− 0,23	46,85	4,92	+ 18,07	+ 18,03	2.33. 4,88
35 Bélier.......	E	13	2.35.49,50	− 0,25	49,25	7,31	+ 18,06	+ 18,03	2.36. 7,28
845 BAC........	E	13	2.37.53,61	− 0,23	53,38	11,43	+ 18,05	+ 18,02	2.38.11,40
δ Bélier.......	E	13	3. 4.11,40	− 0,22	11,18	29,22	+ 18,04	+ 18,01	3. 4.29,19
12 Éridan......	E	13	3. 6.28,83	− 0,21	28,62	46,58	+ 17,96	+ 18,01	3. 6.46,63
ε Éridan......	E	13	3.26.45,28	− 0,23	45,05	63,07	+ 18,02	+ 18,00	3.27. 3,05
9 Taureau.....	E	13	3.29.19,57	− 0,21	19,36	37,37	+ 18,01	+ 18,00	3.29.37,36
δ Persée......	E	13	3.33.44,49	− 0,29	44,20	62,15	+ 17,95	+ 18,00	3.34. 2,20
δ Éridan......	E	13	3.36.58,39	− 0,23	58,16	16,20	+ 18,04	+ 18,00	3.37.16,16
24 Taureau.....	E	12	3.39.37,83	− 0,21	37,62			+ 18,00	3.39.55,62
η Taureau.....	E	13	3.39.45,86	− 0,21	45,65	63,62	+ 17,97	+ 18,00	3.40. 3,65
27 Taureau.....	E	13	3.41.26,33	− 0,21	26,12	44,15	+ 18,03	+ 18,00	3.41.44,12
28 Taureau.....	E	13	3.41.27,59	− 0,21	27,38	45,34	+ 17,96	+ 18,00	3.41.45,38

$$C_p \text{ moy.} = + 18{,}145 \overset{s}{} - 0{,}025 \overset{s}{} (t \overset{h}{} - 23{,}66 \overset{h}{})$$

PÉRIODES DE TEMPS.	POS.	AZ.	INCL.	m	n	$c - \varkappa$
h h		s	p	s	s	s
De 19,7 à 21,3	O	− 0,03	− 0,90	− 0,08	− 0,03	+ 0,137
De 21,3 à 23,5	E	− 0,02	− 0,55	− 0,05	− 0,01	− 0,171
De 23,5 à 0,7	O	− 0,03	− 0,67	− 0,06	− 0,01	+ 0,137
De 2,0 à 3,7	E	− 0,04	− 0,47	− 0,06	+ 0,01	− 0,171

12 NOVEMBRE 1874.

NOMS.	P	N	PASSAGE OBSERVÉ.	I	T	A_c	C_p	C'_p	ASCENSION droite APPAR. CONCLUE.
			h m s	s	s	s	s	s	h m s
φ Pégase.......	E	13	23.45.50,09	— 0,24	49,85	7,44	+ 17,59	+ 17,47	23.46. 7,32
30 Poissons......	E	13	23.55.15,48	— 0,26	15,22	32,81	+ 17,59	+ 17,47	23.55.32,69
2 Baleine.......	E	13	23.57. 2,84	— 0,28	2,56	20,12	+ 17,56	+ 17,47	23.57.20,03
33 Poissons......	E	13	23.58.38,81	— 0,26	38,55	56,09	+ 17,54	+ 17,47	23.58.56,02
α Andromède....	E	13	0. 1.38,06	— 0,25	37,81	55,33	+ 17,52	+ 17,46	0. 1.55,27
17 BAC.........	E	10	0. 3.37,62	— 0,26	37,36	54,80	+ 17,44	+ 17,46	0. 3.54,82
γ Pégase.......	E	10	0. 6.30,62	— 0,24	30,38	47,74	+ 17,36	+ 17,46	0. 6.47,84
35 Poissons.....	E	12	0. 8.15,23	— 0,24	14,99	32,34	+ 17,35	+ 17,46	0. 8.32,45
57 BAC.........	E	13	0.11. 5,10	— 0,25	4,85	22,42	+ 17,57	+ 17,46	0.11.22,31
ι Baleine.......	E	13	0.12.46,31	— 0,26	46,05			+ 17,45	0.13. 3,50
42 Poissons.....	E	12	0.15.40,04	— 0,24	39,80	57,30	+ 17,50	+ 17,45	0.15.57,25
10 Baleine.......	E	8	0.19.55,42	— 0,25	55,17	12,70	+ 17,53	+ 17,45	0.20.12,62
12 Baleine.......	E	9	0.23.22,50	— 0,25	22,25	39,56	+ 17,31	+ 17,45	0.23.39,70
51 Poissons......	E	8	0.25.39,55	— 0,25	39,30	56,76	+ 17,46	+ 17,45	0.25.56,75
13 Baleine.......	E	13	0.28.31,65	— 0,25	31,40	48,84	+ 17,44	+ 17,45	0.28.48,85
π Andromède....	E	12	0.29.55,03	— 0,25	54,78	12,19	+ 17,41	+ 17,45	0.30.12,23
55 Poissons......	E	13	0.33. 3,52	— 0,24	3,28	20,68	+ 17,40	+ 17,44	0.33.20,72
β Baleine.......	E	13	0.37. 2,06	— 0,28	1,78	19,05	+ 17,27	+ 17,44	0.37.19,22
58 Poissons......	E	4	0.39.13,08	— 0,24	12,84	30,20	+ 17,36	+ 17,44	0.39.30,28

$$C_p \text{ moy.} = + 17{,}456 \overset{s}{} - 0{,}040 \overset{s}{} (t \overset{h}{} - 0{,}24 \overset{h}{}).$$

PÉRIODES DE TEMPS.	POS.	AZ.	INCL.	m	n	$c - \varkappa$
h h		s	p	s	s	s
De 23,8 à 0,7	E	— 0,09	— 0,43	— 0,09	+ 0,05	— 0,171

15 NOVEMBRE 1874.

NOMS.	P	N	PASSAGE OBSERVÉ.	I	T	A_c	C_p	C'_p	ASCENSION droite APPAR. CONCLUE.
			h m s	s	s	s		s	h m s
M Polaire.....	E	20	23.27.38,46	— 0,87	37,59	50,71		+ 14,05	23.27.51,64
21 Poissons......	E	12	23.43.49,50	— 0,37	49,13	3,17	+ 14,04	+ 14,05	23.44. 3,18
φ Pégase.......	E	13	23.45.53,67	— 0,34	53,33	7,41	+ 14,08	+ 14,05	23.46. 7,38
ω Poissons......	E	13	23.52.39,63	— 0,36	39,27	53,29	+ 14,02	+ 14,04	23.52.53,31
30 Poissons......	E	13	23.55.19,15	— 0,39	18,76	32,79	+ 14,03	+ 14,04	23.55.32,80

NOMS.	P	N	PASSAGE OBSERVÉ.	I	T	A_c	C_p	C'_p	ASCENSION droite APPAR. CONCLUE.
			h m s	s	s	s	s	s	h m s
2 Baleine......	E	13	23.57. 6,42	— 0,42	6,00	20,09	+ 14,09	+ 14,04	23.57.20,04
33 Poissons.....	E	13	23.58.42,36	— 0,39	41,97	56,07	+ 14,10	+ 14,04	23.58.56,01
α Andromède...	E	13	0. 1.41,67	— 0,32	41,35	55,31	+ 13,96	+ 14,03	0. 1.55,38
17 BAC........	E	6	0. 3.41,11	— 0,38	40,73	54,78	+ 14,05	+ 14,03	0. 3.54,76
γ Pégase......	E	13	0. 6.34,14	— 0,34	33,80	47,72	+ 13,92	+ 14,03	0. 6.47,83
35 Poissons.....	E	6	0. 8.18,69	— 0,35	18,34	32,32	+ 13,98	+ 14,03	0. 8.32,37
57 BAC........	E	6	0.11. 8,76	— 0,37	8,39	22,40	+ 14,01	+ 14,03	0.11.22,42
ι Baleine......	E	7	0.12.49,80	— 0,39	49,41			+ 14,02	0.13. 3,43
42 Poissons.....	E	6	0.15.43,62	— 0,34	43,28	57,28	+ 14,00	+ 14,02	0.15.57,30
81 BAC........	E	10	0.17.52,70	— 0,38	52,32	6,34	+ 14,02	+ 14,02	0.18. 6,34
10 Baleine......	E	13	0.19.59,01	— 0,37	58,64	12,69	+ 14,05	+ 14,02	0.20.12,66
12 Baleine......	E	13	0.23.25,92	— 0,38	25,54	39,54	+ 14,00	+ 14,02	0.23.39,56
51 Poissons.....	E	13	0.25.43,09	— 0,36	42,73	56,75	+ 14,02	+ 14,01	0.25.56,74
13 Baleine......	E	13	0.28.35,19	— 0,38	34,81	48,83	+ 14,02	+ 14,01	0.28.48,82
π Andromède...	E	12	0.29.58,49	— 0,32	58,17	12,18	+ 14,01	+ 14,01	0.30.12,18
55 Poissons.....	E	13	0.33. 7,05	— 0,33	6,72	20,67	+ 13,95	+ 14,01	0.33.20,73
β Baleine......	E	10	0.37. 5,42	— 0,42	5,00	19,03	+ 14,03	+ 14,00	0.37.19,00
58 Poissons.,...	E	13	0.40.16,52	— 0,35	16,17	30,19	+ 14,02	+ 14,00	0.40.30,17
δ Poissons.....	E	13	0.41.58,07	— 0,36	57,71	11,83	+ 14,12	+ 14,00	0.42.11,71
A Polaire....	E	20	0.51.51,94	— 0,71	51,23	5,13		+ 14,00	0.52. 5,23
A Polaire....	O	20	0.51.47,89	+ 2,99	50,88	5,13		+ 13,91	0.52. 4,79
440 BAC........	O	7	1.21.35,94	— 0,09	35,85			+ 13,90	1 21.49,75
η Poissons.....	O	6	1.24.33,92	— 0,08	33,84	47,79	+ 13,95	+ 13,90	1.24.47,74
464 BAC........	O	7	1.26.31,29	— 0,09	31,20			+ 13,89	1.26.45,09
475 BAC......	O	6	1.28.18,00	— 0,14	17,86			+ 13,89	1.28.31,75
π Poissons.....	O	7	1.29.14,67	— 0,08	14,59	28,49	+ 13,90	+ 13,89	1.29.28,48
103 Poissons.....	O	6	1.32.17,39	— 0,08	17,31			+ 13,89	1.32.31,20
γ Poissons.....	O	7	1.34.41,85	— 0,09	41,76	55,77		+ 13,89	1.34.55,65
o Poissons.. ..	O	7	1.38.33,97	— 0,09	33,88	47,77	+ 13,89	+ 13,88	1.38.47,76
β Bélier......	O	7	1.47.30,49	— 0,07	30,42	44,27	+ 13,85	+ 13,88	1.47.44,30
586 BAC........	O	6	1.49.12,61	— 0,10	12,51	26,41	+ 13,90	+ 13,87	1.49.26,38
615 BAC........	O	6	1.53.25,49	— 0,09	25,40	39,30	+ 13,90	+ 13,87	1.53.39,27
60 Baleiue......	O	7	1.56.33,58	— 0,10	33,48	47,37	+ 13,89	+ 13,87	1.56.47,35
α Bélier......	O	6	1.59.53,92	— 0,07	53,85	7,81	+ 13,96	+ 13,87	2. 0. 7,72
15 Bélier......	O	8	2. 3.28,18	— 0,07	28,11	42,07	+ 13,96	+ 13,86	2. 3.41,97
19 Bélier......	O	7	2. 5. 0,58	— 0,08	0,50			+ 13,86	2. 5.14,36
67 Baleine......	O	7	2.10.31,54	— 0,12	31,42	45,31	+ 13,89	+ 13,86	2.10.45,28
41 Bélier......	O	6	2.42.24,23	— 0,06	24,17	37,91	+ 13,74	+ 13,83	2.42.38,00
σ Bélier......	O	6	2.43.22,02	— 0,08	21,94	35,82	+ 13,88	+ 13,83	2.43.35,77
η Éridan......	O	6	2.50. 6,13	— 0,12	6,01	19,80	+ 13,79	+ 13,82	2.50.19,83
ε Bélier......	O	13	2.51.50,53	— 0,07	50,46	4,23	+ 13,77	+ 13,82	2.52. 4,28

NOMS.	P	N	PASSAGE OBSERVÉ.	I	T	A_c	C_p	C'_p	ASCENSION droite APPAR. CONCLUE.
			h m s	s	s	s	s	s	h m s
α Baleine......	0	7	2.55.31,39	− 0,09	31,30	45,13	+ 13,83	+ 13,82	2.55.45,12
β Persée......	0	7	2.59.48,85	+ 0,04	48,89	62,66	+ 13,77	+ 13,82	3. 0. 2,71
δ Bélier.......	0	7	3. 4.15,47	− 0,05	15,42	29,26	+ 13,84	+ 13,81	3. 4.29,23
12 Éridan......	0	6	3. 6.32,92	− 0,14	32,78	46,61	+ 13,83	+ 13,81	3. 6.46,59
η Taureau.....	0	6	3.39.49,97	− 0,04	49,93	63,68	+ 13,75	+ 13,78	3.40. 3,71
28 Taureau.....	0	6	3.41.31,82	− 0,04	31,78			+ 13,78	3.41.45,56
ζ Persée......	0	6	3.46. 3,15	− 0,01	3,14	16,88	+ 13,74	+ 13,78	3.46.16,92
ε Persée......	0	7	3.49.14,75	+ 0,04	14,79	28,47	+ 13,68	+ 13,77	3.49.28,56
γ Éridan......	0	6	3.52.58,90	− 0,12	58,78	12,50	+ 13,72	+ 13,77	3.53.12,55
λ Taureau.....	0	7	3.53.32,15	− 0,07	32,08	45,70		+ 13,77	3.53.45,85
α Polaire P.I..	0	20	13.13.24,01	− 8,73	15,28	16,51			
α Polaire P.I..	E	30	13.13.10,16	+ 7,90	18,06	16,51			

$$C_p \text{ moy.} = + \overset{s}{13,931} - \overset{s}{0,050} (\overset{h}{t} - \overset{h}{0,90}).$$

PÉRIODES DE TEMPS.	POS.	AZ.	INCL.	m	n	$c - \varkappa$
h h		s	p	s	s	s
De 23,5 à 0,9	E	− 0,22	− 0,86	− 0,19	+ 0,13	− 0,177
De 0,9 à 3,9	0	− 0,24	− 1,51	− 0,25	+ 0,11	+ 0,143
De 13,2 à 13,2	0	− 0,22	− 2,15	− 0,28	+ 0,06	+ 0,143
De 13,2 à 13,2	E	0,00	− 1,35	− 0,13	− 0,02	− 0,177

17 NOVEMBRE 1874.

NOMS.	P	N	PASSAGE OBSERVÉ.	I	T	A_c	C_p	C'_p	ASCENSION droite APPAR. CONCLUE.
			h m s	s	s	s	s	s	h m s
α Petit Cheval..	0	7	21. 9.33,60	− 0,03	33,57	33,35	− 0,22	− 0,24	21. 9.33,33
α Petit Cheval..	0	6	21. 9.33,76	− 0,03	33,73	33,35	− 0,38	− 0,37	21. 9.33,36
F Polaire P. I...	0	19	21.19. 9,26	− 1,79	7,47	7,29	− 0,18	− 0,38	21.19. 7,09
ε Capricorne...	0	6	21.30. 4,27	− 0,06	4,21	3,76	− 0,45	− 0,38	21.30. 3,83
θ Verseau.....	0	7	22. 9.13,87	− 0,05	13,82	13,44	− 0,38	− 0,40	22. 9.13,42
γ Verseau.....	0	7	22.15.11,63	− 0,04	11,59	11,20	− 0,39	− 0,40	22.15.11,19
L Polaire......	0	22	22.22.52,23	+ 2,73	54,96	54,38		− 0,40	22.22.54,56

NOMS.	P	N	PASSAGE OBSERVÉ.	I	T	A_c	C_p	C'_p	ASCENSION droite APPAR. CONCLUE.
			h m s	s	s	s	s	s	h m s
L Polaire......	E	20	22.22.54,58	− 0,57	54,01	54,38		− 0,46	22.22.53,55
η Pégase......	E	6	22.37. 8,60	− 0,32	8,28	7,75	− 0,53	− 0,47	22.37. 7,81
81 BAC........	E	6	0.18. 7,20	− 0,38	6,82	6,33	− 0,49	− 0,53	0.18. 6,29
δ Poissons.....	E	10	0.42.12,70	− 0,35	12,35	11,82	− 0,53	− 0,54	0.42.11,81
A Polaire......	E	20	0.52. 6,46	− 0,58	5,88	4,75		− 0,54	0.52. 5,34
A Polaire......	O	20	0.52. 1,80	+ 2,90	4,70	4,75		− 0,48	0.52. 4,22
η Baleine......	O	10	1. 2.18,85	− 0,08	18,77	18,27	− 0,50	− 0,48	1. 2.18,29
π Poissons.....	O	13	1. 4.47,10	+ 0,02	47,12	46,62	− 0,50	− 0,48	1. 4.46,64
φ Poissons.....	O	12	1. 6.58,24	0,00	58,24	57,79	− 0,45	− 0,48	1. 6.57,76

$$C_p \text{ moy.} = -\ 0{,}485 - 0{,}035\ (t - 0{,}59).$$

PÉRIODES DE TEMPS.	POS.	AZ.	INCL.	m	n	$c - \varkappa$
h h		s	p	s	s	s
De 21,2 à 22,4	O	− 0,19	− 0,99	− 0,18	+ 0,09	+ 0,143
De 22,4 à 0,9	E	− 0,23	− 0,82	− 0,19	+ 0,14	+ 0,177
De 0,9 à 1,2	O	− 0,21	− 1,21	− 0,21	+ 0,10	+ 0,143

18 NOVEMBRE 1874.

NOMS.	P	N	PASSAGE OBSERVÉ.	I	T	A_c	C_p	C'_p	ASCENSION droite APPAR. CONCLUE.
			h m s	s	s	s	s	s	h m s
γ Petit Cheval..	O	13	21. 4.15,80	− 0,01	15,79	14,57	− 1,22	− 1,22	21. 4.14,57
ζ Cygne........	O	13	21. 7.36,86	+ 0,05	36,91	35,70	− 1,21	− 1,22	21. 7.35,69
α Petit Cheval..	O	13	21. 9.34,54	− 0,01	34,53	33,34	− 1,19	− 1,22	21. 9.33,31
F Polaire P. I...	O	27	21.19.10,16	− 1,71	8,45	67,46		− 1,16	21.19. 7,29
β Verseau	O	13	21.24.58,83	− 0,03	58,80	57,58	− 1,22	− 1,23	21.24.57,57
ε Capricorne...	O	13	21.31. 5,13	− 0,04	5,09	3,75	− 1,34	− 1,23	21.31. 3,86
γ Verseau	O	7	22.15.12,53	− 0,02	12,51	11,19	− 1,32	− 1,26	22.15.11,25
L Polaire......	O	19	22.22.52,72	+ 2,61	55,33	54,08		− 1,26	22.22.54,07
L Polaire......	E	20	22.22.57,60	− 1,38	56,22	54,08		− 1,30	22.22.54,92
η Pégase......	E	7	22.37. 9,21	− 0,23	8,98	7,73	− 1,25	− 1,30	22.37. 7,68
68 Verseau	E	6	22.40.51,26	− 0,25	51,01	49,68	− 1,33	− 1,30	22.40.49,71
μ Pégase......	E	7	22.43.59,02	− 0,25	58,77	57,49	− 1,28	− 1,31	22.43.57,46

NOMS.	P	N	PASSAGE OBSERVÉ.	I	T	A_c	C_p	C'_p	ASCENSION droite APPAR. CONCLUE.
			h m s	s	s	s	s	s	h m s
A Polaire......	0	20	0.52. 2,53	+ 2,95	5,48	4,57		− 1,41	0.52. 4,07
ε Poissons.....	0	7	0.56.28,78	− 0,01	28,77	27,36	− 1,41	− 1,41	0.56.27,36
η Baleine......	0	6	1. 2.19,79	− 0,04	19,75	18,26	− 1,49	− 1,41	1. 2.18,34
τ Poissons.....	0	7	1. 4.48,04	+ 0,06	48,10	46,61	− 1,49	− 1,41	1. 5.46,69
α Polaire P. I...	0	20	13.13.26,26	− 5,22	21,04	14,91			
α Polaire P. I...	E	56	13.13.11,56	+ 1,54	13,10	14,91			

$$C_p \text{ moy.} = -1,325 - 0,035\,(t^h - 23,32).$$

PÉRIODES DE TEMPS.	POS.	AZ.	INCL.	m	n	$c - x$
h h		s	p	s	s	s
De 21,0 à 22,4	0	− 0,17	− 0,96	− 0,17	+ 0,08	+ 0,143
De 22,4 à 22,8	E	− 0,13	− 0,52	− 0,11	+ 0,07	0,177
De 0,9 à 1,9	0	− 0,18	− 0,79	− 0,16	+ 0,10	+ 0,143
De 13,2 à 13,2	0	− 0,18	− 1,48	− 0,21	+ 0,07	0,177
De 13,2 à 13.2	E	− 0,21	− 1,22	− 0,21	+ 0,10	+ 0,143

19 NOVEMBRE 1874.

NOMS.	P	N	PASSAGE OBSERVÉ.	I	T	A_c^-	C_p	C'_p	ASCENSION droite APPAR. CONCLUE.
			h m s	s	s	s	s	s	h m s
α Cygne	0	13	20.37.10,54	0,00	10,54	8,60	− 1,94	− 2,01	20.37. 8,53
γ Verseau.....	0	12	20.45.55,39	0,00	55,39	53,33	− 2,06	− 2,01	20.45.53,38
32 Petit Renard..	0	13	20.49.14,57	0,00	14,57	12,57	− 2,00	− 2,01	20.49.12,56
θ Capricorne...	0	13	20.58 55,95	0,00	55,95	53,88	− 2,07	− 2,02	20.58.53,93
61 Cygne.......	0	13	21. 1.18,27	0,00	18,27	16,23	− 2,04	− 2,02	21. 1.16,25
62 Cygne.......	0	13	21. 1.19,78	0,00	19,78	17,75	− 2,03	− 2,02	21. 1.17,76
γ Petit Cheval..	0	13	21. 4.16,53	0,00	16,53	14,56	− 1,97	− 2,02	21. 4.14,51
ζ Cygne	0	13	21. 7.37,75	0,00	37,75	35,69	− 2,06	− 2,03	21. 7.35,72
α Petit Cheval..	0	13	21. 9.35,35	0,00	35,35	33,33	− 2,02	− 2,03	21. 9.33,32
F Polaire P. I...	0	20	21.19.10,95	− 1,12	9,83	67,62		− 2,03	21.19. 7,80
F Polaire P. I...	E	16	21.19. 8,56	+ 0,40	8,96	67,62		− 2,06	21.19. 6,90

NOMS.	P	N	PASSAGE OBSERVÉ.	l	T	A_c	C_p	C'_p	ASCENSION droite APPAR. CONCLUE.
ε Capricorne...	E	13	21.30. 6,18	− 0,36	5,82	3,73	− 2,09	− 2,06	21.30. 3,76
d Verseau.....	E	13	21.33.14,07	− 0,34	13,73	11,64	− 2,09	− 2,06	21.33.11,67
ϰ Capricorne...	E	13	21.35.42,08	− 0,36	41,72	39,60	− 2,12	− 2,07	21.35.39,65
ε Pégase.......	E	13	21.38. 4,16	− 0,32	3,84	61,72	− 2,12	− 2,07	21.38. 1,77
δ Capricorne...	E	13	21.40. 9,82	− 0,36	9,46	7,41	− 2,05	− 2,08	21.40. 7,38
16 Pégase.....	E	13	21.47.23,83	− 0,28	23,55	21,39	− 2,16	− 2,08	21.47.21,47
29 Verseau.....	E	13	21.55.37,53	− 0,36	37,17	35,18	− 1,99	− 2,09	21.55.35,08
α Verseau.....	E	13	21.59.23,29	− 0,34	22,95	20,91	− 2,04	− 2,09	21.59.20,86
ι Pégase	E	13	22. 1.12,92	− 0,29	12,63	10,51	− 2,12	− 2,09	22. 1.10,54
θ Pégase.......	E	13	22. 3.55,23	− 0,33	54,90	52,79	− 2,11	− 2,09	22. 3.25,81
θ Verseau.....	E	13	22.10.15,84	− 0,35	15,49	13,42	− 2,07	− 2,10	22.10.13,39
γ Verseau.....	E	13	22.15.13,60	− 0,34	13,26	11,18	− 2,08	− 2,10	22.15.11,16
L Polaire.....	E	20	22.22.58,65	− 1,17	57,48	53,80		− 2,11	22.22.55,37
L Polaire.....	0	19	22.22.53,27	+ 2,44	55,71	53,80		− 2,15	22.22.53,56
β Persée......	0	13	3. 0. 5,04	+ 0,14	5,18	62,69		− 2,28	3. 0. 2,90
δ Bélier......	0	13	3. 4.31,54	+ 0,08	31,62	29,29	− 2,33	− 2,28	3. 4.29,34
12 Éridan......	0	13	3. 7.48,75	+ 0,04	48,79	46,63	− 2,16	− 2,28	3. 7.46,51
5140 BAC P. I....	0	30	3.18. 5,76	− 5,10	0,66	0,34		− 2,29	3.17.58,37
ε Éridan......	0	13	3.27. 5,28	+ 0,04	5,32	63,15	− 2,17	− 2,29	3.27. 3,03
9 Taureau.....	0	12	3.29.39,69	+ 0,09	39,78	37,47	− 2,31	− 2,30	3.29.37,48
δ Persée......	0	13	3.34. 4,51	+ 0,18	4,69	62,28		− 2,30	3.34. 2,39
δ Éridan......	0	13	3.37.18,48	+ 0,04	18,52	16,29	− 2,23	− 2,30	3.37.16,22
24 Taureau	0	13	3.39.57,86	+ 0,09	57,95			− 2,30	3.39.55,65
η Taureau.....	0	12	3.40. 6,01	+ 0,09	6,10	63,73	− 2,37	− 2,30	3.40. 3,80
27 Taureau.....	0	13	3.41.46,56	+ 0,09	46,65	44,25	− 2,40	− 2,30	3.41.44,35
28 Taureau	0	13	3.41.47,72	+ 0,09	47,81	45,44	− 2,37	− 2,30	3.41.45,51
ζ Persée......	0	13	3.46.19,17	+ 0,11	19,28	16,94	− 2,34	− 2,31	3.46.16,97
ε Persée......	0	13	3.49.30,76	+ 0,14	30,90	28,54	− 2,36	− 2,31	3.49.28,59
γ Éridan......	0	13	3.52.14,74	+ 0,04	14,78	12,54	− 2,24	− 2,31	3.52.12,47
λ Taureau.....	0	13	3.53.48,00	+ 0,07	48,07	45,75	− 2,32	− 2,31	3.53.45,76

$$C_p \text{ moy.} = -\,2{,}146 -- 0{,}037\,(t^h - 23{,}70.)$$

PÉRIODES DE TEMPS.	POS.	AZ.	INCL.	m	n	$c - \varkappa$
De 20,6 à 21,3	0	− 0,09	− 1,3	− 0,14	0,00	+ 0,143
De 21,3 à 22,4	E	− 0,17	− 0,84	− 0,16	+ 0,09	− 0,177
De 22,4 à 3,9	0	− 0,11	− 0,43	− 0,09	+ 0,06	+ 0,143

20 NOVEMBRE 1874.

NOMS.	P	N	PASSAGE OBSERVÉ.	I	T	A_c	C_p	C'_p	ASCENSION droite APPAR. CONCLUE.
			h m s	s	s	s	s	s	h m s
γ Petit Cheval..	O	13	21. 3.17,51	+ 0,01	17,52	14,54	— 2,98		
ζ Cygne......	O	13	21. 7.38,61	+ 0,07	38,68	35,67	— 3,01		
α Petit Cheval..	O	13	21. 9.36,22	0,00	36,22	33,31	— 2,91		
F Polaire. P. I..	O	20	21.19.12,70	— 1,90	10,80	67,78		— 2,97	21.19. 7,83
F Polaire. P. I..	E	12	21.19. 9,94	+ 0,97	10,91	67,78		— 3,07	21.19. 7,84
γ Capricorne...	E	13	21.33 12,17	— 0,27	11,90	8,79	— 3,11	— 3,07	21.33. 8,83
х Capricorne...	E	7	21.35.42,90	— 0,28	42,62	39,59	— 3,03	— 3,07	21.35.39,55
ε Pégase......	E	13	21.38. 5,14	— 0,26	4,88	61,71	— 3,17	— 3,07	21.38. 1,81
δ Capricorne...	E	13	21.40.10,69	— 0,27	10,42	7,39	— 3,03	— 3,08	21.40. 7,34
α Verseau.....	E	13	21.59.24,28	— 0,26	24,02	20,89	— 3,13	— 3,08	21.59.20,94
ι Pégase......	E	13	22. 1.13,83	— 0,27	13,56	10,49	— 3,07	— 3,08	22. 1.10,48
θ Pégase......	E	13	22. 3.56,05	— 0,26	55,79	52,77	— 3,02	— 3,08	22. 3.52,71
41 Verseau.....	E	10	22. 6.26,30	— 0,28	26,02	22,90	— 3,12	— 3,09	22. 6.22,93
θ Verseau.....	E	13	22.10.16,72	— 0,26	16,46	13,40	— 3,06	— 3,09	22.10.13,37
45 Verseau..	E	8	22.12.20,67	— 0,27	20,40	17,39	— 3,01	— 3,09	22.12.17,31
γ Verseau.....	E	13	22.15.14,52	— 0,26	14,26	11,16	— 3,10	— 3,10	22.15.11,16
L Polaire......	E	20	22.22.59,09	— 1,98	57,11	53,54		— 3,10	22.22.54,01
ω Poissons.....	E	13	23.52.56,81	— 0,26	56,55	53,25	— 3,30	— 3,20	23.52.53,35
30 Poissons.....	E	13	23.55.36,22	— 0,26	35,96	32,75	— 3,21	— 3,20	23.55.32,76
2 Baleine......	E	13	23.57.23,55	— 0,28	23,27	20,04	— 3,23	— 3,20	23.57.20,07
α Andromède...	E	13	0. 1.58,78	— 0,27	58,51	55,26	— 3,25	— 3,20	0. 1.55,31
17 BAC........	E	13	0. 4.58,26	— 0,26	58,00	54,74	— 3,26	— 3,21	0. 4.54,79
γ Pégase......	E	13	0. 6.51,08	— 0,26	50,82	47,69	— 3,13	— 3,21	0. 6.47,61
35 Poissons.....	E	13	0. 8.35,71	— 0,26	35,45	32,29	— 3,16	— 3,21	0. 8.32,24
57 BAC........	E	13	0.11.25,82	— 0,26	25,56	22,37	— 3,19	— 3,21	0.11.22,35
ι Baleine......	E	13	0.13. 6,99	— 0,27	6,72			— 3,21	0.13. 3,51
42 Poissons.....	E	13	0.16. 0,69	— 0,26	0,43	57,25	— 3,18	— 3,21	0.15.57,22
81 BAC........	E	12	0.18. 9,76	— 0,26	9,50	6,31	— 3,19	— 3,22	0.18. 6,28
10 Baleine......	E	11	0.20.16,10	— 0,26	15,84	12,66	— 3,18	— 3,22	0.20.12,62
12 Baleine......	E	13	0.23.42,99	— 0,26	42,73	39,51	— 3,22	— 3,22	0.23.39,51
51 Poissons.....	E	13	0.26. 0,16	— 0,26	59,90	56,72	— 3,18	— 3,22	0.26.56,68
13 Baleine......	E	13	0.28.52,29	— 0,26	52,03	48,80	— 3,23	— 3,22	0.28.48,81
π Andromède...	E	12	0.30.15,60	— 0,28	15,32	12,14	— 3,18	— 3,23	0.30.12,09
55 Poissons.....	E	13	0.33.24,16	— 0,26	23,90	20,64	— 3,26	— 3,23	0.33.20,67
β Baleine......	E	13	0.37.22,61	— 0,28	22,33	19,00	— 3,33	— 3,23	0.37.19,10
δ Poissons.....	E	13	0.42.15,27	— 0,26	15,01	11,80	— 3,21	— 3,23	0.42.11,78

NOMS.	P	N	PASSAGE OBSERVÉ.	I	T	A_c	C_p	C'_p	ASCENSION droite APPAR. CONCLUE.
			h m s	s	s	s		s	h m s
A. Polaire....	E	20	0.52. 9,30	− 2,02	7,28	4,23		− 3,23	0.52. 4,05
A. Polaire....	O	20	0.52. 4,42	+ 2,40	6,82	4,23		− 3,19	0.52. 3,63
η Baleine......	O	13	1. 2.21,49	+ 0,07	21,56	18,25	− 3,31	− 3,19	1. 2.18,37
τ Poissons.....	O	13	1. 4.49,67	+ 0,13	49,80	46,60	− 3,20	− 3,19	1. 4.46,61
φ Poissons.....	O	13	1. 7. 0,86	+ 0,11	0,97	57,77	− 3,20	− 3,19	1. 6.57,78
θ Baleine......	O	13	1.17.49,87	+ 0,09	49,96	46,74	− 3,22	− 3,20	1.17.46,76
ν Poissons.....	O	13	1.34.58,89	+ 0,08	58,97	55,75	− 3,22	− 3,22	1.34.55,75
60 Baleine......	O	11	1.56.50,55	+ 0,08	50,63	47,37	− 3,26	− 3,24	1.56.47,39
ξ² Baleine......	O	13	2.21.34,35	+ 0,09	34,44	31,13	− 3,31	− 3,25	2.21.31,19
27 Bélier.......	O	13	2.24. 1,81	+ 0,10	1,91	58,71	− 3,20	− 3,25	2.23.58,66
29 Bélier.......	O	13	2.26. 6,83	+ 0,10	6,93	3,68	− 3,25	− 3,25	2.26. 3,68
123 Piazzi......	O	13	2.29.17,15	+ 0,09	17,24	13,99	− 3,25	− 3,26	2.29.13,98
δ Baleine......	O	13	2.33. 8,12	+ 0,08	8,20	4,97	− 3,23	− 3,26	2.33. 4,94
35 Bélier.......	O	11	2.36.10,47	+ 0,12	10,59	7,36	− 3,23	− 3,26	2.36. 7,33
845 BAC........	O	13	2.38.14,66	+ 0,09	14,75	11,48	− 3,27	− 3,26	2.38.11,49
σ Bélier.......	O	13	2.44.38,96	+ 0,10	39,06	35,86	− 3,20	− 3,27	2.44.35,79
η Éridan......	O	13	2.50.22,99	+ 0,07	23,06	19,82	− 3,24	− 3,27	2.50.19,79
α Polaire. P. I..	O	22	13.13.29,31	− 6,89	22,42	13,21			
α Polaire. P. I..	E		13.13.16,00	+ 7,44	23,44	13,21			

$$C_p \text{ moy.} = -3,181 - 0,045\ (t^h - 0,16).$$

PÉRIODES DE TEMPS.	POS.	AZ.	INCL.	m	n	$c - \varkappa$
h h		s	p	s	s	s
De 21,1 à 21,3	O	− 0,18	− 0,68	− 0,15	+ 0,11	+ 0,143
De 21,3 à 0,9	E	− 0,06	− 0,70	− 0,08	+ 0,02	− 0,177
De 0,9 à 2,8	O	− 0,08	− 0,23	− 0,06	+ 0,05	+ 0,143
De 13,2 à 13,2	O	− 0,10	− 1,03	− 0,13	+ 0,02	+ 0,143
De 13,2 à 13,2	E	− 0,10	− 1,67	− 0,17	− 0,01	− 0,177

23 NOVEMBRE 1874.

NOMS.	P	N	PASSAGE OBSERVÉ.	I	T	A_c	C_p	C'_p	ASCENSION droite APPAR. CONCLUE.
			h m s	s	s	s		s	h m s
F Polaire P. I.	O	20	21.19.16,24	− 1,08	15,16	68,30		− 6,63	21.19. 8,53
F Polaire P. I.	E	16	21.19.14,86	+ 0,71	15,57	68,30		− 6,64	21.19. 8,93
α Verseau......	E	8	21.59.27,99	− 0,37	27,62	20,86	− 6,76	− 6,68	21.59.20,94

NOMS.	P	N	PASSAGE OBSERVÉ.	I	T	A_c	C_p	C'_p	ASCENSION droite APPAR. CONCLUE.
			h m s	s	s	s	s	s	h m s
ι Pégase......	E	7	22. 1.17,40	− 0,37	17,03	10,45	− 6,58	− 6,69	22. 1.10,34
θ Pégase......	E	13	22. 3.59,79	− 0,37	59,42	52,74	− 6,68	− 6,69	22. 3.52,73
γ Verseau	E	13	22.15.18,23	− 0,37	17,86	11,13	− 6,73	− 6,69	22.15.11, 17
L. Polaire ...	E	20	22.23. 0,60	− 1,84	58,76	52,77		− 6,69	22.22.52,07
L. Polaire ...	O	19	22.22.57,53	+ 1,79	59,32	52,77		− 6,79	22.22.52,53
ζ Pégase......	O	13	22.35.19,64	+ 0,03	19,67	12,86	− 6,81	− 6,78	22.35.12,89
η Pégase......	O	13	22.37.14,51	+ 0,06	14,57	7,66	− 6,91	− 6,79	22.37. 7,78
68 Verseau	O	12	22.40.56,33	+ 0,04	56,37	49,61	− 6,76	− 6,79	22.40.49,58
μ Pégase......	O	13	22.44. 4,11	+ 0,05	4,16	57,42	− 6,74	− 6,79	22.43.57,37
λ Verseau	O	13	22.46.11,68	+ 0,03	11,71	4,93	− 6,78	− 6,79	22.46. 4,92
12 Baleine......	O	13	0.23.46,34	+ 0,03	46,37	39,49	− 6,88	− 6,87	0.23.39,50
51 Poissons.....	O	13	0.26. 3,53	+ 0,03	3,56	56,70	− 6,86	− 6,87	0.25.56,69
13 Baleine......	O	13	0.28.55,60	+ 0,03	55,63	48,78	− 6,85	− 6,87	0.28.48,76
π Andromède...	O	11	0.30.19,01	+ 0,06	19,07	12,12	− 6,95	− 6,88	0.30.12,19
55 Poissons.....	O	12	0.33.27,41	+ 0,04	27,45	20,62	− 6,83	− 6,88	0.33.20,57
β Baleine......	O	13	0.37.25,83	+ 0,03	25,86	18,97	− 6,89	− 6,89	0.37.18,97
58 Poissons.....	O	13	0.40.36,97	+ 0,03	37,00	30,14	− 6,86	− 6,89	0.40.30,11
δ Poissons.....	O	13	0.42.18,64	+ 0,03	18,67	11,78	− 6,89	− 6,89	0.42.11,78
A. Polaire...	O	13	0.52. 8,65	+ 1,83	10,48	3,82		− 6,90	0.52. 3,58
A. Polaire...	E		0.52.12,85	− 2,42	10,43	3,82		− 6,81	0.52. 3,62
η Baleine......	E	13	1. 2.25,34	− 0,27	25,07	18,24	− 6,83	− 6,81	1. 2.18,26
τ Poissons.....	E	13	1. 4.53,80	− 0,30	53,50	46,58	− 6,92	− 6,81	1. 4.46,69
f Poissons.....	E	13	1.11.28,31	− 0,27	28,04	21,15	− 6,89	− 6,81	1.11.21,23
α. Polaire....	E	21	1.13.28,66	+ 7,52	36,18	12,82			
35 Bélier.......	E	7	2.36.14,50	− 0,30	14,20	7,37	− 6,83	− 6,89	2.36. 7,31
845 BAC........	E	6	2.38.18,62	− 0,27	18,35	11,49	− 6,86	− 6,89	2.38.11,46
41 Bélier.......	E	10	2.42.45,24	− 0,30	44,94	37,97	− 6,97	− 6,90	2.42.38,04
ε Bélier.......	E	9	2.52.11,39	− 0,29	11,10	4,28	− 6,82	− 6,90	2.52. 4,20
α Baleine......	E	13	2.55.52,39	− 0,27	52,12	45,18	− 6,94	− 6,91	2.55.45,21
β Persée......	E	13	3. 0.10,10	− 0,33	9,77	62,72		− 6,91	3. 0. 2,86
δ Bélier.......	E	13	3. 4.36,54	− 0,28	36,26	29,32	− 6,94	− 6,91	3. 4.29,35
12 Éridan......	E	8	3. 6.53,84	− 0,29	53,55	46,64	− 6,91	− 6,90	3. 6.46,64
ε Éridan......	E	13	3.27.10,40	− 0,29	10,11	63,18	− 6,93	− 6,91	3.27. 3,20
9 Taureau.....	E	13	3.29.44,69	− 0,29	44,40	37,51	− 6,89	− 6,93	3.29.37,47
o² Éridan......	E	12	4. 9.39,00	− 0,27	38,73	31,80	− 6,93	− 6,97	4. 9.31,76
γ Taureau.....	E	13	4.12.48,47	− 0,28	48,19	41,28	− 6,91	− 6,97	4.12.41,22

NOMS.	P	N	PASSAGE OBSERVÉ.	I	T	A_c	C_p	C'_p	ASCENSION droite APPAR. CONCLUE.
			h m s	s	s	s	s	s	h m s
ε Taureau.....	E	13	4.21.26,76	— 0,28	26,48	19,53	— 6,95	— 6,98	4.21.19,50
α Taureau.....	E	13	4.28.52,61	— 0,28	52,33	45,35	— 6,98	— 6,99	4.28.45,34
53 Éridan......	E	12	4.32.35,29	— 0,27	35,02	28,12	— 6,90	— 6,99	4.32.28,03

$$C_p \text{ moy.} = -6{,}858 - 0{,}050\,(t^h - 1{,}24).$$

PÉRIODES DE TEMPS.	POS.	AZ.	INCL.	m	n	$c - \varkappa$
h h		s	p	s	s	s
De 21,3 à 21,3	0	— 0,07	— 0,94	— 0,10	0,00	+ 0,143
De 21,3 à 22,4	E	— 0,15	— 1,53	— 0,20	+ 0,04	— 0,177
De 22,4 à 0,9	0	— 0,08	— 0,98	— 0,11	+ 0,01	+ 0,143
De 0,9 à 4,6	E	— 0,05	— 0,91	— 0,09	— 0,01	— 0,177

24 NOVEMBRE 1874.

NOMS.	P	N	PASSAGE OBSERVÉ.	I	T	A_c	C_p	C'_p	ASCENSION droite APPAR. CONCLUE.
			h m s	s	s	s	s	s	h m s
58 Baleine......	E	5	1.51.46,88	— 0,26	46,62	38,57	— 8,05	— 8,08	1.51.38,54
615 BAC........	E	3	1.53.47,60	— 0,26	47,34	39,30	— 8,04	— 8,08	1.53.39,26
α Bélier.......	E	13	2. 0.16,23	— 0,25	15,98	7,83	— 8,15	— 8,08	2. 0. 7,90
15 Bélier.......	E	13	2. 3.50,51	— 0,26	50,25	42,09	— 8,16	— 8,09	2. 3.42,16
845 BAC........	E	8	2.38.19,84	— 0,26	19,58	11,50	— 8,08	— 8,12	2.38.11,46
41 Bélier.......	E	13	2.42.46,33	— 0,25	46,08	37,97	— 8,11	— 8,12	2.42.37,96
σ Bélier.......	E	12	2.44.44,21	— 0,26	43,95	35,87	— 8,08	— 8,12	2.44.35,83
η Éridan......	E	11	2.50.28,21	— 0,26	27,95	19,84	— 8,11	— 8,13	2.50.19,82
ε Bélier.......	E	13	2.52.12,64	— 0,25	12,39	4,28	— 8,11	— 8,13	2.52. 4,26
α Baleine.....	E	13	2.55.53,53	— 0,26	53,27	45,18	— 8,09	— 8,13	2.55.45,14
δ Bélier.......	E	13	3. 4.37,73	— 0,26	37,47	29,33	— 8,14	— 8,14	3. 4.29,33
12 Éridan......	E	13	3. 6.55,06	— 0,24	54,82	46,64	— 8,18	— 8,14	3. 6.46,68
ε Éridan......	0	12	3.26.11,25	+ 0,05	11,30	63,19	— 8,11	— 8,10	3.26. 3,20
9 Taureau.....	0	13	3.29.45,57	+ 0,05	45,62	37,52	— 8,10	— 8,10	3.29.37,52
δ Persée......	0	13	3.33.10,55	+ 0,05	10,60	62,34		— 8,11	3.33. 2,49
δ Éridan......	0	13	3.37.24,35	+ 0,05	24,40	16,33	— 8,07	— 8,11	3.37.16,29
24 Taureau.....	0	5	3.40. 3,71	+ 0,05	3,76			— 8,11	3.39.55,65
η Taureau.....	0	7	3.40.11,87	+ 0,05	11,92	63,79	— 8,13	— 8,11	3.40. 3,81
ε Persée......	0	13	3.49.36,80	+ 0,05	36,85	28,61	— 8,24	— 8,12	3.49.28,73

NOMS.	P	N	PASSAGE OBSERVÉ.	I	T	A_c	C_p	C'_p	ASCENSION droite APPAR. CONCLUE.
			h m s	s	s	s	s	s	h m s
γ' Éridan......	O	13	3.52.20,61	+ 0,05	20,66	12,58	− 8,08	− 8,12	3.52.12,54
λ Taureau......	O	13	3.53.53,91	+ 0,05	53,96	45,81	− 8,15	− 8,12	3.53.45,84
o^2 Éridan......	O	13	4. 9.39,83	+ 0,05	39,88	31,81	− 8,07	− 8,14	4. 9.31,74
γ Taureau......	O	7	4.12.49,39	+ 0,05	49,44	41,29	− 8,15	− 8,14	4.12.41,30

$$C_p \text{ moy.} = -\,8,112 - 0,050\,(t^h - 3,10).$$

PÉRIODES DE TEMPS.	POS.	AZ.	INCL.	m	n	$c - x$
h h		s	p	s	s	s
De 1,9 à 3,1	E	− 0,04	− 0,83	− 0,08	− 0,01	− 0,177
De 3,4 à 4,2	O	− 0,06	− 0,84	− 0,09	0,00	+ 0,143

OBSERVATIONS FAITES À ALGER
POUR LA MESURE DE L'ÉQUATION PERSONNELLE
ENTRE MM. LOEWY ET PERRIER.

(Position Ouest.)

22 OCTOBRE 1874.

NOMS.	O_b	N	PASSAGE OBSERVÉ.	I	T	A_c	C_p	C'_p	ASCENSION droite APPAR. CONCLUE.
			h m s	s	s	m s		s	h m s
M Polaire.....		57	23.27.56,73	− 1,47	55,26	27.56,97		+ 2,49	23.27.57,75
φ Pégase.....	P	7	23.46. 5,14	+ 0,11	5,25	46. 7,57		+ 2,49	23.46. 7,74
φ Pégase.....	L	6	23.46. 5,27	+ 0,11	5,38	46. 7,57		+ 2,54	23.46. 7,92
8311 BAC.......	L	7	23.48.19,97	+ 0,17	20,14			+ 2,54	23.48.22,68
8311 BAC.......	P	6	23.48.20,01	+ 0,17	20,18			+ 2,49	23.48.22,67
ψ Pégase.....	P	7	23.51.20,69	+ 0,11	20,80			+ 2,49	23.51.23,29
ψ Pégase.....	L	6	23.51.20,77	+ 0,11	20,88			+ 2,54	23.51.23,42
ω Poissons....	L	7	23.52.50,74	+ 0,15	50,89	52.53,43	+ 2,54	+ 2,54	23.52.53,43
ω Poissons....	P	6	23.52.50,80	+ 0,15	50,95	52.53,43	+ 2,48	+ 2,49	23.52.53,44
30 Poissons....	P	7	23.55.30,11	+ 0,20	30,31	55.32,93	+ 2,62	+ 2,49	23.55.32,80
30 Poissons....	L	6	23.55.30,26	+ 0,20	30,46	55.32,93	+ 2,47	+ 2,54	23.55.33,00
33 Poissons....	L	7	23.58.53,43	+ 0,19	53,62	58.56,21	+ 2,59	+ 2,54	23.58.56,16
33 Poissons....	P	6	23.58.53,46	+ 0,19	53,65	58.56,21	+ 2,56	+ 2,49	23.58.56,14
α Andromède..	P	7	0. 1.52,93	+ 0,08	53,01	1.55,47	+ 2,46	+ 2,49	0. 1.55,50
α Andromède..	L	6	0. 1.52,93	+ 0,08	53,01	1.55,47	+ 2,46	+ 2,54	0. 1.55,55
17 BAC.......	L	7	0. 3.52,17	+ 0,19	52,36	54,91	+ 2,55	+ 2,54	0. 3.54,90
17 BAC.......	P	6	0. 3.52,26	+ 0,19	52,45	54,91	+ 2,46	+ 2,49	0. 3.54,94
γ Pégase.....	P	7	0. 6.45,24	+ 0,12	45,36	6.47,85	+ 2,49	+ 2,49	0. 6.47,85
γ Pégase.....	L	6	0. 6.45,21	+ 0,12	45,33	6.47,85	+ 2,52	+ 2,54	0. 6.47,87
35 Poissons....	L	7	0. 8.29,77	+ 0,14	29,91	7.32,44	+ 2,53	+ 2,54	0. 8.32,45
35 Poissons....	P	6	0. 8.29,79	+ 0,14	29,93	7.32,44	+ 2,51	+ 2,49	0. 8.32,42
62 BAC.......	L	7	0.13. 0,83	+ 0,21	1,04			+ 2,54	0.13. 3,58
62 BAC.......	P	6	0.13. 0,85	+ 0,21	1,06			+ 2,49	0.13. 3,55
73 BAC.......	P	7	0.15.54,77	+ 0,13	54,90			+ 2,49	0.15.57,39
73 BAC.......	L	6	0.15.54,70	+ 0,13	54,83			+ 2,54	0.15.57,37
81 BAC.......	L	7	0.18. 3,68	+ 0,18	3,86	18. 6,44	+ 2,58	+ 2,54	0.18. 6,40
81 BAC.......	P	5	0.18. 3,80	+ 0,18	3,98	18. 6,44	+ 2,46	+ 2,49	0.18. 6,47
10 Baleine.....	P	7	0.20.10,10	+ 0,17	10,27	20.12,78	+ 2,51	+ 2,49	0.20.12,76
10 Baleine.....	L	6	0.20.10,07	+ 0,17	10,24	20.12,78	+ 2,54	+ 2,54	0.20.12,78

NOMS.	O_b	N	PASSAGE OBSERVÉ.	I	T	A_c	C_p	C'_p	ASCENSION droite APPAR. CONCLUE.
			h m s	s	s	m s	s	s	h m s
102 BAC........	L	7	0.21.40,33	+0,12	40,45			+2,54	0.21.42,99
102 BAC........	P	6	0.21.40,38	+0,12	40,50			+2,49	0.21.42,99
111 BAC........	P	5	0.23.29,26	+0,23	29,49			+2,49	0.23.31,98
111 BAC........	L	6	0.23.29,19	+0,23	29,42			+2,54	0.23.31,96
51 Poissons.....	L	7	0.25.54,07	+0,15	54,22	25.56,83	+2,61	+2,54	0.25.56,76
51 Poissons.....	P	6	0.25.54,20	+0,15	54,35	25.56,83	+2,48	+2,49	0.25.56,84
137 BAC........	P	7	0.27.39,46	+0,14	39,60			+2,49	0.27.42,09
137 BAC........	L	6	0.27.39,39	+0,14	39,53			+2,54	0.27.42,07
π Andromède...	L	7	0.30. 9,69	+0,06	9,75	30.12,28	+2,53	+2,54	0.30.12,29
π Andromède...	P	5	0.30. 9,79	+0,06	9,85	30.12,28	+2,43	+2,49	0.30.12,34
55 Poissons.....	P	7	0.33.18,12	+0,10	18,22	33.20,73	+2,51	+2,49	0.33.20,71
55 Poissons.....	L	6	0.33.18,11	+0,10	18,21	33.20,73	+2,52	+2,54	0.33.20,75
178 BAC........	L	7	0.34.55,59	+0,09	55,68			+2,54	0.34.58,22
178 BAC........	P	6	0.34.55,53	+0,09	55,62			+2,49	0.34.58,11
β Baleine......	P	7	0.37.16,43	+0,24	16,67	37.19,12	+2,45	+2,49	0.37.19,16
β Baleine......	L	6	0.37.16,35	+0,24	16,59	37.19,12	+2,53	+2,54	0.37.19,13
58 Poissons.....	L	7	0.40.27,55	+0,13	27,68	40.30,23	+2,55	+2,54	0.40.30,22
58 Poissons.....	P	6	0.40.27,67	+0,13	27,80	40.30,23	+2,43	+2,49	0.40.30,29
δ Poissons.....	P	7	0.42. 9,25	+0,15	9,40	42.11,86	+2,46	+2,49	0.42.11,89
δ Poissons.....	L	6	0.42. 9,16	+0,15	9,31	42.11,86	+2,55	+2,54	0.42.11,85
233 BAC........	L	7	0.43.49,32	+0,21	49,53			+2,54	0.43.52,07
233 BAC........	P	6	0.43.49,49	+0,21	49,70			+2,49	0.43.52,19

ON OBSERVE À LA PENDULE BRÉGUET.

NOMS.	O_b	N	PASSAGE OBSERVÉ.	I	T	A_c	C_p	C'_p	ASCENSION droite APPAR. CONCLUE.
ε Poissons.....	P	7	0.56.25,94	+0,14	26,08	56.27,38	+1,30	+1,27	0.56.27,35
ε Poissons.....	L	6	0.56.25,91	+0,14	26,05	56.27,38	+1,33	+1,32	0.56.27,37
303 BAC........	L	7	0.58.22,57	+0,15	22,72			+1,32	0.58.24,04
303 BAC........	P	6	0.58.22,61	+0,15	22,76			+1,27	0.58.24,03
316 BAC........	P	7	0.59.57,63	+0,13	57,76			+1,26	0.59.59,02
316 BAC........	L	6	0.59.57,57	+0,13	57,70			+1,31	0.59.59,01
η Baleine......	L	7	1. 2.16,74	+0,21	16,95	2.18,29	+1,34	+1,31	1. 2.18,26
η Baleine......	P	6	1. 2.16,84	+0,21	17,05	2.18,29	+1,24	+1,26	1. 2.18,31
τ Poissons.....	P	7	1. 4.45,30	+0,07	45,37	4.46,62	+1,25	+1,26	1. 4.46,63
τ Poissons.....	L	6	1. 4.45,21	+0,07	45,28	4.46,62	+1,34	+1,31	1. 4.46,59
φ Poissons.....	L	7	1. 6.56,34	+0,09	56,43	6.57,83	+1,40	+1,31	1. 6.57,74
φ Poissons.....	P	6	1. 6.56,31	+0,09	56,40	6.57,83	+1,43	+1,26	1. 6.57,66
375 BAC........	P	7	1. 8.43,07	+0,23	43,30			+1,25	1. 8.44,55
375 BAC........	L	6	1. 8.42,82	+0,23	43,05			+1,30	1. 8.44,35
f Poissons.....	L	7	1.11.19,67	+0,16	19,83	11.21,15	+1,32	+1,30	1.11.21,13
f Poissons.....	P	6	1.11.19,79	+0,16	19,95	11.21,15	+1,20	+1,25	1.11.21,20
400 BAC........	P	7	1.13.23,51	+0,18	23,69			+1,25	1.13.24,94
400 BAC........	L	6	1.13.23,51	+0,18	23,69			+1,30	1.13.24,99

NOMS.	O_b	N	PASSAGE OBSERVÉ.	I	T	A_c	C_p	C'_p	ASCENSION droite APPAR. CONCLUE.
			h m s	s	s			s	h m s
405 BAC.........	L	7	1.16. 9,49	+ 0,17	9,66			+ 1,30	1.16.10,96
405 BAC.........	P	6	1.16. 9,56	+ 0,17	9,73			+ 1,25	1.16.10,98
440 BAC.........	L	7	1.21.48,26	+ 0,14	48,40			+ 1,29	1.21.49,69
440 BAC.........	P	6	1.21.48,34	+ 0,14	48,48	m s	s	+ 1,24	1.21.49,72
η Poissons.....	P	7	1.24.46,38	+ 0,12	46,50	24.47,73	+ 1,23	+ 1,24	1.24.47,74
η Poissons.....	L	6	1.24.46,39	+ 0,12	46,51	24.47,73	+ 1,22	+ 1,29	1.24.47,80
464 BAC.........	L	7	1.26.43,67	+ 0,14	43,81			+ 1,29	1.26.45,10
464 BAC.........	P	6	1.26.43,79	+ 0,14	43,93			+ 1,24	1.26.45,17
49 Baleine......	P	7	1.28.30,27	+ 0,24	30,51			+ 1,23	1.28.31,74
49 Baleine......	L	6	1.28.30,24	+ 0,24	30,48			+ 1,28	1.28.31,76
π Poissons.....	L	7	1.30.27,02	+ 0,13	27,15	30.28,42	+ 1,27	+ 1,28	1.30.28,43
π Poissons.....	P	6	1.30.27,03	+ 0,13	27,16	30.28,42	+ 1,26	+ 1,23	1.30.28,39
103 Poissons.....	P	7	1.32.29,83	+ 0,12	29,95			+ 1,23	1.32.31,18
103 Poissons.....	L	6	1.32.29,79	+ 0,12	29,91			+ 1,28	1.32.31,19
ν Poissons.....	L	7	1.34.54,29	+ 0,15	54,44	34.55,69	+ 1,25	+ 1,28	1.34.55,72
ν Poissons.....	P	6	1.34.54,26	+ 0,15	54,41	34.55,69	+ 1,28	+ 1,23	1.34.55,64
o Poissons.....	P	7	1.38.46,22	+ 0,14	46,36	38.47,68	+ 1,32	+ 1,22	1.38.47,58
o Poissons.....	L	6	1.38.46,31	+ 0,14	46,45	38.47,68	+ 1,23	+ 1,27	1.38.47,72
546 BAC.........	L	7	1.41.22,86	+ 0,12	22,98			+ 1,27	1.41.24,25
546 BAC.........	P	6	1.41.22,80	+ 0,12	22,92			+ 1,22	1.41.24,14
β Bélier........	P	7	1.47.42,85	+ 0,10	42,95	47.44,15	+ 1,20	+ 1,26	1.47.44,21
β Bélier........	L	6	1.47.42,84	+ 0,10	42,94	47.44,15	+ 1,21	+ 1,21	1.47.44,15
586 BAC.........	L	7	1.49.24,87	+ 0,16	25,03	49.26,30	+ 1,27	+ 1,26	1.49.26,29
586 BAC.........	P	6	1.49.25,03	+ 0,16	25,19	49.26,30	+ 1,11	+ 1,21	1.49.26,40
615 BAC.........	L	7	1.53.37,67	+ 0,16	37,83	53.39,18	+ 1,35	+ 1,26	1.53.39,09
615 BAC.........	P	6	1.53.37,86	+ 0,16	38,02	53.39,18	+ 1,16	+ 1,21	1.53.39,23
60 Baleine......	P	7	1.56.45,91	+ 0,17	46,08	56.47,25	+ 1,17	+ 1,20	1.56.47,28
60 Baleine......	L	6	1.56.45,84	+ 0,17	46,01	56.47,25	+ 1,24	+ 1,25	1.56.47,26
α Bélier........	L	7	2. 0. 6,34	+ 0,10	6,44	0. 7,67	+ 1,23	+ 1,25	2. 0. 7,69
α Bélier........	P	6	2. 0. 6,43	+ 0,10	6,53	0. 7,67	+ 1,14	+ 1,20	2. 0. 7,73
15 Bélier........	P	7	2. 3.40,65	+ 0,11	40,76	3.41,92	+ 1,16	+ 1,19	2. 3.41,95
15 Bélier........	L	6	2. 3.40,61	+ 0,11	40,72	3.41,92	+ 1,20	+ 1,24	2. 3.41,96

PÉRIODES DE TEMPS.	POS.	AZ.	INCL.	m	n	$c - \varkappa$
h h		s	p	s	s	s
De 23,5 à 2,1	0	+ 0,19	− 0,92	+ 0,05	− 0,20	+ 0,114

23 OCTOBRE 1874.

NOMS.	O_b	N	PASSAGE OBSERVÉ.	l	T	A_c	C_p	C'_p	ASCENSION droite APPAR. CONCLUE.
			h m s	s	s	m s	s	s	h m s
λ Polaire		45	19.49.20,94	− 0,99	19,95	0.20,12			
96 Verseau	L	6	23.13.51,61	+ 0,20	51,81	12.54,91	+ 3,10	+ 3,05	23.13.54,86
96 Verseau	P	6	23.13.51,75	+ 0,20	51,95	12.54,91	+ 2,96	+ 2,94	23.13.54,89
8133 BAC	P	7	23.14.38,83	+ 0,13	38,96			+ 2,94	23.14.41,90
8133 BAC	L	6	23.14.38,92	+ 0,13	39,05			+ 3,05	23.14.42,10
8149 BAC	L	7	23.16.42,93	+ 0,17	43,10			+ 3,05	23.16.46,15
8149 BAC	P	6	23.16.42,87	+ 0,17	43,04			+ 2,94	23.16.45,98
υ Pégase	P	4	23.18. 4,95	+ 0,15	5,10	19. 8,19	+ 3,09	+ 2,94	23.18. 8,04
υ Pégase	L	6	23.18. 5,10	+ 0,15	5,25	19. 8,19	+ 2,94	+ 3,05	23.18. 8,30
ϰ Poissons	L	7	23.20.28,08	+ 0,19	28,27	20.31,28	+ 3,01	+ 3,05	23.20.31,32
ϰ Poissons	P	6	23.20.28,08	+ 0,19	28,27	20.31,28	+ 3,01	+ 2,94	23.20.31,21
8182 BAC	P	7	23.22.46,63	+ 0,16	46,79			+ 2,94	23.22.49,73
8182 BAC	L	6	23.22.46,62	+ 0,16	46,78			+ 3,05	23.22.49,83
8193 BAC	L	7	23.25. 0,74	+ 0,20	0,94			+ 3,05	23.25. 3,99
8193 BAC	P	6	23.25. 0,85	+ 0,20	1,05			+ 2,94	23.25. 3,95
8203 BAC	P	7	23.27. 9,17	+ 0,15	9,32			+ 2,95	23.27.12,27
8203 BAC	L	6	23.27. 9,14	+ 0,15	9,29			+ 3,05	23.27.12,34
8215 BAC	L	7	23.28. 1,69	+ 0,19	1,88			+ 3,05	23.28. 4,93
8215 BAC	P	6	23.28. 1,88	+ 0,19	2,07			+ 2,95	23.28. 5,02
ι Poissons	P	7	23.33.27,94	+ 0,18	28,12	33.31,07	+ 2,95	+ 2,95	23.33.31,07
ι Poissons	L	6	23.33.27,88	+ 0,18	28,06	33.31,07	+ 3,01	+ 3,06	23.33.31,12
8243 BAC	L	7	23.35.36,78	+ 0,19	36,97			+ 3,06	23.35.40,03
8243 BAC	P	6	23.35.36,75	+ 0,19	36,94			+ 2,95	23.35.39,89
8256 BAC	P	7	23.37.38,85	+ 0,13	38,98			+ 2,95	23.37.41,93
8256 BAC	L	6	23.37.38,97	+ 0,13	39,10			+ 3,06	23.37.42,16
8262 BAC	L	7	23.39.56,80	+ 0,18	56,98			+ 3,06	23.40. 0,04
8262 BAC	P	6	23.39.56,99	+ 0,18	57,17			+ 2,95	23.40. 0,12
21 Poissons	P	7	23.43. 0,14	+ 0,19	0,33	43. 3,32	+ 2,99	+ 2,95	23.43. 3,28
21 Poissons	L	6	23.43. 0,06	+ 0,19	0,25	43. 3,32	+ 3,07	+ 3,06	23.43. 3,31
φ Pégase	L	7	23.46. 4,39	+ 0,15	4,54	46. 7,56	+ 3,02	+ 3,06	23.46. 7,60
φ Pégase	P	6	23.46. 4,43	+ 0,15	4,58	46. 7,56	+ 2,98	+ 2,95	23.46. 7,53
8311 BAC	P	6	23.48.19,49	+ 0,19	19,68			+ 2,95	23.48.22,63
8311 BAC	L	6	23.48.19,45	+ 0,19	19,64			+ 3,06	23.48.22,70
8324 BAC	L	7	23.51.20,01	+ 0,14	20,15			+ 3,06	23.51.23,21
8324 BAC	P	6	23.51.20,16	+ 0,14	20,30			+ 2,95	23.51.23,25
ω Poissons	P	7	23.52.50,19	+ 0,18	50,37	52.53,41	+ 3,04	+ 2,95	23.52.53,32
ω Poissons	L	6	23.52.50,24	+ 0,18	50,42	52.53,41	+ 2,99	+ 3,06	23.52.53,48
30 Poissons	L	7	23.55.29,61	+ 0,21	29,82	55.32,93	+ 3,11	+ 3,06	23.55.32,88
30 Poissons	P	6	23.55.29,74	+ 0,21	29,95	55.32,93	+ 2,98	+ 2,96	23.55.32,91

NOMS.	O_b	N	PASSAGE OBSERVÉ.	I	T	A_c	C_p	C'_p	ASCENSION droite APPAR. CONCLUE.
			h m s	s	s	m s	s	s	h m s
2 Baleine......	P	7	23.57.16,98	+ 0,24	17,22	57.20,25	+ 3,03	+ 2,96	23.57.20,18
2 Baleine......	L	6	23.57.16,91	+ 0,24	17,15	57.20,25	+ 3,10	+ 3,06	23.57.20,21
α Andromède...	L	7	0. 1.52,24	+ 0,13	52,37	1.55,46	+ 3,09	+ 3,07	0. 1.55,44
α Andromède...	P	6	0. 1.52,39	+ 0,13	52,52	1.55,46	+ 2,94	+ 2,97	0. 1.55,49
17 BAC.......	P	5	0. 3.51,69	+ 0,21	51,90	0.54,89	+ 2,99	+ 2,96	0. 3.54,86
17 BAC.......	L	6	0. 3.51,58	+ 0,21	51,79	0.54,89	+ 3,10	+ 3,07	0. 3.54,86
γ Pégase......	L	7	0. 6.44,58	+ 0,16	44,74	6.47,85	+ 3,11	+ 3,07	0. 6.47,81
γ Pégase......	P	6	0. 6.44,75	+ 0,16	44,91	6.47,85	+ 2,94	+ 2,96	0. 6.47,87
36 BAC.......	P	7	0. 8.29,22	+ 0,17	29,39			+ 2,96	0. 8.32,35
36 BAC.......	L	6	0. 8.29,20	+ 0,17	29,37			+ 3,07	0. 8.32,44
57 BAC.......	L	7	0.11.19,22	+ 0,19	19,41	11.22,51	+ 3,10	+ 3,07	0.11.22,48
57 BAC.......	P	6	0.11.19,30	+ 0,19	19,49	11.22,51	+ 3,02	+ 2,96	0.11.22,45
ι Baleine......	P	7	0.13. 0,36	+ 0,21	0,57			+ 2,96	0.13. 3,53
ι Baleine......	L	6	0.13. 0,30	+ 0,21	0,51			+ 3,07	0.13. 3,58
73 BAC.......	L	7	0.15.54,15	+ 0,16	54,31			+ 3,07	0.15.57,38
73 BAC.......	P	6	0.15.54,25	+ 0,16	54,41			+ 2,96	0.15.57,37
81 BAC..	P	7	0.18. 3,32	+ 0,20	3,52	18. 6,44	+ 2,92	+ 2,96	0.18. 6,48
81 BAC.......	L	6	0.18. 3,22	+ 0,20	3,42	18. 6,44	+ 3,02	+ 3,07	0.18. 6,49
12 Baleine......	P	7	0.23.36,37	+ 0,20	36,57	23.39,62	+ 3,05	+ 2,96	0.23.39,53
12 Baleine......	L	6	0.23.36,35	+ 0,20	36,55	23.39,62	+ 3,07	+ 3,07	0.23.39,62
51 Poissons.....	L	7	0.25.53,49	+ 0,18	53,67	25.56,82	+ 3,15	+ 3,07	0.25.56,74
51 Poissons.....	P	6	0.25.53,65	+ 0,18	53,83	25.56,82	+ 2,99	+ 2,97	0.25.56,80
13 Baleine......	P	7	0.28.45,73	+ 0,20	45,93	28.48,90	+ 2,97	+ 2,97	0.28.48,90
13 Baleine......	L	6	0.28.45,69	+ 0,20	45,89	28.48,90	+ 3,01	+ 3,08	0.28.48,97
π Andromède...	L	6	0.30. 9,06	+ 0,13	9,19	30.12,27	+ 3,08	+ 3,08	0.30.12,27
π Andromède...	P	6	0.30. 9,28	+ 0,13	9,41	30.12,27	+ 2,86	+ 2,97	0.30.12,38
55 Poissons.....	P	6	0.33.17,63	+ 0,15	17,78	33.20,73	+ 2,95	+ 2,97	0.33.20,75
55 Poissons.....	L	6	0.33.17,54	+ 0,15	17,69	33.20,73	+ 3,04	+ 3,08	0.33.20,77
β Baleine......	L	7	0.37.15,75	+ 0,24	15,99	37.19,11	+ 3,12	+ 3,08	0.37.19,07
β Baleine......	P	6	0.37.16,00	+ 0,24	16,24	37.19,11	+ 2,87	+ 2,97	0.37.19,21
58 Poissons....	P	7	0.40.27,13	+ 0,17	27,30	40.30,24	+ 2,94	+ 2,97	0.40.30,27
58 Poissons....	L	6	0.40.27,00	+ 0,17	27,17	40.30,24	+ 2,07	+ 3,08	0.40.30,25
δ Poissons.....	L	7	0.42. 8,51	+ 0,18	8,69	42.11,87	+ 3,18	+ 3,08	0.42.11,77
δ Poissons.....	P	6	0.42. 8,75	+ 0,18	8,93	42.11,87	+ 2,94	+ 2,97	0.42.11,90
233 BAC.......	P	7	0.43.48,90	+ 0,22	49,12			+ 2,97	0.43.52,09
233 BAC.......	L	6	0.43.48,85	+ 0,22	49,07			+ 3,08	0.43.52,15
242 BAC.......	L	7	0.46.33,97	+ 0,19	34,16			+ 3,08	0.46.37,24
242 BAC.......	P	6	0.46.34,19	+ 0,19	34,38			+ 2,97	0.46.37,35
250 BAC.......	P	7	0.48.13,38	+ 0,14	13,52			+ 2,97	0.48.16,49
250 BAC.......	L	6	0.48.13,35	+ 0,14	13,49			+ 3,08	0.48.16,57
260 BAC.......	L	7	0.49.42,35	+ 0,22	42,57			+ 3,08	0.49.45,65
260 BAC.......	P	6	0.49.42,46	+ 0,22	42,68			+ 2,97	0.49.45,65
271 BAC.......	P	4	0.51.25,27	+ 0,22	25,49			+ 2,97	0.51.28,46

NOMS.	O_b	N	PASSAGE OBSERVÉ.	I	T	A_c	C_p	C'_p	ASCENSION droite APPAR. CONCLUE.
			h m s	s	s	m s	s	s	h m s
271 BAC........	L	6	0.51.25,21	+ 0,22	25,43			+ 3,08	0.51.28,51
ε Poissons.....	L	7	0.56.24,14	+ 0,17	24,31	56.27,39	+ 3,08	+ 3,08	0.56.27,39
ε Poissons.....	P	6	0.56.24,29	+ 0,17	24,46	56.27,39	+ 2,93	+ 2,98	0.56.27,44
303 BAC........	P	5	0.58.20,91	+ 0,18	21,09			+ 2,98	0.58.24,07
303 BAC........	L	6	0.58.20,85	+ 0,18	21,03			+ 3,08	0.58.24,11
316 BAC........	L	7	0.59.55,79	+ 0,16	55,95			+ 3,08	0.59.59,03
316 BAC........	P	6	0.59.56,00	+ 0,16	56,16			+ 2,98	0.59.59,14
η Baleine......	P	6	1. 2.15,19	+ 0,22	15,41	2.18,29	+ 2,88	+ 2,98	1. 2.18,49
η Baleine......	L	6	1. 2.15,05	+ 0,22	15,27	2.18,29	+ 3,02	+ 3,09	1. 2.18,36
τ Poissons.....	L	7	1. 4.43,36	+ 0,13	43,49	4.46,62	+ 3,13	+ 3,09	1. 4.46,58
τ Poissons.....	P	6	1. 4.43,56	+ 0,13	43,69	4.46,62	+ 2,93	+ 2,98	1. 4.46,67
φ Poissons.....	P	7	1. 6.54,68	+ 0,14	54,82	6.57,83	+ 3,01	+ 2,98	1. 6.57,80
φ Poissons.....	L	6	1. 6.54,57	+ 0,14	54,71	6.57,83	+ 3,12	+ 3,09	1. 6.57,80
f Poissons.....	L	6	1.11.17,94	+ 0,18	18,12	11.21,15	+ 3,03	+ 3,09	1.11.21,21
f Poissons.....	P	7	1.11.18,06	+ 0,18	18,24	11.21,15	+ 2,91	+ 2,98	1.11.21,22
400 BAC........	P	7	1.13.21,80	+ 0,19	21,99			+ 2,98	1.13.24,97
400 BAC........	L	6	1.13.21,69	+ 0,19	21,88			+ 3,09	1.13.24,97
405 Baleine.....	L	7	1.15. 7,66	+ 0,19	7,85			+ 3,09	1.15.10,94
405 Baleine.....	P	6	1.15. 7,79	+ 0,19	7,98			+ 2,98	1.15.10,96
θ Baleine......	P	7	1.17.43,61	+ 0,17	43,78	17.46,73	+ 2,95	+ 2,98	1.17.46.76
θ Baleine......	L	6	1.17.43,39	+ 0,17	43,56	17.46,73	+ 3,17	+ 3,09	1.17.46,65
429 BAC........	L	6	1.19.25,44	+ 0,23	25,67			+ 3,09	1.19.28,76
429 BAC........	P	6	1.19.25,51	+ 0,23	25,74			+ 2,98	1.19.28,72
440 BAC........	P	7	1.21.46,50	+ 0,17	46,67			+ 3,09	1.21.49,76
440 BAC........	L	6	1.21.46,44	+ 0,17	46,61			+ 2,98	1.21.49.59

PÉRIODES DE TEMPS.	POS.	AZ.	INCL.	m	n	$c - x$
		s	p	s	s	s
De 19,8 à 1,4	0	+ 0,15	− 0,18	+ 0,08	− 0,13	+ 0,114

25 OCTOBRE 1874.

NOMS.	O_b	N	PASSAGE OBSERVÉ.	I	T	A_c	C_p	C'_p	ASCENSION droite APPAR. CONCLUE.
			h m s	s	s	s	s	s	h m s
γ Poissons.....	L	7	23.10.36,68	+ 0,16	36,84	40,84	+ 4,00	+ 4,02	23.10.40,86
γ Poissons.....	P	6	23.10.36,70	+ 0,16	36,86	40,84	+ 3,98	+ 3,89	23.10.40,75
96 Verseau.....	P	7	23.12.50,73	+ 0,17	50,90	54,90	+ 4,00	+ 3,89	23.12.54,79
96 Verseau.....	L	6	23.12.50,75	+ 0,17	50,92	54,90	+ 3,98	+ 4,02	23.12.54,94

NOMS.	O_b	N	PASSAGE OBSERVÉ.	l	T	A_c	C_p	C'_p	ASCENSION droite APPAR. CONCLUE.
			h m s	s	s	s	s	s	h m s
8133 BAC........	L	7	23.14.37,82	+0,14	37,96			+4,02	23.14.41,98
8133 BAC........	P	6	23.14.37,92	+0,14	38,06			+3,89	23.14.41,95
8149 BAC........	P	7	23.16.41,85	+0,15	42,00			+3,89	23.16.45,89
8149 BAC........	L	6	23.16.41,82	+0,15	41,97			+4,02	23.16.45,99
υ Pégase........	L	7	23.18. 4,05	+0,14	4,19	8,17	+3,98	+4,02	23.18. 8,21
υ Pégase........	P	6	23.18. 4,06	+0,14	4,20	8,17	+3,97	+3,89	23.18. 8,09
8182 BAC........	L	7	23.22.45,47	+0,15	45,62			+4,02	23.22.49,64
8182 BAC........	P	6	23.22.45,64	+0,15	45,79			+3,89	23.22.49,68
8193 BAC........	P	7	23.24.59,78	+0,17	59,95			+3,89	23.25. 3,84
8193 BAC........	L	6	23.24.59,76	+0,17	59,93			+4,02	23.25. 3,95
8203 BAC........	L	7	23.27. 8,04	+0,14	8,18			+4,02	23.27.12,20
8203 BAC........	P	6	23.27. 8,09	+0,14	8,23			+3,90	23.27.12,13
8215 BAC........	P	7	23.28. 0,84	+0,16	1,00			+3,90	23.28. 4,90
8215 BAC........	L	6	23.28. 0,66	+0,16	0,82			+4,02	23.28. 4,84
8221 BAC........	L	7	23.31. 6,34	+0,18	6,52			+4,02	23.31.10,54
8221 BAC........	P	6	23.31. 6,48	+0,18	6,66			+3,90	23.31.10,56
ι Poissons	P	7	23.33.26,84	+0,15	26,99	31,07	+4,08	+3,90	23.33.30,89
ι Poissons	L	6	23.33.26,88	+0,15	27,03	31,07	+4,04	+4,03	23.33.31,06
8243 BAC........	L	7	23.35.35,78	+0,16	35,94			+3,90	23.35.39,84
8243 BAC........	P	5	23.35.35,81	+0,16	35,97			+4,03	23.35.40,00
8256 BAC........	P	7	23.37.37,81	+0,14	37,95			+3,90	23.37.41,85
8256 BAC........	L	6	23.37.37,83	+0,14	37,97			+4,03	23.37.42,00
8262 BAC........	L	6	23.39.55,86	+0,16	56,02			+4,03	23.40. 0,05
8262 BAC........	P	7	23.39.55,98	+0,16	56,14			+3,90	23.40. 0.04
21 Poissons	P	7	23.42.59,24	+0,16	59,40	3,32	+3,92	+3,90	23.43. 3,30
21 Poissons	L	6	23.42.59,15	+0,16	59,31	3,32	+4,01	+4,03	23.43. 3,34
φ Pégase......	L	7	23.46. 3,31	+0,14	3,45	7,56	+4,11	+4,03	23.46. 7,48
φ Pégase......	P	6	23.46. 3,42	+0,14	3,56	7,56	+4,00	+3,90	23.46. 7,46
8311 BAC........	P	7	23.48.18,59	+0,16	18,75			+3,91	23.48.22,66
8311 BAC........	L	6	23.48.18,45	+0,16	18,61			+4,03	23.48.22,64
8324 BAC........	L	7	23.51.19,11	+0,14	19,25			+4,04	23.51.23,29
8324 BAC........	P	6	23.51.19,05	+0,14	19,19			+3,91	23.51.23,10
ω Poissons	P	7	23.52.49,36	+0,15	49,51	53,42	+3,91	+3,91	23.52.53,42
ω Poissons	L	6	23.52.49,21	+0,15	49,36	53,42	+4,06	+4,04	23.52.53,40
30 Poissons	L	7	23.55.28,65	+0,17	28,82	32,92	+4,10	+4,04	23.55.32,86
30 Poissons	P	6	23.55.28,79	+0,17	28,96	32,92	+3,96	+3,91	23.55.32,87
2 Baleine......	P	7	23.57.16,20	+0,19	16,39	20,25	+3,86	+3,91	23.57.20,30
2 Baleine......	L	6	23.57.16,03	+0,19	16,22	20,25	+4,03	+4,04	23.57.20,26
33 Poissons	L	7	23.58.51,99	+0,17	52,16	56,20	+4,04	+4,04	23.58.56,20
33 Poissons	P	6	23.58.52,13	+0,17	52,30	56,20	+3,90	+3,91	23.58.56,21
α Andromède ..	P	7	0. 1.51,44	+0,14	51,58	55,46	+3,88	+3,91	0. 1.55,49
α Andromède...	L	6	0. 1.51,28	+0,14	51,42	55,46	+4,04	+4,04	0. 1.55,46
17 BAC........	L	4	0. 3.50,60	+0,17	50,77	54,90	+4,13	+4,04	0. 3.54,81

NOMS.	O_b	N	PASSAGE OBSERVÉ.	I	T	A_c	C_p	C'_p	ASCENSION droite APPAR. CONCLUE.
			h m s	s	s	s	s	s	h m s
17 BAC........	P	6	0. 3.50,94	+0,17	51,11	54,90	+3,79	+3,91	0. 3.55,02
γ Pégase......	P	7	0. 6.43,78	+0,15	43,93	47,84	+3,91	+3,92	0. 6.47,85
γ Pégase......	L	6	0. 6.43,59	+0,15	43,74	47,84	+4,10	+4,04	0. 6.47,78
36 BAC........	L	7	0. 8.28,19	+0,15	28,34			+4,04	0. 8.32,38
36 BAC........	P	6	0. 8.28,29	+0,15	28,44			+3,92	0. 8.32,36
57 BAC........	P	7	0.11.18,42	+0,16	18,58	22,50	+3,92	+4,04	0.11.22,62
57 BAC........	L	6	0.11.18,26	+0,16	18,42	22,50	+4,08	+3,92	0.11.22,34
ı Baleine......	L	7	0.12.59,35	+0,17	59,52			+4,05	0.13. 3,57
ı Baleine......	P	6	0.12.59,50	+0,17	59,67			+3,92	0.13. 3,59
73 BAC........	P	7	0.15.53,22	+0,15	53,37			+3,92	0.15.57,29
73 BAC........	L	6	0.15.53,15	+0,15	53,30			+4,05	0.15.57,35
81 BAC........	L	7	0.17. 2,23	+0,16	2,39	6,44	+4,05	+4,05	0.17. 6,44
81 BAC........	P	6	0.17. 2,44	+0,16	2,60	6,44	+3,84	+3,92	0.17. 6,52
10 Baleine......	P	7	0.19. 8,78	+0,16	8,94	12,77	+3,83	+3,92	0.19.12,86
10 Baleine......	L	6	0.19. 8,49	+0,16	8,65	12,77	+4,12	+4,05	0.19.12,70
102 BAC........	L	7	0.21.38,73	+0,15	38,88			+4,05	0.21.42,93
102 BAC........	P	6	0.21.38,99	+0,15	39,14			+3,92	0.21.43,06
12 Baleine......	P	7	0.23.35,56	+0,17	35,73	39,62	+3,89	+3,93	0.23.39,66
12 Baleine......	L	6	0.23.35,40	+0,17	35,57	39,62	+4,05	+4,05	0.23.39,62
51 Poissons....	L	7	0.25.52,65	+0,15	52,80	56,82	+4,02	+4,05	0.25.56,85
51 Poissons....	P	6	0.25.52,77	+0,15	52,92	56,82	+3,90	+3,93	0.25.56,85
13 Baleine......	P	7	0.28.44,86	+0,17	45,03	48,90	+3,87	+3,93	0.28.48,96
13 Baleine......	L	6	0.28.44,70	+0,17	44,87	48,90	+4,03	+4,05	0.28.48,92
π Andromède...	L	6	0.29. 7,98	+0,14	8,12	12,27	+4,15	+4,05	0.29.12,17
π Andromède...	P	6	0.29. 8,19	+0,14	8,33	12,27	+3,94	+3,93	0.29.12,26
55 Poissons....	P	7	0.33.16,65	+0,14	16,79	20,73	+3,94	+3,93	0.33.20,72
55 Poissons....	L	6	0.33.16,54	+0,14	16,68	20,73	+4,05	+4,06	0.33.20,74
178 BAC........	L	7	0.34.54,11	+0,14	54,25			+4,06	0.34.58,31
178 BAC........	P	6	0.34.54,04	+0,14	54,18			+3,93	0.34.58,11
β Baleine......	P	7	0.37.15,10	+0,19	15,29	19,11	+3,82	+3,93	0.37.19,22
β Baleine......	L	6	0.37.14,93	+0,19	15,12	19,11	+3,99	+4,06	0.37.19,18
58 Poissons....	L	7	0.40.26,10	+0,15	26,25	30,24	+3,99	+4,06	0.40.30,31
58 Poissons....	P	6	0.40.26,25	+0,15	26,40	30,24	+3,84	+3,93	0.40.30,33
δ Poissons....	P	7	0.42. 7,82	+0,15	7,97	11,87	+3,90	+3,93	0.42.11,90
δ Poissons....	L	6	0.42. 7,64	+0,15	7,79	11,87	+4,08	+4,06	0.42.11,85
233 BAC........	L	7	0.43.47,91	+0,18	48,09			+4,06	0.43.52,15
233 BAC........	P	6	0.43.48,08	+0,18	48,26			+3,94	0.43.52,20
α Polaire......	L	30	1.13.12,97	+1,73	14,70	22,03			
τ Poissons....	P	7	1. 4.42,47	+0,14	42,61	46,63	+4,02	+3,95	1. 4.46,56
τ Poissons....	L	6	1. 4.42,36	+0,14	42,50	46,63	+4,13	+4,07	1. 4.46,57
φ Poissons....	L	7	1. 6.53,50	+0,14	53,64	57,83	+4,19	+4,07	1. 6.57,71

NOMS.	O_b	N	PASSAGE OBSERVÉ.	I	T	A_c	C_p	C'_p	ASCENSION droite APPAR. CONCLUE.
			h m s	s	s	s	s	s	h m s
φ Poissons.....	P	6	1. 6.53,62	+ 0,14	53,76	57,83	+ 4,07	+ 3,95	1. 6.57,71
f Poissons.....	P	7	1.11.17,07	+ 0,16	17,23	21,16	+ 3,93	+ 3,95	1.11.21,18
f Poissons.....	L	6	1.11.16,95	+ 0,16	17,11	21,16	+ 4,05	+ 4,07	1.11.21,18
400 BAC........	L	7	1.13.20,77	+ 0,16	20,93			+ 4,07	1.13.25,00
400 BAC........	P	6	1.13.20,87	+ 0,16	21,03			+ 3,95	1.13.24,98
405 BAC........	P	7	1.16. 6,82	+ 0,16	6,98			+ 3,95	1.16.10,93
405 BAC........	L	6	1.16. 6,73	+ 0,16	6,89			+ 4,08	1.16.10,97
θ Baleine......	L	7	1.17.42,54	+ 0,15	42,69	46,74	+ 4,05	+ 4,08	1.17.46,77
θ Baleine......	P	6	1.17.42,71	+ 0,15	42,86	46,74	+ 3,88	+ 3,95	1.17.46,81
429 BAC........	P	7	1.19.24,65	+ 0,18	24,83			+ 3,95	1.19.28.78
429 BAC........	L	6	1.19.24,42	+ 0,18	24,60			+ 4,08	1.19.28,68
444 BAC........	L	7	1.21.45,50	+ 0,14	45,64			+ 4,08	1.21.49,72
444 BAC........	P	6	1.21.45,64	+ 0,14	45,78			+ 3,96	1.21.49,74
η Poissons.....	P	7	1.24.43,65	+ 0,15	43,80	47,74	+ 3,94	+ 3,96	1.24.47,76
η Poissons.....	L	6	1.24.43,54	+ 0,15	43,69	47,74	+ 4,05	+ 4,08	1.24.47,77
464 BAC........	L	7	1.26.41,04	+ 0,15	41,19			+ 4,08	1.26.45,27
464 BAC........	P	6	1.26.41,07	+ 0,15	41,22			+ 3,96	1.26.45,18
475 BAC........	P	7	1.28.27,74	+ 0,19	27,93			+ 3,96	1.28.31,89
475 BAC........	L	6	1.28.27,55	+ 0,19	27,74			+ 4,08	1.28.31,82
β Bélier.......	L	7	1.47.40,03	+ 0,14	40,17	44,18	+ 4,01	+ 4,09	1.47.44,26
β Bélier.......	P	6	1.47.40,05	+ 0,14	40,19	44,18	+ 3,99	+ 3,97	1.47.44,16
586 BAC........	P	7	1.49.22,16	+ 0,16	22,32	26,31	+ 3,99	+ 3,97	1.49.26,29
586 BAC........	L	6	1.49.22,02	+ 0,16	22,18	26,31	+ 4,13	+ 4,09	1.49.26,27
598 BAC........	L	7	1.51.34,27	+ 0,16	34,43			+ 4,09	1.51.38,52
598 BAC........	P	6	1.51.34,33	+ 0,16	34,49			+ 3,97	1.51.38,46
615 BAC........	P	7	1.53.35,09	+ 0,16	35,25	39,21	+ 3,96	+ 3,97	1.53.39,22
615 BAC........	L	6	1.53.34,93	+ 0,16	35,09	39,21	+ 4,12	+ 4,09	1.53.39,18
60 Baleine.....	L	7	1.56.43,05	+ 0,16	43,21	47,27	+ 4,06	+ 4,10	1.56.47,31
60 Baleine.....	P	6	1.56.43,15	+ 0,16	43,31	47,27	+ 3,96	+ 3,97	1.56.47,28
α Bélier.......	P	7	1.59. 3,53	+ 0,14	3,67	7,70	+ 4,03	+ 3,97	1.59. 7,64
α Bélier.......	L	6	1.59. 3,47	+ 0,14	3,61	7,70	+ 4,09	+ 4,10	1.59. 7,71
15 Bélier......	L	7	2. 3.37,73	+ 0,14	37,87	41,95	+ 4,08	+ 4,10	2. 3.41,97
15 Bélier......	P	6	2. 3.37,78	+ 0,14	37,92	41,95	+ 4,03	+ 3,98	2. 3.41,90

PÉRIODES DE TEMPS.	POS.	AZ.	INCL.	m	n	$c - x$
h h		s	p	s	s	s
De 23,2 à 2,1	0	+ 0,08	− 0,11	+ 0,04	− 0,07	+ 0,114

27 OCTOBRE 1874.

NOMS.	O_b	N	PASSAGE OBSERVÉ.	I	T.	A_c	C_p	C'_p	ASCENSION droite APPAR. CONCLUE.
			h m s	s	s	s		s	h m s
μ Pégase......	P	7	22.43.52,42	+ 0,09	52,51	57,76		+ 5,30	22.43.57,81
μ Pégase......	L	6	22.43.52,51	+ 0,09	52,60	57,76		+ 5,35	22.43.57,95
λ Verseau.....	L	7	22.45.59,89	+ 0,10	59,99	5,23	+ 5,24	+ 5,35	22.46. 5,34
λ Verseau.....	P	6	22.45.59,89	+ 0,10	59,99	5,23	+ 5,24	+ 5,30	22.46. 5,29
7988 BAC......	P	7	22.48.50,39	+ 0,09	50,48			+ 5,30	22.48.55,78
7988 BAC......	L	6	22.48.50,38	+ 0,09	50,47			+ 5,35	22.48.55,82
7996 BAC......	L	7	22.51. 5,27	+ 0,09	5,36			+ 5,35	22.51.10,71
7996 BAC......	P	6	22.51. 5,18	+ 0,09	5,27			+ 5,30	22.51.10,57
Anonyme....	P	6	22.52.57,40	+ 0,09	57,49			+ 5,30	22.53. 2,79
Anonyme....	L	6	22.52.57,28	+ 0,09	57,37			+ 5,35	22.53. 2,72
o Andromède..	L	7	22.56. 4,50	+ 0,10	4,60	9,85	+ 5,25	+ 5,35	22.56. 9,95
o Andromède..	P	6	22.56. 4,59	+ 0,10	4,69	9,85	+ 5,16	+ 5,30	22.56. 9,99
α Pégase	P	7	22.58.26,36	+ 0,09	26,45	31,67	+ 5,22	+ 5,30	22.58.31,75
α Pégase......	L	6	22.58.26,31	+ 0,09	26,40	31,67	+ 5,27	+ 5,35	22.58.31,75
58 Pégase.....	L	7	23. 3.38,00	+ 0,09	38,09	43,48	+ 5,39	+ 5,35	23. 3.43,44
58 Pégase.....	P	6	23. 3.38,09	+ 0,09	38,18	43,48	+ 5,30	+ 5,30	23. 3.43,48
8078 BAC......	P	7	23. 5.19,86	+ 0,09	19,95			+ 5,30	23. 5.25,25
8078 BAC......	L	6	23. 5.19,73	+ 0,09	19,82			+ 5,35	23. 5.25,17
φ Verseau.....	L	7	23. 7.45,24	+ 0,09	45,33	50,66	+ 5,33	+ 5,35	23. 7.50,68
φ Verseau.....	P	6	23. 7.45,36	+ 0,09	45,45	50,66	+ 5,21	+ 5,30	23. 7.50,75
γ Poissons	P	7	23.10.35,54	+ 0,09	35,63	40,83	+ 5,20	+ 5,30	23.10.40,93
γ Poissons	L	6	23.10.35,43	+ 0,09	35,52	40,83	+ 5,31	+ 5,35	23.10.40,87
96 Verseau.....	L	6	23.12.49,44	+ 0,09	49,53	54,89	+ 5,36	+ 5,35	23.12.54,88
96 Verseau.....	P	6	23.12.49,58	+ 0,09	49,67	54,89	+ 5,22	+ 5,30	23.12.54,97
8133 BAC......	P	7	23.14.36,59	+ 0,09	36,68			+ 5,30	23.14.41,98
8133 BAC......	L	6	23.14.36,58	+ 0,09	36,67			+ 5,35	23.14.42,02
8149 BAC......	L	7	23.16.40,56	+ 0,09	40,65			+ 5,35	23.16.46,00
8149 BAC......	P	6	23.16.40,75	+ 0,09	40,84			+ 5,30	23.16.46,14
υ Pégase......	P	7	23.18. 2,81	+ 0,09	2,90	8,16	+ 5,26	+ 5,30	23.18. 8,20
υ Pégase......	L	6	23.18. 2,78	+ 0,09	2,87	8,16	+ 5,29	+ 5,35	23.18. 8,22
ϰ Poissons	L	7	23.20.25,79	+ 0,09	25,88	31,26	+ 5,38	+ 5,35	23.20.31,23
ϰ Poissons	P	6	23.20.25,84	+ 0,09	25,93	31,26	+ 5,33	+ 5,30	23.20.31,23
8182 BAC......	P	7	23.22.44,32	+ 0,09	44,41			+ 5,30	23.22.49,71
8182 BAC......	L	6	23.22.44,29	+ 0,09	44,38			+ 5,35	23.22.49,73
8193 BAC......	L	7	23.24.58,39	+ 0,09	58,48			+ 5,35	23.25. 3,83
8193 BAC......	P	6	23.24.58,63	+ 0,09	58,72			+ 5,30	23.25. 4,02
8203 BAC......	P	7	23.27. 6,85	+ 0,09	6,94			+ 5,30	23.27.12,24
8203 BAC......	L	6	23.27. 6,82	+ 0,09	6,91			+ 5,35	23.27.12,26
8215 BAC......	L	7	23.28.59,56	+ 0,09	59,65			+ 5,35	23.29. 5,00
2215 BAC......	P	6	23.28.59,65	+ 0,09	59,74			+ 5,30	23.29. 5,04

NOMS.	O_b	N	PASSAGE OBSERVÉ.	I	T	A_c	C_p	C'_p	ASCENSION droite APPAR. CONCLUE.
			h m s	s	s			s	h m s
8221 BAC.......	P	7	23.31. 5,25	+ 0,10	5,35			+ 5,30	23.31.10,65
8221 BAC.......	L	6	23.31. 5,17	+ 0,10	5,27			+ 5,35	23.31.10,62
ι Poissons	L	7	23.33.25,59	+ 0,09	25,68	31,06	+ 5,38	+ 5,35	23.33.31,03
ι Poissons	P	6	23.33.25,69	+ 0,09	25,78	31,06	+ 5,28	+ 5,30	23.33.31,08
8243 BAC.......	P	7	23.35.34,56	+ 0,09	34,65			+ 5,30	23.35.39,95
8243 BAC.......	L	6	23.35.34,51	+ 0,09	34,60			+ 5,35	23.35.39,95
8256 BAC.......	L	7	23.37.36,59	+ 0,09	36,68			+ 5,35	23.37.42,03
8256 BAC.......	P	6	23.37.36,75	+ 0,09	36,84			+ 5,30	23.37.42,14
8262 BAC.......	P	7	23.39.54,73	+ 0,09	54,82			+ 5,30	23.40. 0,12
8262 BAC.......	L	6	23.39.54,68	+ 0,09	54,77			+ 5,35	23.40. 0,12
21 Poissons	L	7	23.42.57,84	+ 0,09	57,93	3,31	+ 5,38	+ 5,35	23.43. 3,28
21 Poissons	P	6	23.42.57,93	+ 0,09	58,02	3,31	+ 5,29	+ 5,30	23.43. 3,32
φ Pégase......	P	7	23.46. 2,19	+ 0,09	2,28	7,55	+ 5,27	+ 5,30	23.46. 7,58
φ Pégase......	L	6	23.46. 2,11	+ 0,09	2,20	7,55	+ 5,35	+ 5,35	23.46. 7,55
8311 BAC.......	L	7	23.48.17,18	+ 0,09	17,27			+ 5,35	23.48.22,62
8311 BAC.......	P	6	23.48.17,27	+ 0,09	17,36			+ 5,30	23.48.22,66
8324 BAC.......	P	7	23.51.17,87	+ 0,09	17,96			+ 5,30	23.51.23,26
8324 BAC.......	L	6	23.51.17,76	+ 0,09	17,85			+ 5,35	23.51.23,20
ω Poissons	L	7	23.52.47,91	+ 0,09	48,00	53,41	+ 5,41	+ 5,35	23.52.53,35
ω Poissons	P	6	23.52.48,01	+ 0,09	48,10	53,41	+ 5,31	+ 5,30	23.52.53,40
30 Poissons	P	7	23.55.27,51	+ 0,09	27,60	32,91	+ 5,31	+ 5,30	23.55.32,90
30 Poissons	L	6	23.55.27,54	+ 0,09	27,63	32,91	+ 5,28	+ 5,35	23.55.32,98
2 Baleine.....	L	7	23.57.14,82	+ 0,11	14,93	20,24	+ 5,31	+ 5,35	23.57.20,28
2 Baleine.....	P	6	23.57.14,84	+ 0,11	14,95	20,24	+ 5,29	+ 5,30	23.57.20,25
33 Poissons	P	7	23.58.50,81	+ 0,09	50,90	56,19	+ 5,29	+ 5,30	23.58.56,20
33 Poissons	L	6	23.58.50,68	+ 0,09	50,77	56,19	+ 5,42	+ 5,35	23.58.56,12
η Poissons	L	7	1.24.42,33	+ 0,09	42,42	47,75	+ 5,33	+ 5,35	1.24.47,77
η Poissons	P	6	1.24.42,43	+ 0,09	42,52	47,75	+ 5,23	+ 5,30	1.24.47,82
475 BAC.......	L	7	1.28.26,40	+ 0,11	26,51			+ 5,35	1.28.31,86
475 BAC.......	P	5	1.28.26,39	+ 0,11	26,50			+ 5,30	1.28.31,80
π Poissons	P	7	1.30.23,04	+ 0,09	23,13	28,45	+ 5,32	+ 5,30	1.30.28,43
π Poissons	L	6	1.30.23,01	+ 0,09	23,10	28,45	+ 5,35	+ 5,35	1.30.28,45
103 Poissons	L	7	1.32.25,62	+ 0,09	25,71			+ 5,35	1.32.31,06
103 Poissons	P	6	1.32.25,70	+ 0,09	25,79			+ 5,30	1.32.31,09
ν Poissons	P	7	1.34.50,31	+ 0,09	50,40	55,72	+ 5,32	+ 5,30	1.34.55,70
ν Poissons	L	6	1.34.50,26	+ 0,09	50,35	55,72	+ 5,37	+ 5,35	1.34.55,70
o Poissons	L	7	1.38.42,18	+ 0,09	42,27	47,71	+ 5,44	+ 5,35	1.38.47,62
o Poissons	P	6	1 38.42,30	+ 0,09	42,39	47,71	+ 5,32	+ 5,30	1.38.47,69
546 BAC.......	P	7	1.41.18,86	+ 0,09	18,95			+ 5,30	1.41.24,25
546 BAC.......	L	6	1.41.18,78	+ 0,09	18,87			+ 5,35	1.41.24,22
54 Baleine.....	L	7	1.44. 8,63	+ 0,09	8,72	14,16	+ 5,44	+ 5,35	1.44.14,07
54 Baleine.....	P	6	1.44. 8,71	+ 0,09	8,80	14,16	+ 5,36	+ 5,30	1.44.14,10
β Bélier......	P	7	1.47.38,77	+ 0,09	38,86	44,19	+ 5,33	+ 5,30	1.47.44,16

17.

NOMS.	O_b	N	PASSAGE OBSERVÉ.	I	T	A_c	C_p	C'_p	ASCENSION droite APPAR. CONCLUE.
			h m s	s	s	s	s	s	h m s
β Bélier.......	L	6	1.47.38,71	+ 0,09	38,80	44,19	+ 5,39	+ 5,35	1.47.44,15
586 BAC.......	L	7	1.49.20,86	+ 0,09	20,95	26,33	+ 5,38	+ 5,35	1.49.26,30
586 BAC.......	P	6	1.49.20,90	+ 0,09	20,99	26,33	+ 5,34	+ 5,30	1.49.26,29
598 BAC.......	P	7	1.51.33,02	+ 0,09	33,11			+ 5,30	1.51.38,41
598 BAC.......	L	5	1.51.32,88	+ 0,09	32,97			+ 5,35	1.51.38,32
615 BAC.......	L	7	1.53.33,68	+ 0,09	33,77	39,22	+ 5,45	+ 5,35	1.53.39,12
615 BAC.......	P	6	1.53.33,74	+ 0,09	33,83	39,22	+ 5,39	+ 5,30	1.53.39,13
60 Baleine.....	P	7	1.56.41,89	+ 0,09	41,98	47,29	+ 5,31	+ 5,30	1.56.47,28
60 Baleine.....	L	6	1.56.41,80	+ 0,09	41,89	47,29	+ 5,40	+ 5,35	1.56.47,24
α Bélier.......	L	7	2. 0. 2,20	+ 0,09	2,29	7,72	+ 5,43	+ 5,35	2. 0. 7,64
α Bélier.......	P	6	2. 0. 2,32	+ 0,09	2,41	7,72	+ 5,31	+ 5,30	2. 0. 7,71
15 Bélier.......	P	4	2. 3.36,51	+ 0,09	36,60	41,97	+ 5,37	+ 5,30	2. 3.41,90
15 Bélier.......	L	6	2. 3.36,49	+ 0,09	36,58	41,97	+ 5,39	+ 5,35	2. 3.41,93
19 Bélier.......	L	7	2. 6. 8,84	+ 0,09	8,93			+ 5,35	2. 6.14,28
19 Bélier.......	P	6	2. 6. 8,92	+ 0,09	9,01			+ 5,30	2. 6.14,31
67 Baleine.....	P	7	2.10.39,76	+ 0,09	39,85	45,21	+ 5,36	+ 5,30	2.10.45,15
67 Baleine.....	L	5	2.10.39,71	+ 0,09	39,80	45,21	+ 5,41	+ 5,35	2.10.45,15
70 Baleine....	L	7	2.15.45,11	+ 0,09	45,20			+ 5,35	2.15.50,55
70 Baleine....	P	5	2.15.45,14	+ 0,09	45,23			+ 5,30	2.15.50,53

POSITION EST.

NOMS.	O_b	N	PASSAGE OBSERVÉ.	I	T	A_c	C_p	C'_p	ASCENSION droite APPAR. CONCLUE.
35 Bélier.......	P	7	2.36. 2,05	— 0,21	1,84	7,15	+ 5,31	+ 5,30	2.36. 7,14
35 Bélier.......	L	6	2.36. 2,07	— 0,21	1,86	7,15	+ 5,29	+ 5,35	2.36. 7,21
845 BAC.......	L	7	2.38. 6,22	— 0,19	6,03	11,28	+ 5,25	+ 5,35	2.38.11,38
845 BAC.......	P	6	2.38. 6,12	— 0,19	5,93	11,28	+ 5,35	+ 5,30	2.38.11,23
41 Bélier.......	P	7	2.42.32,66	— 0,21	32,45	37,72	+ 5,27	+ 5,30	2.42.37,75
41 Bélier.......	L	6	2.42.32,61	— 0,21	32,40	37,72	+ 5,32	+ 5,35	2.42.37,75
ε Bélier.......	L	7	2.51.58,93	— 0,20	58,73	4,01	+ 5,28	+ 5,35	2.52. 4,08
ε Bélier.......	P	6	2.51.58,92	— 0,20	58,72	4,01	+ 5,29	+ 5,30	2.52. 4,02
α Baleine......	P	7	2.55.39,76	— 0,19	39,57	44,94	+ 5,37	+ 5,30	2.55.44,87
α Baleine......	L	6	2.55.39,76	— 0,19	39,57	44,94	+ 5,37	+ 5,35	2.55.44,92
β Persée......	L	7	2.59.57,45	— 0,24	57,21	62,39		+ 5,35	3. 0. 2,56
β Persée......	P	6	2.59.57,34	— 0,24	57,10	62,39		+ 5,30	3. 0. 2,40
δ Bélier.......	P	7	3. 4.23,81	— 0,20	23,61	29,02	+ 5,41	+ 5,30	3. 4.28,91
δ Bélier.	L	6	3. 4.23,81	— 0,20	23,61	29,02	+ 5,41	+ 5,35	3. 4.28,96
12 Éridan......	L	7	3. 6.41,32	— 0,20	41,12	46,42	+ 5,30	+ 5,35	3. 6.46,47
12 Éridan......	P	6	3. 6.41,34	— 0,20	41,14	46,42	+ 5,28	+ 5,30	3. 6.46,44

PÉRIODES DE TEMPS.	POS.	AZ.	INCL.	m	n	$c - x$
h h		s	p	s	s	s
De 22,7 à 2,3	O	+ 0,01	— 0,43	— 0,02	— 0,03	+ 0,114
De 2,6 à 3,1	E	— 0,02	— 0,39	— 0,04	0,00	— 0,148

COMPARAISON DES PENDULES.

La comparaison des pendules a été réalisée généralement deux fois par soirée complète, au moyen de signaux envoyés successivement de chaque station et automatiquement enregistrés sur les bandes des deux chronographes. La convention rapportée plus haut indique la marche suivie dans ces opérations.

Comme nous l'avons déjà dit, dans les deux cas de la transmission et de la réception des signaux, ce sont deux courants de même intensité qui agissent sur la palette du relais et déterminent l'action de la pile locale sur l'électro-aimant E_e qui commande la plume des signaux; l'intensité et la constance de ces courants sont obtenues et vérifiées au moyen du rhéostat et de la boussole pendant la durée de longs contacts qui précèdent et suivent les signaux d'essai.

La mesure de la parallaxe des plumes, sous l'influence des mêmes courants, pour la réception et l'envoi, avait toujours lieu immédiatement après l'échange des signaux, et comme la durée totale d'un échange ne dépasse guère 10 minutes, la valeur trouvée dans les deux cas pour la parallaxe peut être considérée comme s'appliquant à l'instant moyen de l'échange.

En chaque station, la parallaxe d'envoi fait connaître la correction à introduire au temps des signaux enregistrés sur la bande pour obtenir les heures de la pendule correspondantes, éliminant ainsi les effets dus à l'écartement relatif des becs de plumes, à l'inertie des divers organes de transmission, principalement à la non-instantanéité de l'attraction des ancres d'électro-aimants, ainsi qu'au temps d'attraction de la palette du relais.

Il en est de même de la parallaxe de réception; mais, dans ce cas, les signaux reçus et corrigés de l'effet de la parallaxe ne peuvent pas être considérés comme se produisant rigoureusement aux mêmes instants où ils sont émis à la station conjuguée; ils sont entachés d'une certaine erreur due à ce que la propagation du fluide électrique n'est pas instantanée.

Le retard de la transmission électrique dépend de la nature des conducteurs, de l'état d'isolement des lignes, ainsi que de l'intensité des courants employés.

Les quatre piles qui donnaient naissance aux courants agissant entre Paris et Marseille, Marseille et Alger, étaient composées deux à deux d'un même nombre d'éléments (120 et 10) et, dans les deux cas, soit à l'aller, soit au retour, à Paris et à Alger, nous avons, au moyen du rhéostat, ramené à une même intensité la portion des courants qui passait par la boussole et le relais de chaque chronographe. Nous avons ainsi pu légitimement admettre que, sauf dans le cas de perturbations ou de déperditions anormales, le retard de transmission de l'effet électrique est le même à l'aller et au retour, dans les deux fractions de la ligne Paris-Marseille, Marseille-Alger.

L'intervention du relais de translation à Marseille est aussi une cause de retard; mais, si l'on remarque que, dans les deux cas, ce relais agit sous l'influence d'un courant de même intensité réglée par le rhéostat et mesurée par la boussole, on pourra admettre aussi que, le déclanchement de la palette du relais s'opérant dans les mêmes conditions, le retard qui en résulte dans la propagation électrique est exactement le même dans les deux cas.

Nous avons donc admis que le retard S de la transmission des signaux, dû à la non-instantanéité de propagation du fluide et à l'interposition à Marseille du relais de translation, était le même pour l'aller et le retour entre Paris et Alger, et nous avons pu calculer la valeur de ce retard.

Les tableaux suivants comprennent tous les signaux utilisés ainsi que les éléments du calcul de la longitude pour chaque soirée.

On trouve en tête de chacun d'eux la date, le numéro de l'échange et le nom de la station d'envoi, Paris d'abord, Alger ensuite; et, dans les colonnes successives, les temps des deux pendules pour chaque couple de signaux transmis et reçus avec les différences correspondantes (col. 3 et 6).

Sur une même ligne horizontale, on a formé les moyennes de chaque colonne et inscrit au-dessous, dans les colonnes 1, 2, 4 et 5, les parallaxes de plume et les corrections de pendule; dans les colonnes 3 et 6, les différences des parallaxes et des corrections de pendule prises dans le sens Alger-Paris.

La somme algébrique des trois différences des colonnes 3 et 6 donne quatre valeurs de la longitude désignées deux à deux sous la rubrique L_1'', L_2'', et qui ne sont plus affectées que de la différence p des deux équations personnelles et du retard S de la transmission.

La moyenne L' des quatre valeurs de L_1'' et L_2'' est inscrite au bas de chaque tableau; elle n'est plus affectée que de l'effet des équations personnelles et est indépendante de la durée de la transmission S dont la valeur, pour chaque échange, est inscrite à côté de L'.

2 NOVEMBRE 1874. — PREMIER ÉCHANGE.

SIGNAUX DE PARIS.

ALGER.	PARIS.	DIFFÉRENCE.	ALGER.	PARIS.	DIFFÉRENCE.
h m s	h m s	m s	h m s	h m s	m s
4.38.53,41	4.34.39,60	4.13,81	4.48.47,51	4.45.33,68	3.13,83
4.39. 0,66	4.34.46,83	4.13,83	4.48.53,27	4.45.39,42	3.13,85
4.39. 7,77	4.34.53,96	4.13,81	4.48.58,98	4 45.45,10	3.13,88
4.39.21,29	4.35. 7,47	4.13,82	4.49. 5,41	4.45.51,56	3.13,85
4.39.28,71	4.35.14,90	4.13,81	4.49.11.00	4.45.57,13	3.13,87
4.39.33,99	4.35 20,16	4.13,83	4.49.16,69	4.46. 2,80	3.13,89
4.39.43,65	4.35.29,82	4.13,83	4.49.23,47	4.46. 9,61	3.13,86
4.39.51,97	4 35.38,11	4.13,86	4.49.46,39	4.46.32,51	5.13,89
4.39.57,69	4.35.43,85	4.13,84	4.49.52,55	4.46.38,70	3.13,85
4.40. 5,45	4.35.51,63	4.13,82	4.49.57,48	4.46.43,60	3.13,88
4.40.40,90	4.36.27,07	4.13,83	4.50. 9,78	4.46.55,92	3.13,86
4.40.47,44	4.36.33,61	4.13,83	4.50.16,43	4.47. 2,55	3.13,88
4.40.55,87	4.36.41,93	4.13,84	4.50.22,50	4.47. 8,67	3.13,83
4.41. 5,44	4.36.51,59	4.13,85	4.50.28,69	4.47.14,85	3.13,84
4.41.15,25	4.37. 1,41	4.13,84	4.50.35,68	4.47.21,81	3.13,87
4.41.23,49	4.37. 9,67	4.13,82	4.50.42,24	4.47.28,35	3.13,89
4.41.31,19	4.37.17,36	4.13,83	4.50.49,09	4.47.35,22	3.13,87
4.41.39,21	4.37.25,37	4.13,84	4.50.55,74	4.47.41,85	3.13,89
4.41.48,52	4.37.34,71	4.13,81	4.50. 3,25	4.47.49,38	3.13,87
4.41.57,13	4.37.43,30	4.13,83	4.51.11,29	4.47.57,41	3.13,88
Moyenne. 4.40,4	4.36,1	3.13,829	4.50,0	4.46,8	3.13,866
Parallaxe. + 0,039	+ 0,018	+ 0,021	+ 0,039	+ 0,018	+ 0,021
Pendule.. + 18,551	+ 41,764	— 23,213	+ 18,554	+ 41,793	— 23,239
L_1''............		+ 2.50,637			+ 2.50,648

SIGNAUX D'ALGER.

ALGER.	PARIS.	DIFFÉRENCE.	ALGER.	PARIS.	DIFFÉRENCE.
h m s	h m s	m s	h m s	h m s	m s
4.43.10,59	4.39.57,32	3.13,27	4.43.56,69	4.40.43,40	3.13,29
4.43.12,67	4.39.59,33	3.13,34	4.44. 0,70	4.40.47,40	3.13,30
4.43.18,68	4.40. 5,41	3.13,27	4.44. 2,94	4.40.49,66	3.13,28
4.43.26,68	4.40.13,38	3.13,30	4.44. 6,61	4.40.53,27	3.13,34
4.43.30,76	4.40.17,41	3.13,35	4.45.22,54	4.42. 9,20	3.13,34
4.43.32,79	4.40.19,59	3.13,20	4.45.40,89	4.42.27,59	3.13,30
4.43.36,68	4.40.23,40	3.13,28	4.45.46,69	4.42.33,38	3.13,31
4.43.38,69	4.40.25,29	3.13,40	4.45.50,89	4.42.37,56	3.13,24
4.43.50,73	4.40.37,40	3.13,33	4.45.52,78	4.42.39,54	3.13,24
4.43.56,69	4.40.43,40	3.13,29	4.45.55,34	4.42.42,14	3.13,20
Moyenne. 4.43,5	4.40,2	3.13,298	4.45,5	4.42,3	3.13,284
Parallaxe. + 0,039	+ 0,018	+ 0,021	+ 0,039	+ 0,018	+ 0,021
Pendule.. + 18,552	+ 41,773	— 23,221	+ 18,553	+ 41,780	— 23,227
L_2''............		+ 2.50,098			+ 2.50,078

$$L' = 2.50,365 \qquad S = 0,278$$

COMPARAISON DES PENDULES

2 NOVEMBRE 1874. — DEUXIÈME ÉCHANGE.

ALGER.	PARIS.	DIFFÉRENCE.	ALGER.	PARIS.	DIFFÉRENCE.
		SIGNAUX D'ALGER.			
h m s	h m s	m s	h m s	h m s	m s
5 11.48,78	5. 8.35,43	3.13,35	5.24.30,56	5.21.17,10	3.13,46
5.11.50,83	5. 8.37,40	3.13,43	5.24.32,70	5.21.19,25	3.13,45
5.12.17,19	5. 9. 3,71	3.13,48	5.24.37,14	5.21.23,78	3.13,36
5.12.24,60	5. 9.11,21	3.13,39	5.25.29,66	5.22.16,20	3.13,46
5.12.26,72	5. 9.13,24	3.13,48	5.25.32,50	5.22.19,10	3.13,40
5.12.50,50	5. 9.37,10	3.13,40	5.27.25,91	5.24.12,48	3.13,43
5.12.53,34	5. 9.39,90	3.13,44	5.28.20,48	5.25. 7,17	3.13,31
5 12.55,95	5. 9.42,49	3.13,46			
5.13. 6,60 .	5. 9.53,10	3.13,50			
5.13.19,91	5.10. 5,59	3.13,32			
5.13.21,40	5.10. 7,90	3.13,50			
5.13.26,34	5.10.12,83	3.13,51			
5.13.28,88	5.10 15,45	3.13,43			
5.13.31,39	5.10.18,10	3.13,29			
5.13.33,84	5.10.20,40	3.13,44			
5.13.36,36	5.10.32,80	3.13,56			
Moyenne. 5.13,0	5. 9,9	3.13,436	5.25,5	5.22,3	3.13,410
Parallaxe. + 0,040	+ 0,013	+ 0,027	+ 0,040	+ 0,013	+ 0,027
Pendule.. + 18,562	+ 41,862	— 23,300	+ 18,566	+ 41,897	— 23,331
L''_1................		+ 2.50,163			+ 2.50,106
		SIGNAUX DE PARIS.			
h m s	h m s	m s	h m s	h m s	m s
5 20.36,09	5.17.22,11	3.13,98	5.21.58,48	5.18.44,50	3.13,98
5.20.40,96	5.17.27,01	3.13,95	5.22. 3,05	5.18.49,11	3.13,94
5.20.45,40	5.17.31,49	3.13,91	5.22. 9,20	5.18.55,26	3.13,94
5.20.50,08	5.17.36,15	3.13,93	5.22.16,94	5.19. 2,99	3.13,95
5.20.53,50	5.17.39,59	3.13,91	5.22.23,44	5.19. 9,50	3.13,94
5.20.57,52	5.17.43,60	3.13,92	5.22.29,06	5.19.15,10	3.13,96
5.21. 3,20	5.17.49,30	3.13,90	5.22.35,60	5.19.21,66	3.13,94
5.21. 9,64	5.17.55,60	3.14,04	5.22.42,99	5.19.29,01	3.13,98
5.21.15,98	5.18. 2,00	3.13,98	5.22.48,01	5.19.34,01	3.14,00
5.21.22,64	5.18. 8,70	3.13,94	5.22.55,60	5.19.41,68	3.13,92
5.21.38,00	5.18.24,04	3.13,96	5.23. 1,74	5.19.47,77	3.13 97
5.21.43,16	5.18.29,21	3.13,95	5.23. 9,09	5.19.55,13	3.13,96
5.21.48.59	5.18.34,64	3.13,95	5.23.16,70	5.20. 2,75	3.13,95
5.21.53,31	5.18.39,38	3.13,93	5.23.25,00	5.20.11,08	3.13,92
			5.23.31,59	5.20.17,61	3.13,98
Moyenne. 5.21,1	5.17,9	3.13,947	5.22,7	5.19,5	3.13,955
Parallaxe. + 0,040	+ 0,013	+ 0,027	+ 0,040	+ 0,013	+ 0,027
Pendule.. + 18,565	+ 41,886	— 23,321	+ 18,565	+ 41,892	— 23,327
L''_2................		+ 2.50,653			+ 2.50,655

$$L' = 2^{\mathrm{m}}\ 50,394 \qquad S = 0,260$$

2 NOVEMBRE 1874. — TROISIÈME ÉCHANGE.

ALGER.	PARIS.	DIFFÉRENCE.	ALGER.	PARIS.	DIFFÉRENCE.
		SIGNAUX D'ALGER.			
h m s	h m s	m s	h m s	h m s	m s
5.39.40,77	5.36.27,17	3.13,60	5.51.38,60	5.48.25,05	3.13,55
5.39.44,76	5.36.31,31	3.13,45	5.51.44,59	5.48.30,99	3.13,60
5.39.50,70	5.36.37,31	3.13,40	5.51.50,60	5.48.37,15	3.13,45
5.40. 8,62	5.36.43,27	3.13,49	5.51.57,96	5.48.44,34	3.13,62
5.40.14,69	5.36.55,11	3.13,51	5.52. 4,60	5.48.51,15	3.13,45
5.40.19,59	5.37. 1,21	3.13,48	5.52.10,63	5.48.57,16	3.13,47
5.40.32,75	5.37. 6,15	3.13,44	5.52.16,69	5.49. 3,20	3.13,49
5.40.36,20	5.37.19,25	3.13,50	5.52.22,62	5.49. 9,21	3.13,41
5.40.39,51	5.37.22,70	3.13,50	5.52.26,24	5.49.13,79	3.13,45
5.40.52,78	5.37.26,02	3.13,49	5.52.29,70	5.49.16,21	3.13,49
5.40.59,34	5.37.39,39	3.13,48	5.52.32,16	5.49.18,69	3.13,47
5.41. 8,53	5.37.45,81	3.13,53	5.52.34,48	5.49.21,00	3.13,48
5.41.27,89	5.37.55,15	3.13,38	5.52.36,87	5.49.23,40	3.13,47
5.41.30,98	5.38.14,49	3.13,40	5.52.41,80	5.49.28,29	3.13,51
5.41.33,66	5.38.17,42	3.13,56	5.52.44,21	5.49.30,77	3.13,44
5.41.36,70	5.38.20,20	3.13,46	5.52.46,44	5.49.32,94	3.13,50
5.41.39,55	5.38.23,29	3.13,41			
5.41.50,70	5.38.26,09	3.13,46			
5.41.53,49	5.38.37,20	3.13,50			
	5.38.40,00	3.13,49			
Moyenne. 5.40,8	5.37,5	3.13,476	5.52,4	5.49,2	3.13,490
Parallaxe. + 0,040	+ 0,013	+ 0,027	+ 0,040	+ 0,013	+ 0,027
Pendule.. + 18,571	+ 41,944	— 23,373	+ 18,575	+ 41,988	— 23,413
L''_1..................		+ 2.50,126			+ 2.50,104
		SIGNAUX DE PARIS.			
h m s	h m s	m s	h m s	h m s	m s
5.44.10,88	5.40.56,90	3.13,98	5.48.29,78	5.45.15,79	3.13,99
5.44.21,29	5.41. 7,29	3.14,00	5.48.33,39	5.45.19,40	3.13,99
5.44.24,74	5.41.10,76	3.13,98	5.48.48,53	5.45.34,59	3.13,94
5.44.29,44	5.41.15,45	3.13,99	5.48.52,23	5.45.38,21	3.14,02
5.44.39,00	5.41.25,02	3.13,98	5.48.56,28	5.45.42,29	3.13,99
5.44.43,15	5.41.29,20	3.13,95	5.49. 9,31	5.45.55,34	3.13,97
5.44.45,81	5.41.31,83	3.13,98	5.49.14,60	5.46. 0,60	3.14,00
5.44.55,57	5.41.41,60	3.13,97	5.49.19,27	5.46. 5,29	3.13,98
5.44.59,38	5.41.45,40	3.13,98	5.49.30,98	5.46.16,99	3.13,99
5.45. 3,49	5.41.49,51	3.13,98	5.49.33,73	5.46.19,74	3.13,99
5.45.16,02	5.42. 2,05	3.13,97	5.49.37,71	5.46.23,70	3.14,01
5.45.21,68	5.42. 7,68	3.14,00	5.49.49,38	5.46.35,40	3.13,98
5.45.27,80	5.42.13,81	3.13,99	5.49.52,70	5.46.38,82	3.13,88
5.45.39,69	5.42.25,70	3.13,99	5.49.56,34	5.46.42,33	3.14,01
5.45.43,17	5.42.29,20	3.13,97	5.50. 6,56	5.46.52,51	3.14,05
5.45.48,93	5.42.34,99	3.13,94	5.50.10,98	5.46.57,00	3.13,98
5.46. 0,80	5.42.46,79	3.14,01	5.50.15,54	5.47. 1,58	3.13,96
5.46. 5,00	5.42.51,01	3.13,99	5.50.26,91	5.47.12,90	3.14,01
5.46. 9,89	5.42.55,90	3.13,99	5.50.30,49	5.47.16,49	3.14,00
			5.50.34,43	5.47.20,43	3.14,00
Moyenne. 5.45,0	5.41,8	3.13,981	5.49,6	5.46,3	3.13,987
Parallaxe. + 0,040	+ 0,013	+ 0,027	+ 0,040	+ 0,013	+ 0,027
Pendule.. + 18,573	+ 0,957	— 23,384	+ 18,574	+ 41,970	— 23,396
L''_2..................		+ 2.50,624			+ 2.50,608
		$L' = 2.50,365$	$S = 0,250$		

3 NOVEMBRE 1874. — PREMIER ÉCHANGE.

ALGER.	PARIS.	DIFFÉRENCE.	ALGER.	PARIS.	DIFFÉRENCE.

SIGNAUX D'ALGER.

ALGER.	PARIS.	DIFFÉRENCE.	ALGER.	PARIS.	DIFFÉRENCE.
h m s	h m s	m s	h m s	h m s	m s
2.17.44,63	2.15. 5,80	2.38,83	2.19.27,06	2.16.48,18	2.38,88
2.17.47,05	2.15. 8,20	2.38,85	2.19.29,98	2.16.51,14	2.38,84
2.17.49,14	2.15.10,29	2.38,85	2.19.32,39	2.16.53,50	2.38,89
2.17.51,35	2.15.12,53	2.38,82	2.19.35,01	2.16.56,17	2.38,84
2.17.53,57	2.15.14,71	2.38,86	2.19.40,60	2.17. 1,70	2.38,90
2.17.55,72	2.15.16,87	2.38,85	2.19.43,36	2.17. 4,40	2.38,96
2.17.57,84	2.15.18,98	2 38,86	2.20.15,67	2.17.36,82	2.38,85
2.17.59,99	2.15.21,22	2.38,77	2.20.18,10	2.17.39,21	2.38,89
2.18. 2,16	2.15.23,36	2.38,80	2.20.21,04	2.17.42,14	2.38,90
2.18. 5,18	2.15.26,31	2.38,87	2.20.23,80	2.17.44,90	2.38,90
2.18.56,79	2.16.17,87	2.38,92			
2.19. 0,77	2.16.21,90	2.38,87			
2.19. 2,74	2.16.23,80	2.38,94			
2.19. 6,73	2.16.27,83	2.38,90			
2.19. 8,91	2.16.30,00	2.38,91			
2.19.12,77	2.16.33,90	2.38,87			
2.19.14,88	2.16.36,00	2.38,88			
2.19.19,03	2.16.40,17	2.38,86			
2.19.21,19	2.16.42,29	2.38,90			
2.19.25,18	2.16.46,25	2.38,93			
Moyenne. 2.18,5	2.15,8	2.38,867	2.19,7	2.17,0	2.38,885
Parallaxe. — 0,033	+ 0,021	— 0,054	— 0,033	+ 0,021	— 0,054
Pendule.. + 18,798	+ 7.566	+ 11,232	+ 18,798	+ 7,563	+ 11,235
L″₁.................		+ 2.50,045			+ 2.50,066

SIGNAUX DE PARIS.

ALGER.	PARIS.	DIFFÉRENCE.	ALGER.	PARIS.	DIFFÉRENCE.
h m s	h m s	m s	h m s	h m s	m s
2.21.42,29	2.19. 2,92	2.39,37	2.23. 5,41	2.20.26,00	2.39,41
2.21.54,38	2.19.14,98	2.39,40	2.23. 8,73	2.20.29,35	2.39,38
2.21.56,92	2.19.17,50	2.39,42	2.23.11,91	2.20.32,51	2.39,40
2.22. 0,74	2.19.21,37	2.39,37	2.23.15,91	2.20.36,54	2.39,37
2.22. 4,27	2.19.24,89	2.39,38	2.23.18,77	2.20.39,40	2.39,37
2.22. 8,03	2.19.28,60	2.39,43	2.23.22,31	2.20.42,91	2.39,40
2.22.11,21	2.19.31,81	2.39,40	2.23.26,19	2.20.46,79	2.39,40
2.22.14,59	2.19.35,25	2 39,34	2.23.30,06	2.20.50,63	2.39,41
2.22.18,02	2.19.38,63	2.39,39	2.23.35,24	2.20.55,85	2.39,39
2.22.21,26	2.19.41,90	2.39,36	2.23.42,27	2.21. 2,88	2.39,39
2.22.24,83	2.19.45,46	2.39,37			
2.22.28,43	2.19.49,05	2.39,38			
2.22.31,40	2.19.52,00	2.39,40			
2.22.34,20	2.19.54,80	2.39,40			
2.22.46,90	2.20. 7,50	2.39,40			
2.22.51,03	2.20.11,63	2.39,40			
2.22.54,62	2.20.15,20	2.39,42			
2.22.58,48	2.20.19,09	2.39,39			
2.23. 2,32	2.20.22,96	2.39,36			
Moyenne. 2.22,3	2.19,7	2.39,389	2.23,3	2.20,7	2.39,392
Parallaxe. — 0,033	+ 0,021	— 0,054	— 0,033	+ 0,021	— 0,054
Pendule.. + 18,798	+ 7.554	+ 11,244	+ 18,798	+ 7,552	+ 11,246
L″₂................		+ 2.50,579			+ 2.50,584

$$L' = 2.50,318 \qquad S = 0,262$$

3 NOVEMBRE 1874. — DEUXIÈME ÉCHANGE.

SIGNAUX D'ALGER.

ALGER.	PARIS.	DIFFÉRENCE.	ALGER.	PARIS.	DIFFÉRENCE.
h m s	h m s	m s	h m s	h m s	m s
5.7. 4,67	5.4.26,50	2.38,17	5.16. 8,63	5.13.30,40	2.38,23
5.7.43,98	5.5. 5,80	2.38,18	5.16.16,67	5.13.38,50	2.38,17
5.7.51,61	5.5.13,43	2.38,18	5.16.42,63	5.14. 4,39	2.38,24
5.7.54,38	5.5.16,10	2.38,28	5.16.46,69	5.14. 8,43	2.38,26
5.7.57,33	5.5.19,20	2.38,13	5.16.50,62	5.14.12,37	2.38,25
5.7.59,99	5.5.21,78	2.38,21	5.16.54,29	5.14.16,13	2.38,16
5.8. 2,44	5.5.24,29	2.38,15	5.16.56,44	5.14.18,34	2.38,10
5.8. 5,00	5.5.26,80	2.33,20	5.16.58,74	5.14.20,55	2.38,19
5 8.12,78	5.5.34,60	2.38,18	5.17. 1,01	5.14.22,89	2.38,12
5.8.15,11	5.5.36,91	2.38,20	5.17. 5,83	5.14.27,70	2.38,13
5.8.17,60	5.5.39,39	2.38,21	5.17. 8,22	5.14.30,10	2.38,12
5.8.22,66	5.5.44,45	2.28,21	5.17.10,75	5.14.32,58	2.38,17
5.8.25,17	5.5.46,99	2.38,18	5.17.13,27	5.14.35,15	2.38,12
5.8.27,61	5.5.49,39	2.38,22	5.17.15,40	5.14.37,24	2.38,16
			5.17.17,58	5.14.39,41	2.38,17
			5.17.19,78	5.14.41,63	2.38,15
			5.17.21,74	5.14.43,55	2.38,19
			5.17.27,69	5.14.49,55	2.38,14
			5.17.29,98	5.14.51,79	2.38,19
			5.17.33,04	5.14.54,94	2.38,10
Moyenne.. 5.8,0	5.5,4	2.38,193	5.17,1	5.14,4	2.38,168
Parallaxe.. − 0,024	+ 0,030	− 0,054	− 0,024	+ 0,030	− 0,054
Pendule.. + 18,826	+ 7,070	+ 11,756	+ 18,827	+ 7,041	+ 11,786
L''_1..............		+ 2.49.895			+ 2.49.900

SIGNAUX DE PARIS.

ALGER.	PARIS.	DIFFÉRENCE.	ALGER.	PARIS.	DIFFÉRENCE.
h m s	h m s	m s	h m s	h m s	m s
5.10.46,84	5.8. 8,00	2.38,84	5.13.48,79	5.11. 9,95	2.38,84
5.10.51,38	5.8.12,50	2.38,88	5.13.51,60	5.11.12,76	9.38,84
5.10.57,38	5.8.18,50	2.38,88	5.13.59,34	5.11.20,50	2.38,84
5.11. 1,32	5.8.22,49	2.38,83	5.14. 1,66	5.11.22,81	2.38,85
5.11. 5,66	5.8.26,79	2.38,87	5.14. 4,18	5.11.25,31	2.38,87
5.11.13,59	5.8.34,75	2.38,84	5.14.10,73	5.11.31,90	2.38,83
5.11.16,93	5.8.38,10	2.38,83	5.14.14,07	5.11.35,23	2.38,84
5.11.20,63	5.8.41,80	2.38,83	5.14.17,04	5.11.38,20	2.38,84
5.11.24,21	5.8.45,38	2.38,83	5.14.24,69	5.11.45,82	2.38,87
5.11.34,83	5.8.56,00	2.38,83	5.14.27,51	5.11.48,67	2.38,84
5.11.38,19	5.8.59,34	2.38,85	5.14.46,22	5.12. 7,40	2.38,82
5.11.41,76	5.9. 2,88	2.38,88	5.14.50,51	5.12.11,65	2.38,86
5.11.45,59	5.9. 6,72	2.38,87	5.14.54,81	5.12.15,95	2.38,86
5.11.48,36	5.9. 9,51	2.38,85	5.14.58,29	5.12.19,44	2.38,85
5.11.52,16	5.9.13,30	2.38,86	5.15. 2,04	5.12.23,20	2.38,84
5.11.55,64	5.9.16,77	2.38,87	5.15. 4,34	5.12.25,50	2.38,84
5.11.58,94	5.9.20,10	2.38,84	5.15. 6,47	5.12.27,61	2.38,86
5.12. 3,37	5.9.24,50	2.38,87	5.15. 9,64	5.12.30,80	2.38,84
5.12. 6,42	5.9.27,57	2.38,85	5.15.12,30	5.12.33,50	2.38,80
5.12.10,22	5.9.31,39	2.38,83	5.15.15,58	5.12.36,75	2.38,83
Moyenne. 5.11,6	5.8,9	2.38,851	5.14,6	5.11,9	2.38,843
Parallaxe. − 0,024	+ 0,030	− 0,054	− 0,024	+ 0,030	− 0,054
Pendule.. + 18,826	+ 7,069	+ 11,757	+ 0,827	+ 7,050	+ 11,777
L''_2..............		+ 2.50.554			+ 2.50.566

$$L' = 2.50.228 \qquad S = 0,331.$$

3 NOVEMBRE 1874. — TROISIÈME ÉCHANGE.

ALGER.	PARIS.	DIFFÉRENCE.	ALGER.	PARIS.	DIFFÉRENCE.
		SIGNAUX D'ALGER.			
h m s	h m s	m s	h m s	h m s	m s
5.18.22,94	5.15.44,69	2.38,25	5.36. 6,74	5.33.28,50	2.38,24
5.18.26,78	5.15.48,55	2.38,23	5.36.22,85	5.33.44,49	2.38,36
5.18.30,97	5.15.52,70	2.38,27	5.36.26,82	5.33.48,71	2.38,11
5.18.54,63	5.16.16,34	2.38,29	5.36.30,80	3.33.52,58	2.38,22
5.18.59,21	5.16.21,10	2.38,11	5.36.38,85	5.34. 0,69	2.38,16
5.19.30,33	5.16.52,20	2.38,13	5.36.42,80	5 34. 4,50	2.38,30
5.19.32,90	5.16.54,75	2.38,15	5.36.46,75	5.34. 8.55	2.38,20
5.19.35,50	5.16.57,32	2.38,18	5.36.50,70	5.34.12,48	2.38,22
5.19.40,41	5.17. 2,26	2.38,15	5.36.54,80	5.34.16,60	2.38,20
5.19.43,64	5.17. 5,44	2.38,20	5.36.58,73	5.34.20,49	2.38,24
			5.37. 9,66	5.34.31,50	2.38,16
			5.37.16,40	5 34.38,21	2.38,19
			5.37.22,89	5.34.44,80	2.38,09
			5.37.29,08	5.34.50,94	2.38,14
			5.37.35,17	5.34 57,01	2.38,16
			5.37.38,17	5.35. 0,00	2.38,17
			5.37.41,54	5.35. 3,35	2.38,19
			5.37.44,77	5.35. 6,63	2.38,14
			5.37.47,98	5.35. 9,81	2.38,17
			5.37.51,14	5.35.12,97	2.38,17
Moyenne. 5.19,2	5.16,6	2.38,196	5.37,1	5.34.4	2 38,191
Parallaxe. — 0,024	+ 0,030	— 0,054	— 0,024	+ 0,030	— 0,054
Pendule.. + 18,828	+ 7,045	+ 11,783 •	+ 18,831	+ 6,983	+ 11,848
L''_1.................		+ 2.49,925			+ 2.49,985
		SIGNAUX DE PARIS.			
h m s	h m s	m s	h m s	h m s	m s
5.21. 7,64	5.18.28,80	2.38,84	5.22. 1,99	5.19.23,15	2.38,84
5.21.10,09	5.18.31,29	2.38,80	5.22. 6,00	5.19.27,17	2.38,83
5.21.13,98	5.18.35,16	2.38,82	5.22. 9,82	5.19.31,00	2.38,82
5.21.20,21	5.18.41,40	2.38,81	3.22.13,09	E.19.34,26	2.38,83
5.21.23,35	5.18.44,50	2.38,85	5.22.16,89	5.19.38,07	2.38,82
5.21.26,10	5.18.47,25	2.38,85	5.22 20 49	5.19.41,67	2.38,82
5.21.31,39	5.18.52,53	2.38,86	5.22.24,64	5.19.45,80	2.38,84
5.21.33,99	5.18.55,15	2.38,84	5.22 28,04	5.19.49,21	2.38,83
5.21.36,16	5.18.57,36	2.38,80	5.22.31,02	5.19.52,15	2.38,87
5.21.38,24	5.18 59,45	2.38,79	5.22.37,96	5.19.59,13	2.38,83
5.21 45,49	5.19. 6,60	2.38,89	5.22.41,58	5.20. 2,71	2.38,87
5.21.48,88	5.19.10,00	2.38,88	5.22.43,87	5.20. 5,01	2.38,86
5.21.52,47	5.19.13,61	2.38,86	5.22.26,06	5.20. 7,21	2.38,85
5.21.56,19	5.19.17,33	2.38,86	5.22.48,49	5.20. 9,63	2.38,86
5.21.59,49	5.19.20,66	2.38,83	5.22.50,82	5.20.12,00	2.38,82
Moyenne. 5.21,6	5.19,0	2.38,839	5.22,5	5.19,9	2.38,839
Parallaxe. — 0,024	+ 0,030	— 0,054	— 0,024	+ 0,030	— 0,054
Pendule.. + 18,829	+ 7,028	+ 11,801	+ 18,829	+ 7,024	+ 11,805
L''_2.................		+ 2.50,586			+ 2.50,590

$$L' = 2.50,272 \qquad S = 0,316$$

6 NOVEMBRE 1874. — PREMIER ÉCHANGE.

SIGNAUX DE PARIS.

ALGER.	PARIS.	DIFFÉRENCE.	ALGER.	PARIS.	DIFFÉRENCE.
h m s	h m s	m s	h m s	h m s	m s
1.42.42,34	1.39. 9,60	2.32,74	1.51.21,53	1.48.48,74	2.32,79
1.42.46,40	1.39 13,67	2.32,73	1.51.24,49	1.48.51,79	2.32,70
1.42.49,00	1.39.16,24	2.32,76	1.51.37,66	1.49. 4,91	2.32,75
1.44. 6,04	1.41.33,30	2.32,74	1.51.42,21	1.49. 9,50	2.32,71
1.44.11,42	1.41.38,71	2.32,71	1.51.44,98	1.49.12,28	2.32,70
1.44.15,80	1.41.43,10	2.32,70	1.51.48,40	1.49 15,63	2.32,77
1.44.19,78	1.41.47,07	2.32,71	1.51.51,64	1.49.18,91	2.32,73
1.44.25,50	1.41.52,76	2.32,74	1.52. 1,70	1.49.29,00	2.32,70
1.44.31,42	1.41.58,70	2.32,72	1.52. 5,69	1.49.32,97	2.32,72
1.44.35,62	1.42. 2,90	2.32,72	1.52. 8,70	1.49.36,00	2.32,70
1.44.39,65	1.42. 6,93	2.32,72	1.52.11,59	1.49.39,87	2.32,72
1.44.43,88	1.42.11,15	2.32,73	1.52.24,11	1.49.51,40	2.32,71
1.44.49,45	1.42.16,70	2.32,75	1.52.28,12	1.49.55,40	2.32,72
1.44.54,59	1.42.21,87	2.32,72	1.52.32,53	1.49.59,83	2.32,70
1.44.57,69	1.42.24,93	2.32,76	1.52.37,89	1.50. 5,11	2.32,78
1.45. 1,62	1.42.28,89	2.32,73	1.52.42,62	1.50. 9,87	2.32,75
1.45. 4,93	1.42.32,19	2.32,74	1.52.46,75	1.50.13,97	2.32,78
1.45. 8,46	1.42.35,73	2.32,73			
1.45.12,20	1.42.39,49	2.32,71			
1.45.16,30	1.42 43,47	2.32,83			
Moyenne. 1.44,6	1.42,0	2.32,734	1.52,1	1.49,5	2.32,731
Parallaxe. − 0,022	+ 0,078	− 0,100	− 0,022	+ 0,078	− 0,100
Pendule.. + 19,033	+ 1,089	+ 17,944	+ 19,035	+ 1,070	+ 17,965
L''_1		+ 2.50,574			+ 2.50,596

SIGNAUX D'ALGER.

ALGER.	PARIS.	DIFFÉRENCE.	ALGER.	PARIS.	DIFFÉRENCE.
h m s	h m s	m s	h m s	h m s	m s
1.46.45,07	1.44.12,95	2.32,12	1.47.40,67	1.44. 8,40	2.32,27
1.46.46,78	1.44.14,58	2.32,20	1.47.44,67	1.44.12,40	2.32,27
1.46.48,64	1.44.16,35	2.32,29	1.47.48,65	1.44.16,35	2.32,30
1.46.50,55	1.44.18,35	2.32,20	1.48. 6,70	1.44.34,49	2.32,21
1.46.52,29	1.44.20,08	2.32,21	1.48.10,69	1.45.38,49	2.32,20
1.46.53,96	1.44.21,70	2.32,26	1.48.14,88	1.45.42,69	2.32,19
1.46.55,48	1.44.23,29	2.32,19	1.48.18,32	1.45.46,17	2.32,15
1.46.58,48	1.44.26,35	2.32,13	1.48.25,01	1.45.52,89	2.32,12
1.46.59,93	1.44.27,79	2.32,14	1.48.26,82	1.45.54,62	2.32,20
1.47. 1,40	1.44.29,21	2.32,19	1.48.28,62	1.45.56,38	2.32,24
1.47. 3,40	1.44.31,10	2.32,30	1.48.30,20	1.45.58,07	2.32,13
1.47. 4,87	1.44.32,60	2.32,27	1.48.46,20	1.46.13,89	2.32,31
1.47. 6,80	1.44.34,51	2.32,29	1.48.48,20	1.46.16,01	2.32,19
1.47.34,64	1.45. 2,41	2.32,23	1.48.49,68	1.46.17,40	2.32,28
1.47.36,85	1.45. 4,59	2.32,26			
Moyenne. 1.47,0	1.44,5	2.32,219	1.48,3	1.45,8	2.32,212
Parallaxe. − 0,022	+ 0,078	− 0,100	− 0,022	+ 0,078	− 0,100
Pendule.. + 19,034	+ 1,082	+ 17,952	+ 19,035	+ 1,079	+ 17,956
L''_2		+ 2.50,071			+ 2.50,068

$$L' = 2.50,322 \qquad S = 0,252$$

COMPARAISON DES PENDULES

6 NOVEMBRE 1874. — DEUXIÈME ÉCHANGE.

ALGER.	PARIS.	DIFFÉRENCE.	ALGER.	PARIS.	DIFFÉRENCE.
		SIGNAUX D'ALGER.			
h m s	h m s	m s	h m s	h m s	m s
3.22.29,06	3.19.57,20	2.31,86	3.31.56,60	3.29.25,00	2.31,60
3.22.31,12	3.19.59,15	2.31,97	3.31.58,94	3.29.27,30	2.31,64
3.22.34,60	3.20. 2,81	2.31,79	3.32. 1,06	3.29.29,54	2.31,52
3.22.39,15	3.20. 7,40	2.31,75	3.32. 3,18	3.29.31,60	2.31,58
3.22.42,67	3.20.10,82	2.31,85	3.32. 5,27	3.29.33,71	2.31,56
3.22.46,67	3.20.14,90	2.31,77	3.32. 8,97	3.29.37,45	2.31,52
3.22.50,69	3.20.18,89	2.31,80	3.32.18,88	3.29.47,22	2.31,66
3.22.54,77	3.20.22,95	2.31,82	3.32.20,97	3.29.49,30	2.31,67
3.22.58,65	3.20.26,72	2.31,93	3.32.22,96	3.29.51,31	2.31,65
3.23. 2,71	3.20.30,80	2.31,91	3.32.24,94	3.29.53,20	2.31,74
3.23. 5,94	3.20.34,15	2.31,79	3.32.26,70	3.29.55,01	2.31,69
3.23. 8,10	3.20.36,43	2.31,67	3.32.28,46	3.29.56,71	2.31,75
3.23.10,18	3.20.38,39	2.31,79	3.32.30,23	3.29.58,57	2.31,66
3.23.12,30	3.20.40,50	2.31,80	3.32.32,33	3.30. 0,66	2.31,67
3.23.16,70	3.20.45,11	2.31,59	3.32.34,18	3.30. 2,54	2.31,64
3.23.18,80	3.20.46,96	2.31,84	3.32.36,35	3.30. 4,70	2.31,65
3.23.20,90	3.20.49,13	2.31,77	3.32.38,26	3.30. 6,50	2.31,76
3.23.22,89	3.20.51,11	2.31,78	3.32.40,69	3.30. 9,10	2.31,59
3.23.24,89	3.20.53,09	2.31,80	3.32.43,39	3.30.11,67	2.31,72
3.23.26,74	3.20.54,98	2.31,76	3.32.46,49	3.30.14,75	2.31,74
Moyenne. 3.23,0	3.20,5	2.31,802	3.32,4	3.29,9	2.31,651
Parallaxe. — 0,024	+ 0,018	— 0,042	— 0,024	+ 0,018	— 0,042
Pendule.. + 19,057	+ 0,812	+ 18,245	+ 19,058	+ 0,786	+ 18,272
L″₁		+ 2.50,005			+ 2.49,881
		SIGNAUX DE PARIS.			
h m s	h m s	m s	h m s	h m s	m s
3.26.35,01	3.24. 2,63	2.32,38	3.29.20,44	3.26.48,04	2.32,40
3.26.39,08	3.24. 6,71	2.32,37	3.29.24,34	3.26.51,92	2.32,42
3.26.44,67	3.24.12,25	2.32,42	3.29.27,39	3.26.54,99	2.32,40
3.26.52,90	3.24.20,54	2.32,36	3.29.30,50	3.26.58,11	2.32,39
3.26.55,41	3.24.23,01	2.32,40	3.29.34,17	3.27. 1,80	2.32,37
3.26.59,10	3.24.26,70	2.32,40	3.29.37,36	3.27. 4,98	2.32,38
3.27. 7,71	3.24.35,34	2.32,37	3.29.40 54	3.27. 8,11	2.32,43
3.27.10,84	3.24.38,45	2.32,39	3.29.44,07	3.27.11,69	2.32,38
3.27.13,65	3.24.41,29	2.32,36	3.29.47,42	3.27.15,03	2.32,39
3.27.15,54	3.24.43,19	2.32,35	3.29.51,46	3.27.19,08	2.32,38
3.28.47,12	3.26.14,71	2.32,41	3.29.57,03	3.27.24,62	2.32,41
3.28.50,20	3.26.17,80	2.32,40	3.29.59,06	3.27.26,67	2.32,39
3.28.53,76	3.26.21,39	2.32,37	3.30. 1,13	3.27.28,76	2.32,37
3.28.57,01	3.26.24,68	2.32,33	3.30. 5,20	3.27.32,81	2.32,39
3.29. 0,30	3.26.27,90	2.32,40	3.30. 8,96	3.27.36,61	2.32,35
3.29. 3,90	3.26.31,50	2.32,40	3.30.15,58	3.27.43,20	2.32,38
3.29. 7,09	3.26.34,70	2.32,39	3.30.19,11	3.27.46,76	2.32,36
3.29.10,19	3.26.37,83	2.32,36	3.30.21,74	3.27.49,37	2.32,37
3.29.13,87	3.26.41,50	2.32,37	3.30.27,10	3.27.54,71	2.32,39
3.29.17,30	3.26.44,90	2.32,40	3.30.31,07	3.27.58,70	2.32,37
Moyenne. 3.27,0	3.26,0	2.32,381	3.29,9	3.27,7	2.32,386
Parallaxe. — 0,024	+ 0,018	— 0,042	— 0,024	+ 0,018	— 0,042
Pendule.. + 19,058	+ 0,796	+ 18,262	+ 19,058	+ 0,793	+ 18,265
L″₂		+ 2.50,601			+ 2.50,609

$$L' = 2.50,274 \qquad S = 0,331$$

7 NOVEMBRE 1874. — PREMIER ÉCHANGE.

ALGER.	PARIS.	DIFFÉRENCE.	ALGER.	PARIS.	DIFFÉRENCE.
SIGNAUX DE PARIS.					
h m s	h m s	m s	h m s	h m s	m s
1.57. 2,90	1.54.34,60	2.28,30	2.3.17,02	2.0.48,70	2.28,32
1.57. 5,01	1.54.36,71	2.28,30	2.3.21,11	2.0.52,81	2.28,30
1.57. 6,97	1.54.38,67	2.28,30	2.3.23,09	2.0.54,80	2.28,29
1.57.10,90	1.54.42,59	2.28,31	2.3.25,06	2.0.56,79	2 28,27
1.57.12,97	1.54.44,68	2.28,29	2.3.26,93	2.0.58,62	2.28,31
1.57.15,18	1.54.46,84	2.28,34	2.3.30,92	2.1. 2,64	2.28,28
1.57.16,96	1.54.48,64	2.28,32	2.3.33,11	2.1. 4,80	2.28,31
1.57.19,70	1.54.51,43	2.28,27	2.3.36,60	2.1. 8,27	2.28,33
1.57.21,50	1.54.53,20	2.28,30	2.3.39,04	2.1.10,72	2.28,32
1.57.28,34	1.55. 0,02	2.28,32	2.3.42,98	2.1.14,66	2.28,32
1.57.30,18	1.55. 1,88	2.28,30	2.3.47,67	2.1.19,37	2.28,30
1.57.32,08	1.55. 3,76	2.28,32	2.3.50,22	2.1.21,97	2.28,25
1.57.34,78	1.55. 6,45	2.28,33	2.3.53,04	2.1.24,70	2.28,34
1.57.36,78	1.55. 8,47	2.28,31	2.3.55,46	2.1.27,17	2.28,29
1.57.39,44	1.55.11,10	2.28,34	2.3.58,01	2.1.29,72	2.28,29
1.57.42,02	1.55.13,70	2.28,32	2.4. 0,40	2.1.32,10	2.28,30
1.57.44,61	1.55.16,29	2.28,32	2.4. 3,10	2.1.34,78	2.28,32
1.57.47,21	1.55.18,90	2.28,31	2.4. 5,30	2.1.37,08	2 28,22
1.57.50,72	1.55.22,40	2.28,32	2.4. 7,22	2.1.38,90	2.28,32
1.57.53,48	1.55.25,16	2.28,32	2.4 10,18	2.1.41,90	2.28,28
Moyenne. 1.57,5	1.55,0	2.28,312	2.3,7	2.1,3	2.28,298
Parallaxe. — 0,016	— 0,026	+ 0,010	— 0,016	— 0,026	+ 0,010
Pendule.. + 19,256	— 3,038	+ 22,294	+ 19,256	— 3,056	+ 22,312
L″₁................		+ 2.50,616			+ 2.50,620
SIGNAUX D'ALGER.					
h m s	h m s	m s			
1.59. 9,40	1.56.41,60	2.27,80			
1.59.12,52	1.56.44,86	2.27,66			
1.59.14,80	1.56.47,03	2.27,77			
1.59.19,18	1.56.51,50	2.27,68			
1.59.21,14	1.56.53,50	2.27,64			
1.59.23,18	1.56.55,48	2.27,70			
1.59.25,15	1.56.57,40	2.27,75			
1.59.27,05	1.56.59,30	2.27,75			
1.59.29,08	1.57. 1,40	2.27,68			
1.59.30,98	1.57. 3,18	2.27,80			
1.59.32,97	1.57. 5,21	2.27,76			
1.59.34,99	1.57. 7,20	2.27,79			
2. 0.34,81	1.58. 6,99	2.27,82			
2. 0.46,74	1.58.19,09	2.27,65			
2. 0.48,86	1.58.21,11	2.27,75			
2. 0.50,81	1.58.23,04	2 27,77			
2. 0.52,84	1.58.25,10	2.27,74			
2. 0.54,97	1.58.27,22	2.27,75			
2. 0.56,98	1.58.29,20	2.27,78			
2. 0.58,88	1.58.31,10	2.27,78			
Moyenne. 1.59,5	1.57,1	2.27,741			
Parallaxe. — 0,016	— 0,026	+ 0,010			
Pendule.. + 19,256	— 3,044	+ 22,300			
L″₂................		+ 2.50.051			

$$L' = 2.\overset{m}{5}0,\overset{s}{8}34 \qquad S = 0,\overset{s}{2}83$$

17 NOVEMBRE 1874. — PREMIER ÉCHANGE.

ALGER.	PARIS.	DIFFÉRENCE.	ALGER.	PARIS.	DIFFÉRENCE.
		SIGNAUX DE PARIS.			
h m s	h m s	m s	h m s	h m s	m s
1.17.45,95	1.14.13,67	3.32,28	1.23. 7,40	1.19.35,10	3.32,30
1.17.49,04	1.14.16,75	3.32,29	1.23.10,02	1.19.37,74	3.32,28
1.17.52,00	1.14.19,70	3.32,30	1.23.12,66	1.19.40,36	3.32,30
1.17.54,34	1.14.22,03	3.32,31	1.23.14,82	1.19.42,51	3.32,31
1.17.56,88	1.14.24,59	3.32,29	1.23.17 47	1.19.45,19	3.32,28
1.17.59,26	1.14.26,98	3.32,28	1.23.20,11	1.19.47,80	3.32,31
1.18. 1,71	1.14.29,41	3.32,30	1.23.22,79	1.19.50,50	3.32,29
1.18. 4,26	1.14.31,98	3.32,28	1.23.24,91	1.19.52,61	3.32,30
1.18. 7,08	1.14.34,80	3.32,28	1.23.27,60	1.19.55,31	3.32,29
1.18. 9,18	1.14.36,90	3.32,28	1.23.29,83	1.19.57,54	3.32,29
1.18.11,20	1.14.38,90	3.32,30	1.23.32,34	1.20. 0,03	3.32,31
1.18.13,98	1.14.41,70	3.32,28	1.23.34,91	1.20. 2,61	3.32,30
1.18.17,04	1.14.44,76	3.32,28	1.23.37,55	1.20. 5,21	3.32,34
1.18.19,30	1.14.47,00	3.32,30	1.23.40,19	1.20. 7,89	3.32,30
1.18.21,70	1.14.49,45	3.32,25	1.23.43,09	1.20.10,78	3.32,31
1.18.24,28	1.14.52,00	3.32,28	1.23.45,29	1.20.12,99	3.32,30
1.18.27,12	1.14.54,86	3.82,26	1.23.47,97	1.20.15,70	3.32,27
1.18.29,39	1.14.57,09	3.32,30	1.23.50,47	1.20.18,12	3.32,35
1.18.31,98	1.14.59,70	3 32,28	1.23.53,21	1.20.20,90	3.32,31
1.18.35,22	1.15. 2,94	3.32,28	1.23.55,75	1.20.23,37	3.32,38
Moyenne. 1.18,2	1.14,6	3.32,285	1.23,5	1.20,0	3.32,306
Parallaxe. 0,000	— 0,003	+ 0,003	+ 0,000	— 0,003	+ 0,003
Pendule.. — 0,510	+ 41,088	— 41,599	— 0,513	+ 41,106	— 41,619
L"1		+ 2.50,689			+ 2.50,690
		SIGNAUX D'ALGER.			
h m s	h m s	m s	h m s	h m s	m s
1.20. 8,50	1.16.36,89	3.31,61	1.21.14,79	1.17.43,18	3.31,61
1.20.10,19	1.16.38,57	3.31,62	1.21.16,78	1.17.45,19	3.31,59
1.20.11,72	1.16.40,09	3.31,63	1.21.18,79	1.17.47,17	3.31,62
1.20.13,24	1.16.41,62	3.31,62	1.21.20,85	1.17.49,21	3.31,64
1.20.14,80	1.16.43,19	3.31,61	1.21.23,01	1.17.51,39	3.31,62
1.20.16,44	1.16.44,80	3.31,64	1.21.25,00	1.17.53,40	3.31,60
1.20.17,96	1.16.46,31	3.31,65	1.21.26,82	1.17.55,20	3.31,62
1.20.19,50	1.16.47,89	3.31,61	1 21.28,74	1.17.57,11	3.31,63
1.20.20,90	1.16.49,30	3.31,60	1.21.30,75	1.17.59,11	3.31,64
1.20.21,94	1.16.50,30	3.31,64	1.21.32,70	1.18. 1,10	3.31,60
1.20.54,59	1.17.22,90	3.31,69	1.21.34,59	1.18. 2,95	3.31,64
1.20.56,85	1.17.25,23	3.31,62	1.21.36,69	1.18. 5,07	3.31,62
1.20.58,92	1.17.27,30	3.31,62	1.21.38,69	1.18. 7,08	3.31,61
1.21. 0,97	1.17.29,34	3.31,63	1.21.40,50	1.18. 8,86	3.31,64
1.21. 2,87	1.17.31,24	3.31,63	1.21.42,29	1.18.10,66	3.31,63
1.21. 4,80	1.17.33,20	3.31,60	1.21.43,91	1.18.12,24	3.31,67
1.21. 6,88	1.17.35,29	3.31,59	1.21.47,20	1.18.15,58	3.31,62
1.21. 8,83	1.17.37,21	3.31,62	1.21.48,89	1.18.17,27	3.31,62
1.21.10,79	1.17.39,19	3.31,60	1.21.50,02	1.18.20,39	3.31,63
1.21.12,79	1.17.41,19	3.31,60	1.21.53,63	1.18.22,00	3.31,63
Moyenne. 1.20,6	1.17,1	3.31,621	1.21,5	1.18,0	3.31,624
Parallaxe. 0,000	— 0,003	+ 0,003	+ 0,000	— 0,003	+ 0,003
Pendule.. — 0,511	+ 41,097	— 0,512	— 0,512	+ 41,100	— 41,612
L"2		+ 2.50,021			+ 2.50,015

$$L' = + 2.50,853 \qquad S = 0,335$$

17 NOVEMBRE 1874.

ALGER.	PARIS.	DIFFÉRENCE.	ALGER.	PARIS.	DIFFÉRENCE.
		SIGNAUX DE PARIS.			
h m s	h m s	m s	h m s	h m s	m s
1.18.37,10	1.15. 4,80	3.32,30	1.23.58,39	1.20.26,04	3.32,35
1.18.39,18	1.15. 6,89	3.32,29	1.24. 0,96	1.20.28,67	3.32,29
1.18.41,60	1.15. 9,30	3.32,30	1.24. 3,20	1.20.30,89	3.32,31
1.18.44,00	1.15.11,70	3.32,30	1.24. 5,99	1.20.33,70	3.32,29
1.18.45,48	1.15.13,15	3.32,33	1.24. 8,79	1.20.36,50	3.32,29
1.18.46,89	1.15.14,59	3.32,30	1.24.10,79	1.20.38,49	3.32,30
1.18.48,39	1.15.16,09	3.32,30	1.24.12,82	1.20.40,50	3.32,32
1.18.49,74	1.15.17,46	3.32,28	1.24.14,69	1.20.42,40	3.32,29
1.18.50,83	1.15.18,52	3.32,31	1.24.16,30	1.20.44,00	3.32,30
1.18.52,31	1.15.20,00	3.32,31	1.24.17,72	1.20.45,44	3.32,28
Moyenne. 1.18,7	1.15,2	3.32,302	1.24,1	1.20,6	3.32,302
Parallaxe. 0,000	— 0,003	+ 0,003	0,000	— 0,003	+ 0,003
Pendule.. — 0,510	+ 41,092	— 41,602	— 0,513	+ 41,105	— 41,618
L″₁..................		+ 2.50,703			+ 2.50,687

$$L' = 2.50,350 \qquad S = 0,337$$

Le temps d'attraction de la palette du relais de translation de Marseille est très-faible.
Il résulte, en effet, de l'ensemble des valeurs de S inscrites dans les tableaux précé-
dents et dans ceux qui suivent, que le retard moyen de la transmission des signaux télégraphiques échangés entre Paris et Alger est égal à 0ˢ,306. MM. Stephan et Lœwy
ont trouvé pour le retard :

Entre Paris et Marseille, 0ˢ,024;
Entre Marseille et Alger, 0 ,233.

La somme de ces deux retards est égale à 0ˢ,257.

L'interposition du relais ne produit donc qu'un retard moyen de 0ˢ,049.

Notre relais devant être réglé très-sensible, on s'explique aisément les difficultés que
nous avons dû éprouver au début dans l'échange des signaux entre Paris et Alger.

La faible valeur du temps d'attraction montre en outre qu'il n'y a pas lieu de
craindre des erreurs sensibles, en admettant que le retard produit par le relais est le
même dans les deux cas de la transmission.

COMPARAISON DES PENDULES

23 NOVEMBRE 1874. — PREMIER ÉCHANGE.

ALGER.	PARIS.	DIFFÉRENCE.	ALGER.	PARIS.	DIFFÉRENCE.

SIGNAUX DE PARIS.

ALGER.	PARIS.	DIFFÉRENCE.	ALGER.	PARIS.	DIFFÉRENCE.
h m s	h m s	m s	h m s	h m s	m s
1.47.15,17	1.42.49,10	4.26,07	1.52.10,87	1.47.44,79	4.26.08
1.47.17,72	1.42.51,65	4.26,07	1.52.13,23	1.47.47,11	4.26.12
1.47.21,09	1.42.55,00	4.26,09	1.52.15,52	1.47.49,40	4.26.12
1.47.22,79	1.42.56,73	4.26,06	1.52.17,66	1.47.51,57	4.26.09
1.47.24,66	1.42.58,58	4.26,08	1.52.19,53	1.47.53,45	4.26.08
1.47.28,27	1.43. 2,17	4.26,10	1.52.21,41	1.47.55,30	4.26,11
1.47.30,69	1.43. 4,59	4.26,10	1.52.23,41	1.47.57,31	4.26,10
1.47.32,78	1.43. 6,70	4.26,08	1.52.25,86	1.47.59,75	4.26,11
1.47.34,76	1.43. 8,64	4.26,12	1.52.28,58	1.48. 2,43	4.26,15
1.47.36,67	1.43.10,59	4.26,08	1.52.30,74	1.48. 4,60	4.26,14
1.47.38,72	1.43.12,61	4.26,11	1.52.32,78	1.48. 6,60	4.26,13
1.47.40,86	1.43.14,77	4.26,09	1.52.34,98	1.48. 8,87	4.26,11
1.47.42,67	1.43.16,57	4.26,10	1.52.36,97	1.48.10,85	4.26,12
1.47.44,77	1.43.18,69	4.26,08	1.52.39,06	1.48.12,95	4.26,11
1.47.46,62	1.43.20,54	4.26,08	1.52.40,99	1.48.14,89	4.26,10
1.47.48,62	1.43.22,51	4.26,11	1.52.43,11	1.48.17,00	4.26,11
1.47.50,70	1.43.24,58	4.26,12	1.52.45,34	1.48.19,22	4.26,12
1.47.53,00	1.43.26,90	4.26,10	1.52.47,71	1.48.21,60	4.26,11
1.47.55,20	1.43.29,10	4.26,10	1.52.49,84	1.48.23,75	4.26,09
1.47.57,76	1.43.31,70	4.26,06	1.52.51,99	1.48.25,88	4.26,11
Moyenne. 1.47,6	1.43,2	4.26,090	1.52,5	1.48,1	4.26,110
Parallaxe. − 0,016	+ 0,017	− 0,033	− 0,016	+ 0,017	− 0,033
Pendule.. − 6,885	+ 1.28,519	− 1.35,404	− 6,886	+ 1.28,529	− 1.35,415
L"1............		+ 2.50,653			+ 2.50,662

SIGNAUX D'ALGER.

ALGER.	PARIS.	DIFFÉRENCE.	ALGER.	PARIS.	DIFFÉRENCE.
h m s	h m s	m s	h m s	h m s	m s
1.49. 4,47	1.44.39.00	4.25,47	1.50.30,80	1.46. 5,37	4.25,43
1.49. 6,29	1.44.40,89	4.25,40	1.50.32,89	1.46. 7,46	4.25,43
1.49. 8,47	1.44.43,01	4.25,46	1.50.34,76	1.46. 9.35	4.25,41
1.49.11,02	1.44.45,57	4.25,45	1.50.36,79	1.46.11,37	4.25,42
1.49.12,82	1.44.47,40	4.25,42	1.50.38,79	1.46.13,38	4.25,41
1.49.14,92	1.44.49,50	4.25,42	1.50.40,74	1.46.15,31	4.25,43
1.49.17,72	1.44.52,27	4.25,45	1.50.42,74	1.46.17,30	4.25,44
1.49.22,71	1.44.57,28	4.25,43	1.50.44,78	1.46.19,36	4.25,42
1.49.26,65	1.45. 1,17	4.25,48	1.50.46,84	1.46.21,46	4.25.38
1.49.28,82	1.45. 3.40	4.25,42	1.50.48,81	1.46.23,40	4.25,41
1.49.30,96	1.45. 5,54	4.25,42	1.50.50,73	1.46.25,31	4.25,42
1.49.34,64	1.45. 9.19	4.25,45	1.50.52,80	1.46.27,38	4.25,42
1.49.36,99	1.45.11,57	4.25,42	1.50.54,87	1.46.29,49	4.25,38
1.49.42,75	1.45.17,29	4.25,46	1.50.56,90	1.46.31,50	4.25,40
1.49.44,89	1.45.19,49	4.25,40	1.50.59,00	1.46.33,60	4.25,40
1.49.46,87	1.45.21,47	4.25,40	1.51. 1,17	1.46.35,73	4.25,44
1.49.48,96	1.45.23,56	4.25,40	1.51. 2,80	1.46.37,40	4.25,40
1.49.50,86	1.45.25,46	4.25,40	1.51. 4,42	1.46.39,02	4.25,40
1.49.52,76	1.45.27,37	4.25,39	1.51. 6,11	1.46.40,69	4.25,42
			1.51. 7,72	1.46.42,28	4.25,44
Moyenne. 1.49,5	1.45,0	4.25,429	1.50,8	1.46,4	4.25,415
Parallaxe. − 0,016	+ 0,017	− 0,033	− 0,016	+ 0,017	−. 0,033
Pendule.. − 6,885	+ 1.28,523	− 1.35,408	− 6,886	+ 1.28,525	− 1.35,411
L"2..........		+ 2.49,988			+ 2.49,971

L' = 2.50,319   S = 0,339

23 NOVEMBRE 1874. — TROISIÈME ÉCHANGE.

ALGER.	PARIS.	DIFFÉRENCE.	ALGER.	PARIS.	DIFFÉRENCE.
		SIGNAUX DE PARIS.			
h m s	h m s	m s	h m s	h m s	m s
3.47.44,90	3.43.18,48	4.26,42	3.53.39,78	3.49.13,31	4.26,47
3.47.46,57	3.43.20,15	4.26,42	3.53.41,88	3.49.15,48	4.26,40
3.47.48,60	3.43.22,19	4.26,41	3.53.44,26	3.49.17,74	4.26,52
3.47.50,34	3.43.23,96	4.26,38	3.53.46,56	3.49.20,09	4.26,47
3.47.52,15	3.43.25,71	4.26,44	3.53.48,52	3.49.22,05	4.26,47
3.47.54,05	3.43.27,61	4.26,44	3.53.50,66	3.49.24,19	4.26,47
3.47.55,51	3.43.29,10	4.26,41	3.53.52,84	3.49.26,39	4.26,45
3.47.56,99	3.43.30,57	4.26,42	3 53.55,05	3.49.28,59	4.26,46
3.47.58,98	3.43.32,55	4.26,43	3.53.57,30	3.49.30,92	4.26,38
3.48. 0,94	3.43.34,50	4.26,44	3.53.59,64	3.49.33,19	4 26,45
3.48. 2,89	3.43.36,48	4.26,41	3.54. 1,90	3.49.35,47	4.26,43
3.48. 7,00	3.43.40,57	4.26,43	3.54. 4,17	3.49.37,75	4.26,42
3.48. 9,18	3.43.42,73	4.26,45	3.54. 6,88	3.49.40,40	4.26,48
3.48.11.16	3.43.44,70	4.26,46	3.54. 8,98	3.49.42,50	4.26,48
3.48.15.36	3.43.48,90	4.26,46	3.54.10,94	3.49.44,43	4.26,51
3.48.17,13	3.43.50,73	4.26,40	3.54.13,28	3.49.46,80	4.26,48
3.48.19,13	3.43.52,70	4.26,43	3.54.15,77	3.49.49,31	4.26,46
3.48.21,23	3.43.54,81	4.26,42	3.54.18,38	3.49.51,92	4.26,46
3.48.23.20	3.43.56,79	4.26,41	3.54.20,08	3.49 53,65	4.26,43
3.48.24,93	3.43.58,50	4.26,43	3.54.22,08	3.49.55,64	4.26,44
Moyenne. 3.48,0	3.43,6	4.26.426	3.54,0	3.49,6	4.26,456
Parallaxe. — 0,013	+ 0,018	— 0,021	— 0,013	+ 0,008	— 0,021
Pendule.. — 6,986	+ 1.28,770	— 1.35,756	— 6,991	+ 1.28,786	— 1.35,777
L″₁..................		+ 2.50.649			+ 2.50,658
		SIGNAUX D'ALGER.			
h m s	h m s	m s	h m s	h m s	m s
3.49.36,82	3.45.10,97	4.25,85	3.50. 8,94	3.45.43,20	4.25,74
3.49.39,00	3.45.12,22	4.25,78	3.50.11,01	3.45.45,27	4.25,74
3.49.41,05	3.45.15,28	4.25,77	3.50.12,99	3.45.47,24	4.25,75
3.49.43,02	3.45.17,24	4.25,78	3.50.15,04	3.45.49,29	4.25,75
3.49 44,95	3.45.19,19	4.25,76	3.50.17,00	3.45.51,25	4.25,75
3.49.46,92	3.45.21,15	4.25,77	3.50.18,99	3.45.53,21	4.25,78
3.49.48,91	3.45.23,13	4.25,78	3.50.20,92	3.45.55,17	4.25,75
3.49.50,86	3.45.25,09	4.25,77	3.50.22,89	3.45.57,15	4.25,74
3.49.58,92	3.45.33,19	4.25,73	3.50.24,80	3.45.59,01	4.25,79
3.50. 0,95	3.45.35,20	4.25,75	3.50.26,89	3.46. 1,14	4.25,75
3.50. 2,99	3.45.37,29	4.25,70	3.50.28,81	3.46. 3,05	4.25,76
3.50. 4,94	3.45.39,19	4.25,75	3.50.30,72	3.46. 4,95	4.25,77
3.50. 6,97	3.45.40,20	4.25,77	3.50.32,54	3.46. 6,77	4.25,77
			3.50.34,22	3.46. 8,44	4.25,78
Moyenne. 3.49,8	3.45,4	4.25,766	3 50,4	3.46,0	4.25,750
Parallaxe. — 0,013	+ 0,008	— 0,021	— 0,013	+ 0,008	— 0,021
Pendule.. — 6,987	+ 1.28,777	— 1.35,764	— 6,988	+ 1.28.778	— 1.35,766
L″₂...............		+ 2.49,981			+ 2.49.977

$$L' = 2.50,316 \qquad S = 0,337$$

COMPARAISON DES PENDULES

24 NOVEMBRE 1874. — PREMIER ÉCHANGE.

SIGNAUX DE PARIS.

ALGER.	PARIS.	DIFFÉRENCE.	ALGER.	PARIS.	DIFFÉRENCE.
h m s	h m s	m s	h m s	h m s	m s
1.32.44,96	1.28.14,60	4.30,36	1.38.42,90	1.34.12,61	4.30,29
1.32.47,01	1.28.16,76	4.30,25	1.38.45,19	1.34.14,90	4.30,29
1.32.50,79	1.28.20,55	4.30,24	1.38.47,33	1.34.17,06	4.30,27
1.32.52,95	1.28.22,70	4.30,25	1.38.49,38	1.34.19,11	4.30,27
1.32.54,90	1.28.24,63	4.30,27	1.38.51,31	1.34.21,05	4.30,26
1.32.57,09	1.28.26,84	4.30,25	1.38.53,08	1.34.22,81	4.30,27
1.32.59,00	1.28.28,76	4.30,24	1.38.54,69	1.34.24,40	4.30,29
1.33. 0,87	1.28.30,64	4.30,23	1.38.56,38	1.34.26,09	4.30,29
1.33. 4,72	1.28.34,49	4.30,23	1.38.58,18	1.34.27,90	4.30,28
1.33. 6,74	1.28.36,49	4.30,25	1.39. 0,14	1.34.29,89	4.30,25
1.33. 8,71	1.28.38,49	4.30,22	1.39. 2,21	1.34.31,97	4.30,24
1.33.12,74	1.28.42,49	4.30,25	1.39. 4,72	1.34.34,47	4.30,25
1.33.14,70	1.28.44,43	4.30,27	1.39. 6,79	1.34.36,51	4.30,28
1.33.16,88	1.28.46,63	4.30,25	1.39. 8,79	1.34.38,51	4.30,28
1.33.20,72	1.28.50,50	4.30,22	1.39.11,01	1.34.40,72	4.30,29
1.33.24,05	1.28.53,80	4.30,24	1.39.13,30	1.34.43,05	4.30,25
1.33.26,82	1.28.56,60	4.30,22	1.39.15,33	1.34.47,11	4.30,22
1.33.30,09	1.28.59,83	4.30,26	1.39.19,81	1.34.49,53	4.30,28
1.33.36,12	1.29. 5,90	4.30,22	1.39.22,54	1.34.52,29	4.30,25
1.33.39,32	1.29. 9,09	4.30,23			
Moyenne. 1.33,1	1.28,6	4.30,247	1.39,0	1.34,5	4.30,268
Parallaxe. — 0,024	+ 0,012	— 0,024	— 0,024	+ 0,012	— 0,036
Pendule.. — 8,034	+1.31,526	—1.39,560	— 8,039	+1.31,538	—1.39,577
L''_1................		+2.50,651			+2.50,655

SIGNAUX D'ALGER.

ALGER.	PARIS.	DIFFÉRENCE.	ALGER.	PARIS.	DIFFÉRENCE.
h m s	h m s	m s	h m s	h m s	m s
1.35.50,77	1.31.21,20	4.29,57	1.36.28,74	1.31.59,15	4.29,59
1.35.52,78	1.31.23,20	4.29,58	1.36.30,29	1.32. 0,70	4.29,59
1.35.54,88	1.31.25,29	4.29,59	1.37. 4,50	1.32.34,88	4.29,62
1.35 56,91	1.31.27,32	4.29,59	1.37. 6,64	1.32.37,09	4.29,55
1.35.58,90	1.31.29,30	4.29,60	1.37. 8,67	1.32.39,08	4.29,59
1.36. 0,82	1.31.31,23	4.29,59	1.37.10,70	1.32.41,10	4.29,60
1.36. 2,78	1.31.33,20	4.29,58	1.37.12,72	1.32.43,13	4.29,59
1.36. 4,85	1.31.35,28	4.29,57	1.37.14,74	1.32.45,17	4.29,57
1.36. 6,90	1.31.37,35	4.29,55	1.37.16,70	1.32.47,10	4.29,60
1.36. 8,79	1.31.39,23	4.29,56	1.37.18,68	1.32.49,09	4.29,59
1.36.10,44	1.31.40,86	4.29,58	1.37.20,50	1.32.50,90	4.29,60
1.36.12,09	1.31.42,50	4.29,59	1.37.22,69	1.32.53,10	4.29,59
1.36.13,69	1.31.44,10	4.29,59	1.37.24,75	1.32.55,17	4.29,58
1.36.15,22	1.31.45,66	4.29,56	1.37.26,84	1.32.57,26	4.29,58
1.36.16,84	1.31.47,26	4.29,58	1.37.31,98	1.33. 2,39	4.29,59
1.36.18,38	1.31.48,78	4.29,60	1.37.33,49	1.33. 3,93	4.29,56
1.36.19,70	1.31.50,10	4.29,60	1.37.35,05	1.33. 5,48	4.29,57
1.36.21,11	1.31.51,52	4.29,59	1.37.36,54	1.33. 6,93	4.29,61
1.36.22,67	1.31.53,08	4.29,59	1.37.38,08	1.33. 8,47	4.29,61
1.36.24,22	1.31.54,61	4.29,61	1.37.39,74	1.33.10,10	4.29,64
Moyenne. 1.36,1	1.31,7	4.29,583	1.37,3	1.32,8	4.29,591
Parallaxe. — 0,024	+ 0,012	— 0,036	— 0,024	+ 0,012	— 0,036
Pendule.. — 8,036	+1.31,532	—1.39,568	— 8,037	+1.31,535	—1.39,572
L''_2................		+2.49,979			+2.49,983

$$L' = 2.50,317 \qquad S = 0,336$$

24 NOVEMBRE 1874. — DEUXIÈME ÉCHANGE.

SIGNAUX DE PARIS.

ALGER.	PARIS.	DIFFÉRENCE.	ALGER.	PARIS.	DIFFÉRENCE.
h m s	h m s	m s	h m s	h m s	m
1.33. 8,71	1.28.38,49	4.30,22	1.39. 0,14	1.34.29,89	4.30,25
1.33.12,74	1.28.42,49	4.30,25	1.39. 2,21	1.34.31,97	4.30,24
1.33.14,70	1.28.44,48	4.30,27	1.39. 4,72	1.34.34,47	4.30,25
1.33.16,88	1 28.46,63	4.30,25	1.39. 6,79	1.34.36,51	4.30,28
1.33.20,72	1.28.50,50	4.30,22	1.39. 8,79	1.34.38,51	4.30,28
1.33.24,05	1.28.53,81	4.30,24	1.39.11,01	1.34.40,72	4.30,29
1.33.26,82	1.28.56,60	4.30,22	1.39.13,30	1.34.43,05	4.38,25
1.33.30,09	1.28.59,83	4.80,26	1.39.15,33	1.34.47,11	4.30,22
1.33.36,12	1.29. 5,90	4.30,22	1.39.19,81	1.34.49,53	4.30,28
1.33.39,32	1.29. 9,09	2.30,23	1.39.22,54	1.34.52,29	4.30,25
1.33.42,21	1.29.11,99	4.30,22	1.39.24,75	1.34.54,47	4.30,28
1.33.45,64	1.29.15,40	4.30,24	1.39.27,20	1.34.56,90	4.30.30
1.33.48,87	1.29.18,61	4.30,26	1.39.29,48	1.34.59,20	4.30,28
1.33.51,18	1.29 20,93	4.30,25	1.39.32,11	1.35. 1,85	4.30,26
1.33.53,83	1.29.23,60	4.30,23	1.39.34,49	1.35. 4,20	4.30,29
1.33.56,89	1.29.26,62	4.30,27	1.39.36,74	1.35. 6,46	4.30,28
1.34. 0,03	1.29 29,78	4.30,25	1.39.38,71	1.35. 8,41	4.30,30
1.34. 3,23	1.29.33,00	4.30,23	1.39.40,78	1.35.10,49	4.30,29
1.34. 6,85	1.29.36,65	4.30,20	1.39.43,04	1.35.12,72	4.30,32
1.34.10.39	1.29.40,12	4.30,27	1.39.45,53	1.35.15,23	4.30 30
Moyenne. 1.33,7	1.29,2	4.30,240	1.39,4	1.34,9	4.30,274
Parallaxe. — 0,024	+ 0,012	— 0,036	— 0,024	+ 0,012	— 0,036
Pendule.. — 8,034	+ 1.31,526	— 1.39,560	— 8,039	+ 1.31,539	— 1.39,578
L''_1................		+ 2.50,644			+ 2.50,660

SIGNAUX D'ALGER.

ALGER.	PARIS.	DIFFÉRENCE.	ALGER.	PARIS.	DIFFÉRENCE.
			h m s	h m s	m s
			1.37.20,50	1.32.50,90	4.29,60
			1.37.22,69	1.32.53,10	4.29,59
			1.37.24,75	1.32.55,17	4.29.58
			1.37.26,84	1.32.57,26	4.29.58
			1.37.31,98	1.33. 2,39	4.29,59
			1.37.33,49	1.33. 8,93	4.29.56
			1.37.35,05	1.33. 5,48	4.29,57
			1.37.36,54	1.33. 6,93	4.29,61
			1.37.38,08	1.33. 8,47	4.29,61
			1.37.39,74	1,33.10,10	4.29,64
			1.37.43,59	1.33.13,98	4.29.61
			1.37.45,40	1.33.15,77	4.29.63
			1.37.47,28	1.33.17,66	4.29.62
			1.37.49,12	1.33.19.51	4.29,61
			1.37.50,73	1.33.21.12	4 29,61
			1 37.52,40	1.33.22,80	4.29,60
			1.37.53,84	1.33.24,22	4.29.62
			1.37.55,24	1.33.25,66	4.29.58
			1.37.56,70	1.33.27,10	4.29,60
			1.37.58,00	1.33.28,40	4.29,60
Moyenne.			1.37,7	1.33,2	4.29,600
Parallaxe.			— 0,024	+ 0,012	— 0,036
Pendule..			— 8,037	+ 1.31,534	— 1.39,571
L''_2................					+ 2.49,993

$$L' = 2.50,322 \qquad S = 0.329$$

COMPARAISON DES PENDULES.

24 NOVEMBRE 1874. — TROISIÈME ÉCHANGE.

SIGNAUX DE PARIS.

ALGER.	PARIS.	DIFFÉRENCE.	ALGER.	PARIS.	DIFFÉRENCE.
h m s	h m s	m s	h m s	h m s	m s
4.4.37,13	4.0. 6,50	4.30,63	4.14. 5,98	4. 9.35,40	4.30,58
4.4.39,16	4.0. 8,51	4.30,65	4.14. 8,14	4. 9.37,58	4.30,56
4.4.41,13	4.0.10,50	4.30,63	4.14.10,22	4. 9.39,62	4.30,60
4.4.45,11	4.0.14,47	4.30,64	4.14.12,58	4. 9.41,95	4.30,63
4.4.47,15	4.0.16,50	4.30,65	4.14.15,07	4. 9.44,41	4.30,66
4.4.49,53	4.0.18,90	4.30,63	4.14.17,33	4. 9.46,70	4.30,63
4.4.53,13	4.0.22,50	4.30,63	4.14.20,00	4. 9.49,39	4.30,61
4.4.55,38	4.0.24,75	4.30,63	4.14.22,69	4. 9.52,03	4.30,66
4.4.57,20	4.0.26,59	4.30,61	4.14.24,97	4. 9.54,33	4.30,64
4.5. 0,44	4.0.29,80	4.30,64	4.14.27,50	4. 9.56,82	4.30,68
4.5. 2,29	4.0.31,62	4.30,67	4.14.29,67	4. 9.59,03	4.30,64
4.5. 4,29	4.0.33,68	4.30,61	4.14.32,50	4.10. 1,87	4.30,63
4.5. 6,11	4.0.35,50	4.30,61	4.14.35,09	4.10. 4,43	4.30,66
4.5. 8,34	4.0.37,73	4.30,61	4.14.37,44	4.10. 6,75	4.30,69
4.5.10,65	4.0.40,01	4.30,64	4.14.39,99	4.10. 9,32	4.30,67
4.5.12,56	4.0.41,91	4.30,65	4.14.42,49	4.10.11,80	4.30,69
4.5.17,28	4.0.46,69	4.30,69	4.14.45,29	4.10.14,63	4.30,66
4.5.19,50	4.0.48,89	4.30,61	4.14.47,92	4.10.17,26	4.30,66
4.5.21,70	4.0.51,09	4.30,61	4.14.50,61	4.10.19,94	4.30,67
4.5.23,89	4.0.53,26	4.30,63	4.14.53,09	4.10.22,40	4.30,69
Moyenne. 4.5,0	4.0,5	4.30,628	4.14,5	4.10,0	4.30,645
Parallaxe. + 0,004	+ 0,002	+ 0,002	+ 0,004	+ 0,002	+ 0,002
Pendule.. — 8,162	— 1.31,847	— 1.40 009	— 8,169	+ 1.31,866	— 1.40,035
L''_1............		+ 2.50,621			+ 2.50,612

SIGNAUX D'ALGER.

ALGER.	PARIS.	DIFFÉRENCE.	ALGER.	PARIS.	DIFFÉRENCE.
h m s	h m s	m s	h m s	h m s	m s
4.6.44,95	4.2.15,00	4.29,95	4.8. 0,58	4.3.30,59	4.29,99
4.6.46,81	4.2.16,97	4.29,84	4.8. 4,52	4.3.34,59	4.29,93
4.6.48,99	4.2.19,07	4.29,92	4.8. 6,72	4.3.36,81	4.29,91
4.6.51,01	4.2.21,10	4.29,91	4.8. 8,91	4.3.38,99	4.29,92
4.6.53,00	4.2.23,08	4.29,92	4.8.11,02	4.3.41,08	4.29,94
4.6.54,98	4.2.25,03	4.29,95	4.8.12,94	4.3.43,01	4.29,93
4.6.56,84	4.2.26,90	4.29,94	4.8.14,94	4.3.45,01	4.29,93
4.6.58,95	4.2.29,00	4.29,95	4.8.16,94	4.3.47,00	4.29,94
4.7. 0,90	4.2.30,97	4.29,93	4.8.18,98	4.3.49,07	4.29,91
4.7. 2,92	4.2.33,00	4.29,92	4.8.21,19	4.3.51,26	4.29,93
4.7. 4,92	4.2.35,00	4.29,92	4.8.23,55	4.3.53,60	4.29,95
4.7. 6,86	4.2.36,94	4.29,92	4.8.25,60	4.3.55,69	4.29,91
4.7. 8,62	4.2.38,69	4.29,93	4.8.27,39	4.3.57,48	4.29,91
4.7.10,24	4.2.40,29	4.29,95	4.8.28,99	4.3.59,03	4.29,96
4.7.11,86	4.2.41,90	4.29,96	4.8.30,58	4.4. 0,62	4.29,96
4.7.16,73	4.2.46,79	4.29,94	4.8.32,28	4.4. 2,31	4.29,97
4.7.18,59	4.2.48,61	4.29,98	4.8.34,11	4.4. 4,16	4.29,95
4.7.20,30	4.2.50,37	4.29,93	4.8.35,69	4.4. 5,77	4.29,92
4.7.22,06	4.2.52,09	4.29,97	4.8.37,28	4.4. 7,31	4.29,97
4.7.23,71	4.2.53,77	4,29,94	4.8.39,02	4.4. 9,10	4.29,92
Moyenne. 4.7,0	4.2,6	4.29,933	4.8,4	4.3,9	4.29,937
Parallaxe. + 0,004	+ 0,002	+ 0,002	+ 0,004	+ 0,002	+ 0,002
Pendule.. — 8,162	— 1.31,851	— 1.40,013	— 8,165	+ 1.31,853	— 1.40,018
L''_2............		+ 2.49,922			+ 2.49,921

$$L' = 2.50,269 \qquad S = 0,347$$

DÉTERMINATION DES POIDS

À ATTRIBUER AUX CORRECTIONS DES PENDULES.

Nous allons maintenant exposer les principes qui nous ont guidé dans la détermination des poids à attribuer aux corrections de pendules obtenues. Si l'on connaît les erreurs probables des divers éléments homogènes qu'il s'agit de combiner, il devient facile d'apprécier l'exactitude relative de ces données. En effet, dans ce cas, les poids sont inversement proportionnels aux carrés des erreurs trouvées. Il suffira donc de déterminer ces erreurs probables.

L'erreur probable déduite d'une série d'observations peut, comme on le voit, être déduite de l'erreur moyenne; elle peut être également conclue de la moyenne des erreurs prises, abstraction faite du signe, et si la petite inexactitude qui résulte dans le deuxième mode d'opérer est un peu plus grande que dans le premier, elle reste sans importance pour la discussion qui va suivre.

On peut donc choisir arbitrairement le point de départ. Le calcul de la moyenne des erreurs ε offrant beaucoup plus de facilité que la détermination des deux autres quantités, nous avons d'abord cherché les moyennes des erreurs ε_1, ε_2, etc., émanant de sources diverses, et pouvant entacher la correction de pendule; puis, nous avons conclu la valeur totale de l'erreur ε à l'aide de la relation connue

$$E = \sqrt{\varepsilon_1^2 + \varepsilon_2^2 + \ldots}$$

Par le procédé de compensation indiqué pages 85 et suivantes, nous avons éliminé autant que possible les erreurs provenant d'une détermination imparfaite de la collimation, de l'inégalité des tourillons et de la flexion. La légère différence qui se présentera encore entre les $C_p O$ et $C_p E$ ne pourra alors être attribuée qu'à deux causes : 1° aux erreurs accidentelles; 2° aux inexactitudes de $d\alpha$ et de $d\beta$, commises respectivement dans la mesure de l'azimut et celle de l'inclinaison, et dont nous désignerons, pour abréger, la somme sous le nom d'*erreur de réduction ou erreur systématique*.

Les erreurs accidentelles les plus importantes sont les suivantes : l'erreur commise dans l'estime des époques des passages, l'erreur assez notable provenant, dans le cours d'une soirée, des fluctuations de l'équation personnelle, enfin l'inexactitude provoquée par des réfractions anormales. Il y a, en outre, l'erreur des ascensions droites utilisées, mais, comme on verra plus loin, cette quantité n'entrera pas ici d'une façon appréciable. En désignant maintenant par b l'inexactitude qui résulte de la réunion de ces diverses sources d'erreurs, et par v le nombre de C_p d'une série, on aura pour la correction moyenne, dans cette série, une erreur égale à $\frac{b}{\sqrt{v}}$.

Passons à l'erreur dite *systématique*, supposons numériquement données pour chaque série les valeurs $d\alpha$, $d\beta$, $dm = \sqrt{(d\alpha \sin \varphi)^2 + (d\beta \cos \varphi)^2}$ et $dn = \sqrt{(d\alpha \cos \varphi)^2 + (d\beta \sin \varphi)^2}$, et soient h et δ la hauteur et la déclinaison d'une étoile.

Dans nos observations, chaque mesure de l'azimut au moyen de la mire a été accompagnée d'un nivellement, et l'erreur de réduction résultant d'une seule détermination simultanée de ces deux constantes instrumentales a pour expression générale

$$b' = \sqrt{(d\alpha \cos h)^2 + (d\beta \sin h)^2} = \sqrt{(dm)^2 + (dn \operatorname{tg} \delta)^2};$$

et

$$\frac{b'}{\sqrt{v'}}$$

si le calcul repose sur la moyenne de v' de ces valeurs.

Pour la correction moyenne de pendule, δ devient égal à la moyenne des déclinaisons des étoiles observées, et comme cette quantité ne varie pas sensiblement d'une série à l'autre, elle peut être considérée comme une constante; nous avons trouvé sa valeur égale à environ $+5°$. L'erreur b' est donc en réalité une fonction linéaire de $d\alpha$ et de $d\beta$, et, par suite, peut être soumise au calcul comme les erreurs d'observation.

En résumé, toute correction moyenne de pendule se trouve ainsi entachée de deux catégories d'erreurs d'une nature complexe, et provenant des sources que nous venons d'examiner successivement; leur combinaison fournit l'erreur totale

$$E = \pm \sqrt{\frac{b^2}{v} + \frac{b'^2}{v'}}.$$

Il nous reste encore à indiquer comment on détermine la valeur numérique des deux quantités b et b'. Avant de conclure définitivement l'heure de la pendule, pour les raisons développées plus haut, nous avons dû préalablement rectifier les ascensions droites des étoiles de longitude, et, dans ce but, à l'aide d'une première réduction, nous avons recherché les corrections à apporter aux éphémérides calculées au moyen des positions primitives. Chacune de ces corrections, ainsi que cela se voit immédiatement, est affectée : 1° d'une série d'erreurs accidentelles, analogues à celles qui entachent la correction de pendule; et 2° d'une erreur systématique qui dépend de la déclinaison de l'étoile considérée. Mais cette dernière inexactitude disparaît complétement dans les corrections d'ascensions droites qui se rapportent à la déclinaison de $+5°$, déclinaison à laquelle, comme nous l'avons déjà indiqué, correspond la correction moyenne de pendule.

Nous avons donc uniquement fait intervenir dans la détermination des erreurs accidentelles les étoiles dont les déclinaisons sont comprises entre $+2°$ et $+8°$, l'erreur de réduction ne pouvant, entre ces limites, exercer une influence sensible.

En défalquant la correction moyenne de l'éphéméride, qui résulte de l'ensemble des observations des nombres individuels, on obtient des résidus qui représentent l'effet total des erreurs accidentelles. En faisant ensuite la moyenne de ces résidus, abstraction faite du signe, on trouve

$$b = \pm 0^s,035.$$

L'erreur d'observation commise sur le passage moyen obtenu à l'aide des treize fils du réticule est égale à environ $\pm 0^s,02$, et en appelant e l'effet total des autres erreurs accidentelles, on aura

$$e = \sqrt{0^s,035^2 - 0^s,02^2} = \pm 0^s,029,$$

d'où l'erreur probable

$$= \pm 0^s,024.$$

En dehors des incertitudes que peuvent faire naître les méthodes d'observation et de réduction employées, il existe donc un ensemble de causes perturbatrices capables d'entacher toute observation méridienne d'une inexactitude très-notable et qu'on peut estimer à

$$\pm 0^s,024.$$

L'observateur le plus habile ne possède aucun moyen d'en éviter l'influence, car il ne peut ni transformer les conditions atmosphériques, ni se soustraire à des effets physiologiques indépendants de sa volonté. Mais on peut, par la multiplicité des observations, remédier en partie à ces inconvénients, en donnant aux séries une étendue suffisante.

L'erreur b', dite systématique, peut physiquement s'obtenir d'une façon immédiate, mais nous avons eu recours au procédé suivant, qui nous a permis de conclure plus facilement la valeur numérique de cette quantité. Dans l'expression de l'erreur définitive

$$E = \sqrt{\frac{b^2}{v} + \frac{b'^2}{v'}},$$

la valeur de E peut être facilement calculée directement. En effet, la correction définitive, valable pour toute la soirée, est la moyenne des corrections moyennes des diverses séries, et, d'après ce qui vient d'être développé sur la nature des erreurs b et b', cette quantité peut être considérée comme une expression très-voisine de la vérité. Par conséquent, en comparant cette donnée définitive aux C_p moyens individuels, on arrive à des résidus qui présentent les erreurs totales des corrections moyennes, et la moyenne des résidus la vraie valeur de E; or, on a

$$b' = \sqrt{v'\left(E^2 - \frac{b^2}{v}\right)}.$$

Nous avons, à l'aide de l'ensemble des travaux ayant pour but la détermination des longitudes entre Vienne, Paris, Marseille et Alger, trouvé pour b'

$$\pm 0^s,036.$$

Les nombres obtenus pour b et b' sont donc presque identiques, et nous avons finalement adopté en chiffre rond $b = b' = \pm 0^s,04$; nous avons pensé du reste nous rapprocher davantage de la réalité en forçant légèrement les résultats de ces calculs. E devient donc $= \pm 0^s,04\sqrt{\frac{v+v'}{v\,v'}}$,

v désignant, comme nous l'avons déjà indiqué plus haut, le nombre d'étoiles d'une série, et v' le nombre de déterminations simultanées de l'azimut et de l'inclinaison.

Les poids dans les diverses séries ont donc été facilement déterminés à l'aide de l'expression $\frac{v\,v'}{v+v'}$. La correction moyenne définitive, valable pour la soirée, a été calculée à nouveau au moyen des poids ainsi obtenus, et le poids définitif qui se trouve inscrit à côté de la correction de pendule est la somme numérique des poids individuels.

Les tableaux suivants contiennent :

1° L'ensemble des déterminations de l'heure aux deux stations d'Alger et de Paris, avec l'indication du poids de chaque soirée;

2° Les éléments principaux de la comparaison des pendules d'Alger et de Paris.

TABLEAU RENFERMANT L'ENSEMBLE DES DÉTERMINATIONS DE L'HEURE
AVEC INDICATION DU POIDS DE CHAQUE SOIRÉE.

DATES.	ALGER (OBSERVATEUR LOEWY).			PARIS (OBSERVATEUR PERRIER).		
	$C_{p\,m}$ ET VARIATIONS HORAIRES.	POIDS.	ERREUR moyenne.	$C_{p\,m}$ ET VARIATIONS HORAIRES.	POIDS.	ERREUR moyenne.
1874.						
Oct. 29.	$+ 5{,}670 + 0{,}000\,(t - 1{,}47)$	8,8	$\pm 0{,}014$			
30.	$+ 5{,}845 + 0{,}000\,(t - 0{,}34)$	6,0	$\pm 0{,}016$			
31.	$+ 13{,}887 - 0{,}020\,(t - 1{,}52)$	4,7	$\pm 0{,}019$	$+ 19{,}68 + 0{,}358\,(t - 23{,}11)$	2,7	$\pm 0{,}025$
Nov. 1.	$+ 14{,}132 + 0{,}040\,(t - 2{,}40)$	5,0	$\pm 0{,}018$	$+ 36{,}67 + 0{,}178\,(t - 0{,}16)$	9,8	$\pm 0{,}013$
2.	$+ 18{,}484 + 0{,}020\,(t - 1{,}32)$	9,0	$\pm 0{,}013$	$+ 41{,}15 + 0{,}178\,(t - 1{,}15)$	11,7	$\pm 0{,}012$
3.	$+ 18{,}771 + 0{,}010\,(t - 23{,}66)$	9,8	$\pm 0{,}013$	$+ 8{,}00 - 0{,}176\,(t - 23{,}78)$	8,9	$\pm 0{,}013$
4.	$+ 19{,}171 + 0{,}010\,(t - 23{,}34)$	7,0	$\pm 0{,}015$	$+ 3{,}83 - 0{,}176\,(t - 23{,}78)$	11,9	$\pm 0{,}012$
5.	// // //	//	//	$- 0{,}38 - 0{,}176\,(t - 23{,}46)$	10,1	$\pm 0{,}013$
6.	$+ 18{,}994 + 0{,}015\,(t - 23{,}15)$	8,0	$\pm 0{,}014$	$+ 1{,}58 - 0{,}170\,(t - 22{,}73)$	5,6	$\pm 0{,}017$
7.	$+ 19{,}213 + 0{,}015\,(l - 23{,}13)$	11,5	$\pm 0{,}012$	$- 2{,}65 - 0{,}170\,(t - 23{,}63)$	1,6	$\pm 0{,}033$
8.	$+ 19{,}225 - 0{,}010\,(t - 23{,}27)$	11,3	$\pm 0{,}012$	// // //	//	//
9.	$+ 18{,}999 - 0{,}020\,(t - 21{,}40)$	4,9	$\pm 0{,}018$	// // //	//	//
10.	$+ 18{,}698 - 0{,}020\,(t - 22{,}12)$	6,6	$\pm 0{,}016$	// // //	//	//
11.	$+ 18{,}145 - 0{,}025\,(t - 23{,}66)$	9,9	$\pm 0{,}013$	$+ 15{,}83 + 0{,}135\,(t - 22{,}51)$	3,9	$\pm 0{,}020$
12.	$+ 17{,}456 - 0{,}040\,(t - 0{,}24)$	2,6	$\pm 0{,}025$	$+ 19{,}06 + 0{,}130\,(t - 22{,}20)$	0,7	$\pm 0{,}048$
13.	// // //	//	//	$+ 22{,}45 + 0{,}130\,(t - 0{,}31)$	1,6	$\pm 0{,}033$
14.	// // //	//	//	$+ 25{,}39 + 0{,}130\,(t - 23{,}11)$	6,6	$\pm 0{,}016$
15.	$+ 13{,}931 - 0{,}050\,(t - 0{,}90)$	6,1	$\pm 0{,}016$	// // //	//	//
16.	$+ 0{,}445 - 0{,}035\,(t - 22{,}14)$	1,7	$\pm 0{,}032$	// // //	//	//
17.	$- 0{,}485 - 0{,}035\,(t - 0{,}59)$	10,7	$\pm 0{,}012$	$+ 41{,}03 + 0{,}145\,(t - 0{,}81)$	8,4	$\pm 0{,}014$
18.	$- 1{,}325 - 0{,}035\,(t - 23{,}32)$	6,6	$\pm 0{,}016$	// // //	//	//
19.	$- 2{,}146 - 0{,}037\,(t - 23{,}70)$	7,1	$\pm 0{,}015$	// // //	//	//
20.	$- 3{,}181 - 0{,}045\,(t - 1{,}06)$	8,7	$\pm 0{,}014$	// // //	//	//
21.	// // //	//	//	$+ 78{,}35 + 0{,}161\,(t - 1{,}60)$	2,9	$\pm 0{,}023$
22.	// // //	//	//	$+ 85{,}39 + 0{,}127\,(t - 0{,}68)$	8,4	$\pm 0{,}014$
23.	$- 6{,}858 - 0{,}050\,(t - 1{,}24)$	6,9	$\pm 0{,}015$	$+ 88{,}49 + 0{,}127\,(t - 1{,}48)$	10,3	$\pm 0{,}012$
24.	$- 8{,}112 - 0{,}050\,(t - 3{,}10)$	4,7	$\pm 0{,}019$	$+ 91{,}49 + 0{,}127\,(t - 1{,}18)$	11,2	$\pm 0{,}012$

NOTA. On a pris pour unité de poids le poids d'une observation méridienne faite aux treize fils.

TABLEAUX RENFERMANT LES ÉLÉMENTS PRINCIPAUX
DE LA COMPARAISON DES PENDULES DE PARIS ET D'ALGER.

En désignant pour Alger et Paris respectivement par :

u et u' les mouvements horaires employés;

t et t' les époques auxquelles se rapportent les corrections moyennes de pendules;

T et T' les époques moyennes qui correspondent à chaque échange de signaux, alors $(t - T)\, u - (t' - T')\, u' = A$ représentera d'une manière générale l'expression dépendant des mouvements horaires qui intervient dans le calcul de la longitude L'.

Dans le tableau suivant se trouvent les diverses valeurs numériques obtenues pour L' et A, à l'aide des calculs précédemment effectués.

I.

DATES.	ALGER. HEURE du CHRONOGRAPHE.	PARIS. HEURE du CHRONOGRAPHE.	L'	A
	h m	h m	m s	
Novembre 2...	4.44.7	4.41.4	$+ 2.50,365$	$+ 3,43\, u - 3,54\, u'$
2...	5.20.6	5.17.5	$+ 2.50,394$	$+ 4,02\, u - 4,14\, u'$
2...	5.47.0	5.43.8	$+ 2.50,365$	$+ 4,46\, u - 4,59\, u'$
3...	2.21.0	2.18.3	$+ 2.50,318$	$+ 2,69\, u - 2,52\, u'$
3...	5.12.8	5.10.2	$+ 2.50,228$	$+ 5,55\, u - 5,39\, u'$
3...	5.25.0	5.22.4	$+ 2.50,272$	$+ 5,76\, u - 5,59\, u'$
6...	1.48.1	1.45.5	$+ 2.50,322$	$+ 2,65\, u - 3,03\, u'$
6...	3.28.3	3.26.0	$+ 2.50,274$	$+ 4,32\, u - 4,70\, u'$
7...	2. 0.0	1.57.7	$+ 2.50,334$	$+ 2,87\, u - 2,33\, u'$
17...	1.21.0	1.17.5	$+ 2.50,354$	$+ 0,76\, u - 0,48\, u'$
17...	1.21.4	1.17.9	$+ 2.50,356$	$+ 0,77\, u - 0,48\, u'$
23...	1.50.1	1.45.7	$+ 2.50,319$	$+ 0,59\, u - 0,28\, u'$
23...	3.50.6	3.46.2	$+ 2.50,316$	$+ 2,60\, u - 2,29\, u'$
24...	1.36.4	1.31.9	$+ 2.50,317$	$- 1,49\, u - 0,35\, u'$
24...	1.37.1	1.32.7	$+ 2.50,322$	$- 1,48\, u - 0,36\, u'$
24...	4. 8.8	4. 4.3	$+ 2.50,269$	$+ 1,03\, u - 2,89\, u'$

Les deux derniers échanges du 2 et du 3 novembre et les deux premiers du 24 novembre ne sont en réalité que la suite d'une même opération; on peut donc les réunir avant de les combiner avec les secondes comparaisons des pendules faites à des époques beaucoup plus éloignées. En formant ensuite les moyennes des derniers résultats obtenus dans une même soirée, on arrive finalement aux nombres suivants :

II.

DATES.	ALGER. HEURE du CHRONOGRAPHE.	PARIS. HEURE du CHRONOGRAPHE.	L'	A
	h m	h m	m s	
Novembre 2...	5. 9.2	5. 6.2	$+ 2.50,372$	$+ 3,84\,u - 3,95\,u'$
3...	3.50.0	3.47.3	$+ 2.50,284$	$+ 4,17\,u - 4,01\,u'$
6...	2.38.2	2.35.7	$+ 2.50,298$	$+ 3,48\,u - 3,86\,u'$
7...	2. 0.0	1.57.7	$+ 2.50,334$	$+ 2,87\,u - 2,33\,u'$
17...	1.21.2	1.17.7	$+ 2.50,355$	$+ 0,76\,u - 0,48\,u'$
23...	2.50.4	2.46.0	$+ 2.50,318$	$+ 1,60\,u - 1,28\,u'$
24...	2.52.8	2.49.3	$+ 2.50,295$	$- 0,22\,u - 1,62\,u'$

ÉQUATION PERSONNELLE.

Le commencement des opérations entre Paris et Alger ayant été primitivement fixé au 15 septembre, nous avons décidé d'inaugurer notre travail par la recherche de l'équation personnelle, et la première série d'observations effectuées dans ce but a été obtenue le 17 septembre; mais, par une circonstance indépendante de notre volonté, nous avons été obligés de remettre cette étude à une époque ultérieure. M. le commandant Perrier avait été chargé par le Ministère de la guerre de se rendre à Dresde comme délégué français, pour assister aux séances du Congrès géodésique siégeant dans cette ville. Immédiatement après son retour, le commandant Perrier se rendit à Alger afin de hâter et de terminer les préparatifs de l'installation de la station géodésique d'Alger; il y fut bientôt rejoint par M. Lœwy qui, de concert avec M. Stephan, venait de terminer les travaux relatifs à la longitude entre Paris et Marseille. En vertu du plan modifié, il fut convenu que M. Lœwy, pour pouvoir coopérer simultanément à la détermination des deux longitudes entre Alger-Marseille et Alger-Paris, continuerait à rester à Alger. Avant le départ du commandant Perrier, les deux observateurs, réunis dans cette localité, ont pu reprendre la détermination de l'équation personnelle, et ils ont ensuite exécuté cette recherche à deux reprises, du 22 au 27 octobre, c'est-à-dire avant le début, et à Paris après l'achèvement des travaux, du 29 novembre au 3 décembre.

Les instruments et les appareils électriques étant, comme nous l'avons déjà exposé, d'une construction identique, nous avons pu faire usage du procédé généralement adopté dans les conditions indiquées, et nous avons alternativement observé les passages des étoiles aux six premiers et aux six derniers fils du réticule. Les résultats obtenus dans les diverses soirées se trouvent consignés dans les tableaux suivants.

ÉQUATION PERSONNELLE.

LŒWY-PERRIER.

NOMS DES ÉTOILES.	L. — P.	NOMS DES ÉTOILES.	L. — P.	NOMS DES ÉTOILES.	L. — P.

19 SEPTEMBRE 1874.

NOMS DES ÉTOILES.	L. — P.	NOMS DES ÉTOILES.	L. — P.	NOMS DES ÉTOILES.	L. — P.
6785 BAC	$+0,01$	2 Petit Cheval	$-0,23$	18 Pégase	$-0,14$
β Aigle	$-0,06$	θ Capricorne	$-0,19$	α Verseau	$-0,04$
θ Aigle	$-0,06$	61^1 Cygne	$-0,20$	i Pégase	$-0,12$
19 Petit Renard	$-0,15$	62^2 Cygne	$-0,17$	θ Pégase	$-0,12$
67 Aigle	$+0,11$	γ Petit Cheval	$-0,14$	41 Verseau	$-0,18$
β'' Capricorne	$+0,03$	α Petit Cheval	$-0,13$	θ Verseau	$-0,06$
γ Cygne	$-0,10$	16 Verseau	$-0,11$	45 Verseau	$-0,23$
ρ Capricorne	$+0,03$	19 Verseau	$-0,09$	γ Verseau	$-0,17$
7080 BAC	$-0,14$	70 Cygne	$-0,07$	ζ Verseau	$-0,11$
ε Dauphin	$-0,04$	β Verseau	$-0,14$	38 Pégase	$-0,19$
47 Cygne	$-0,10$	ε Capricorne	$-0,20$	39 Pégase	$-0,20$
β Dauphin	$-0,06$	$\varkappa$ Capricorne	$-0,19$	n Verseau	$-0,23$
α Dauphin	$-0,03$	ε Pégase	$-0,11$	ζ Verseau	$-0,12$
49 Cygne	$+0,02$	δ Capricorne	$-0,17$	14 Lacerte	$-0,12$
3 Verseau	$-0,10$	7596 BAC	$-0,14$	7975 BAC	$-0,23$
32 Petit Renard	$-0,15$	14 Pégase	$-0,27$	7988 BAC	$-0,12$
7269 BAC	$-0,18$	16 Pégase	$-0,20$	7996 BAC	$-0,22$
21 Capricorne	$-0,13$	17 Pégase	$-0,25$	α Pégase	$-0,16$

22 OCTOBRE.

NOMS DES ÉTOILES.	L. — P.	NOMS DES ÉTOILES.	L. — P.	NOMS DES ÉTOILES.	L. — P.
φ Pégase	$+0,13$	81 BAC	$-0,12$	233 BAC	$-0,17$
8311 BAC	$-0,04$	10 Baleine	$-0,03$	ε Poissons	$-0,03$
ψ Pégase	$+0,08$	102 BAC	$-0,05$	303 BAC	$-0,04$
ω Poissons	$-0,06$	111 BAC	$-0,07$	316 BAC	$-0,06$
30 Poissons	$+0,15$	51 Poissons	$-0,13$	η Baleine	$-0,10$
33 Poissons	$-0,03$	137 BAC	$-0,07$	τ Poissons	$-0,09$
α Andromède	$0,00$	π Andromède	$-0,10$	φ Poissons	$+0,03$
17 BAC	$-0,09$	55 Poissons	$-0,01$	375 BAC	$-0,25$
γ Pégase	$-0,03$	178 BAC	$+0,06$	f Poissons	$-0,12$
35 Pégase	$-0,02$	β Baleine	$-0,08$	400 BAC	$0,00$
62 BAC	$-0,02$	58 Poissons	$-0,12$	405 BAC	$-0,07$
73 BAC	$-0,07$	δ Poissons	$-0,09$	440 BAC	$-0,08$

NOMS DES ÉTOILES.	L. — P.	NOMS DES ÉTOILES.	L. — P.	NOMS DES ÉTOILES.	L. — P.
	s		s		s
η Poissons	+ 0,01	ν Poissons	+ 0,03	615 BAC	— 0,19
464 BAC	— 0,12	o Poissons	+ 0,09	60 Baleine	— 0,07
49 Baleine	— 0,03	546 BAC	+ 0,06	α Bélier	— 0,09
π Poissons	— 0,01	β Bélier	— 0,01	15 Bélier	— 0,04
103 Poissons	— 0,04	586 BAC	— 0,16		

23 OCTOBRE.

NOMS DES ÉTOILES.	L. — P.	NOMS DES ÉTOILES.	L. — P.	NOMS DES ÉTOILES.	L. — P.
	s		s		s
96 Verseau	— 0,14	30 Poissons	— 0,13	233 BAC	— 0,05
8133 BAC	+ 0,09	2 Baleine	— 0,07	242 BAC	— 0,22
8149 BAC	+ 0,06	α Andromède	— 0,15	250 BAC	— 0,03
υ Pégase[1]	(+ 0,15)	17 BAC	— 0,11	260 BAC	— 0,11
ϰ Poissons	0,00	γ Pégase	— 0,17	271 BAC	— 0,06
8182 BAC	— 0,01	36 BAC	— 0,02	ε Poissons	— 0,15
8193 BAC	— 0,11	57 BAC	— 0,08	303 BAC	— 0,06
8203 BAC	— 0,03	ι Baleine	— 0,06	316 BAC	— 0,21
8215 BAC	— 0,19	73 BAC	— 0,10	η Baleine	— 0,14
ι Poissons	— 0,06	81 BAC	— 0,10	τ Poissons	— 0,20
8243 BAC	+ 0,03	12 Baleine	— 0,02	φ Poissons	— 0,11
8256 BAC	+ 0,12	51 Poissons	— 0,17	f Poissons	— 0,12
8262 BAC	— 0,19	13 Baleine	— 0,04	400 BAC	— 0,11
21 Poissons	— 0,08	π Andromède	— 0,22	405 BAC	— 0,13
φ Pégase	— 0,04	55 Poissons	— 0,09	θ Baleine	— 0,22
8311 BAC	— 0,04	β Baleine	— 0,25	429 BAC	— 0,17
8324 BAC	— 0,15	50 Poissons	— 0,13	440 BAC	— 0,06
ω Poissons	+ 0,05	δ Poissons	— 0,24		

25 OCTOBRE.

NOMS DES ÉTOILES.	L. — P.	NOMS DES ÉTOILES.	L. — P.	NOMS DES ÉTOILES.	L. — P.
	s		s		s
γ Poissons	— 0,02	ι Poissons	+ 0,04	2 Baleine	— 0,17
96 Verseau	+ 0,02	8243 BAC	— 0,03	33 Poissons	— 0,14
8133 BAC	— 0,10	8256 BAC	+ 0,02	α Andromède	— 0,16
8149 BAC	— 0,03	8262 BAC	— 0,12	17 BAC	— 0,34
υ Pégase	— 0,01	21 Poissons	— 0,09	γ Pégase	— 0,19
8182 BAC	— 0,17	φ Pégase	— 0,11	36 BAC	— 0,10
8193 BAC	— 0,02	8311 BAC	— 0,14	57 BAC	— 0,19
8203 BAC	— 0,05	8324 BAC	+ 0,05	ι Baleine	— 0,15
8215 BAC	— 0,18	ω Poissons	— 0,15	73 BAC	— 0,07
8221 BAC	— 0,14	30 Poissons	— 0,11	81 BAC	— 0,21

[1] Arrêt du chronographe, exclue.

NOMS DES ÉTOILES.	L. — P.	NOMS DES ÉTOILES.	L. — P.	NOMS DES ÉTOILES.	L. — P.
	s		s		s
10 Baleine	— 0,29	δ Poissons	— 0,18	η Poissons	— 0,11
102 BAC	— 0,26	233 BAC	— 0,17	464 BAC	— 0,03
12 Baleine	— 0,16	τ Poissons	— 0,11	475 BAC	— 0,19
51 Poissons	— 0,12	φ Poissons	— 0,12	β Bélier	— 0,02
13 Baleine	— 0,16	f Poissons	— 0,12	586 BAC	— 0,14
π Andromède	— 0,21	400 BAC	— 0,10	598 BAC	— 0,06
55 Poissons	— 0,11	405 BAC	— 0,09	615 BAC	— 0,16
178 BAC	+ 0,07	θ Baleine	— 0,17	60 Baleine	— 0,10
β Baleine	— 0,17	429 BAC	— 0,23	ζ Bélier	— 0,06
58 Poissons	— 0,15	444 BAC	— 0,14	15 Bélier	— 0,05

27 OCTOBRE.

NOMS DES ÉTOILES.	L. — P.	NOMS DES ÉTOILES.	L. — P.	NOMS DES ÉTOILES.	L. — P.
	s		s		s
μ Pégase	+ 0,09	8221 BAC	— 0,08	54 Baleine	— 0,08
λ Verseau	+ 0,00	ι Poissons	— 0,18	β Bélier	— 0,06
7988 BAC	— 0,01	8243 BAC	— 0,05	586 BAC	— 0,04
7996 BAC	+ 0,09	8256 BAC	— 0,06	598 BAC	— 0,14
Anonyme	— 0,12	8262 BAC	— 0,05	615 BAC	— 0,06
o Andromède	— 0,09	21 Poissons	— 0,09	60 Baleine	— 0,09
α Pégase	— 0,05	φ Pégase	— 0,08	α Bélier	— 0,12
58 Pégase	— 0,09	8311 BAC	— 0,09	15 Bélier	— 0,02
8078 BAC	— 0,13	8324 BAC	— 0,11	19 Bélier	— 0,08
φ Verseau	— 0,12	ω Poissons	— 0,10	67 Baleine	— 0,05
γ Poissons	— 0,11	30 Poissons	— 0,03	Anonyme	— 0,03
96 Verseau	— 0,14	2 Baleine	— 0,02	35 Bélier	+ 0,02
8133 BAC	— 0,01	33 Poissons	— 0,15	845 BAC	+ 0,10
8149 BAC	— 0,19	η Poissons	— 0,10	41 Bélier	— 0,05
υ Pégase	— 0,03	475 BAC	— 0,01	ε Bélier	+ 0,01
χ Poissons	— 0,05	π Poissons	— 0,03	α Baleine	+ 0,00
8182 BAC	— 0,03	103 Poissons	— 0,08	β Persée	+ 0,11
8193 BAC	— 0,24	υ Poissons	— 0,05	δ Bélier	+ 0,00
8203 BAC	— 0,03	o Poissons	— 0,12	12 Éridan	— 0,02
8215 BAC	— 0,09	546 BAC	— 0,08		

1ᵉʳ DÉCEMBRE.

NOMS DES ÉTOILES.	L. — P.	NOMS DES ÉTOILES.	L. — P.	NOMS DES ÉTOILES.	L. — P.
	s		s		s
ε Pégase	— 0,14	7650 BAC	— 0,01	ι Pégase	— 0,05
δ Capricorne	— 0,08			θ Pégase	— 0,12
7607 BAC	+ 0,05	7659 BAC	— 0,19	θ Verseau	— 0,04
16 Pégase	— 0,18	α Verseau	— 0,00		

NOMS DES ÉTOILES.	L. — P.	NOMS DES ÉTOILES.	L. — P.	NOMS DES ÉTOILES.	L. — P.
	s		s		s
45 Verseau	— 0,05	7988 BAC	— 0,12	ν Pégase	— 0,18
γ Verseau	— 0,02	7996 BAC	+ 0,00	κ Poissons	— 0,20
7805 BAC	— 0,10	8005 BAC	— 0,09		
7819 BAC	— 0,11			ι Poissons	— 0,13
ζ Verseau	— 0,08	o Andromède	— 0,11	8243 BAC	— 0,16
7843 BAC	— 0,01	α Pégase	— 0,07	8256 BAC	— 0,30
7856 BAC	— 0,04	8051 BAC	— 0,20	8262 BAC	— 0,25
		58 Pégase	— 0,13		
η Verseau	— 0,14	8078 BAC	— 0,24	21 Poissons	— 0,08
7844 BAC	+ 0,03			φ Pégase	— 0,20
7900 BAC	+ 0,06	φ Verseau	— 0,08	8311 BAC	— 0,20
η Pégase	— 0,21	γ Poissons	— 0,07	8324 BAC	— 0,12
68 Verseau	— 0,15			(1) Poissons	— 0,14
		96 Verseau	— 0,02	30 Poissons	— 0,03
μ Pégase	— 0,12	8133 BAC	— 0,12	2 Baleine	+ 0,05
λ Verseau	— 0,11	8149 BAC	— 0,17	33 Poissons	— 0,22

3 DÉCEMBRE.

NOMS DES ÉTOILES.	L. — P.	NOMS DES ÉTOILES.	L. — P.	NOMS DES ÉTOILES.	L. — P.
	s		s		s
		7844 BAC	— 0,15	8149 BAC	— 0,06
7650 BAC	— 0,10	7900 BAC	— 0,19	υ Pégase	— 0,07
7659 BAC	— 0,21	η Pégase	— 0,18	χ Poissons	— 0,14
29 Verseau	+ 0,01	68 Verseau	— 0,21	8182 BAC	— 0,26
α Verseau	— 0,13	μ Pégase	— 0,09	8193 BAC	+ 0,00
ι Pégase	— 0,03	λ Verseau	— 0,07	8256 BAC	— 0,10
θ Pégase	— 0,15	7988 BAC	— 0,09	8262 BAC	— 0,06
41 Verseau	+ 0,04	7996 BAC	+ 0,24	21 Poissons	— 0,09
θ Verseau	— 0,14	8005 BAC	— 0,16	φ Pégase	— 0,05
45 Verseau	— 0,12	α Pégase	— 0,21	8311 BAC	— 0,14
γ Verseau	— 0,13	8051 BAC	— 0,10	8324 BAC	— 0,18
7805 BAC	— 0,07	58 Pégase	— 0,06	30 Poissons	— 0,03
7819 BAC	— 0,18	8078 BAC	— 0,09	2 Baleine	— 0,20
ζ Aigle	— 0,08	φ Verseau	— 0,18	33 Poissons	— 0,10
7843 BAC	— 0,20	γ Poissons	— 0,13	α Andromède	— 0,16
7856 BAC	— 0,12	96 Verseau	— 0,18	γ Pégase	— 0,13
η Verseau	— 0,13	8133 BAC	— 0,19	36 BAC	— 0,04

Les résultats tirés de ces diverses séries d'observations sont les suivants :

LOEWY-PERRIER.

DATES.			NOMBRE D'ÉTOILES.
1874. Septembre 19	$-0,127$	$-0,127$	54
Octobre 22	$-0,051$		51
23	$-0,094$		52
25	$-0,107$	$-0,077$	59
27	$-0,056$		59
Décembre 1ᵉʳ	$-0,106$		51
3	$-0,112$	$-0,109$	50
MOYENNE... $-0,093$		TOTAL...	376

On reconnaît immédiatement que les valeurs moyennes $0^s,127$, $0^s,077$, $0^s,109$ qui correspondent aux trois périodes de temps : 19 septembre, 22 à 27 octobre, 1ᵉʳ à 3 décembre, n'accusent aucune variation sensible. Les différences, cependant, entre les diverses valeurs individuelles d'une même période, qui semblent être un peu fortes, s'expliquent facilement. Nous avons déjà indiqué que notre travail avait été commencé à l'époque des pluies d'Alger, et qu'à la fin de son exécution nous nous trouvions à Paris placés dans des conditions analogues. C'est précisément à ces deux époques que nous avons dû exécuter l'étude de notre équation personnelle, de sorte que, dans les soirées favorables, il fallait opérer avec beaucoup de rapidité et sans discontinuer, afin d'éviter les longues interruptions que pourrait amener plus tard le mauvais temps.

Les séries des passages effectués dans ces conditions, bien que renfermant un grand nombre de résultats, n'embrassent qu'un intervalle de temps peu considérable. Les nombres moyens obtenus ne correspondent, pour ainsi dire, qu'à un état physiologique momentané des observateurs ; dans le cours d'une soirée, le degré de concentration intellectuelle ne reste pas toujours identique, même chez les astronomes les plus habiles, et les procédés d'observation, par suite, se trouvent légèrement modifiés d'une heure à l'autre. En ce qui nous concerne, il devient même possible d'assigner une origine physique aux légères fluctuations signalées. Les expériences ont toujours été entreprises après un voyage long et une traversée fatigante ; et les observateurs, par cela même, et surtout dans les premiers jours, ne se trouvaient pas généralement dans des dispositions satisfaisantes. Quoi qu'il en soit, on peut admettre que notre équation personnelle est restée constante pour toute la période embrassant la détermination de la longitude. Nous avons adopté pour cet élément la moyenne des valeurs fournies par les diverses soirées.

LŒWY-PERRIER.

Équation personnelle définitivement adoptée $= - 0^s,093$.

Erreur probable $= \pm\, 0^s,008$.

M. Lœwy observe donc les époques de passages des astres $0^s,093$ plus tôt que M. le commandant Perrier.

CONCLUSION.

Il ne nous reste plus, pour obtenir la longitude définitive, qu'à combiner entre eux d'une manière rationnelle les résultats des diverses soirées.

Chacune des valeurs de L′ est affectée des erreurs suivantes :

1° ε_1 l'erreur de correction de pendule;

2° ε_2 l'erreur du *relevé*, comprenant les diverses inexactitudes qui peuvent provenir des fluctuations accidentelles des courants électriques pendant l'échange des signaux, et par suite de l'inertie légèrement variable qui affecte les organes de transmission;

3° L'erreur des mouvements horaires. En désignant cette erreur par du pour l'une des pendules, et par t l'intervalle de temps écoulé entre l'heure de l'échange des signaux et l'heure à laquelle se rapporte la correction de pendule, l'erreur provenant du mouvement horaire aura pour expression $du \times t$ pour la première pendule et $du' \times t'$ pour la seconde.

L'évaluation numérique de chacune de ces erreurs a été obtenue de la manière suivante :

Dans le tableau qui renferme l'ensemble des déterminations de l'heure, nous avons déjà donné l'erreur moyenne des corrections de pendule e_A, e_P des stations d'Alger et de Paris, et comme l'erreur moyenne ε_1 résulte de la combinaison de ces deux erreurs, on a pu la calculer par l'expression

$$\varepsilon_1 = \pm \sqrt{e_A^2 + e_P^2}.$$

L'erreur du relevé chronographique ε_2 a été obtenue en comparant le résultat moyen de chaque échange de signaux avec les valeurs individuelles fournies par chaque couple de signaux conjugués par la différence des heures des deux pendules, et nous avons ainsi trouvé pour l'erreur moyenne d'une seule comparaison $\pm 0^s,027$; d'où résulte pour l'erreur de la moyenne de 80 signaux que comprennent généralement les deux échanges d'une soirée :

$$\varepsilon_2 = \pm \frac{0^s,027}{\sqrt{79}} = \pm 0^s,003.$$

Quant au mouvement horaire, les deux pendules de Paris et d'Alger ayant fonctionné dans des conditions de précision sensiblement égales, nous avons été conduits à admettre que l'incertitude du mouvement horaire était identique dans les deux stations. Il était dès lors facile de calculer l'erreur moyenne du.

En effet, la différence qui se révèle entre les divers échanges de signaux d'une même soirée ne peut être attribuée qu'à deux causes : l'erreur du relevé électrique ε_2 et l'erreur du du mouvement horaire; cette différence est donc l'expression de l'effet total de ces deux erreurs combinées. Par la comparaison des échanges de signaux extrêmes, nous avons trouvé pour cet effet total $\pm\, 0^s,009$; il en résulte que l'erreur du du mouvement horaire est égale à

$$\pm\sqrt{\left(0^s,009\right)^2 - \varepsilon_2^2} = \pm\sqrt{\left(0^s,09\right)^2 - \left(0^s,003\right)^2} = \pm\, 0^s,0085.$$

Nous avons d'ailleurs, par un examen direct du mouvement horaire, trouvé pour l'erreur moyenne un nombre presque identique, et nous avons admis la valeur $du = \pm\, 0^s,008$.

L'erreur moyenne E des diverses valeurs obtenues pour L' est donc

$$E = \pm\sqrt{\varepsilon_1^2 + \varepsilon_2^2 + \left(du\right)^2\left(t^2 + t'^{\,2}\right)}.$$

Les valeurs de t et t' sont données dans la colonne A du tableau I (page 157).

On obtient ainsi pour les soirées successives le tableau suivant comprenant les valeurs L' de la longitude, avec les poids et les erreurs correspondant à chaque soirée.

	L'	MOYENNE DES ERREURS.	POIDS.
	m s	s	
Nov. 2....................	2.50,372	$\pm\,0,049$	0,7
3....................	2.50,284	$\pm\,0,050$	0,6
6....................	2.50,298	$\pm\,0,047$	0,7
7....................	2.50,338	$\pm\,0,046$	0,8
17....................	2.50,355	$\pm\,0,021$	3,6
23....................	2.50,318	$\pm\,0,025$	2,6
24....................	2.50,295	$\pm\,0,025$	2,5

D'où l'on tire :

$$L' = 2.50,326 \qquad\qquad \text{Poids} = 11,5$$

$$\text{Moyenne des erreurs} = \pm\frac{0^s,04}{\sqrt{11,4}} = \pm\, 0^s,012. \qquad \text{Erreur probable} \pm\, 0^s,010.$$

L'erreur totale commise sur L' est donc égale à celle que fournirait la moyenne de 11,5 observations méridiennes faites aux treize fils, affranchies de touté erreur systématique, dans les conditions de précision que nous avons exposées.

En nous laissant uniquement guider par la concordance des valeurs individuelles de L', nous pouvions, à la vérité, arriver à un résultat en apparence beaucoup plus précis; mais cette concordance peut être, en certains cas, purement fortuite, et masquer, sous cette apparence de parfaite exactitude, une erreur systématique ou autre. Afin d'éviter toute illusion en pareille matière, nous avons préféré examiner une à une les principales causes d'erreurs systématiques ou accidentelles, dont nous avons même à dessein exagéré un peu l'importance. — La longitude L' se trouve donc certainement comprise entre les limites que lui assigne l'erreur probable.

Toutefois, on peut interpréter encore d'une manière plus judicieuse les résultats obtenus, et déterminer avec une plus grande certitude la longitude cherchée; et, bien que les résultats provenant des deux modes de discussion soient presque identiques, il nous a paru préférable d'adopter le mode suivant :

Un échange direct de signaux entre Paris et Alger n'a pas été, surtout au début des opérations, facile à réaliser; nous nous sommes trouvés tout d'abord aux prises avec des difficultés de transmission considérables. Le câble sous-marin n'était à notre disposition que pendant des périodes assez courtes; en outre, de fréquentes perturbations se présentaient pour des causes diverses dans l'ensemble des opérations électriques, sur un parcours de 1,800 kilomètres; pour ces deux raisons, nous n'avons pas tou-jours pu effectuer les comparaisons des pendules par l'échange des signaux pendant la durée même des observations astronomiques; l'époque moyenne des comparaisons de pendules est parfois voisine de la fin de la période d'observation, ou même postérieure; il en résulte que l'incertitude du mouvement horaire, qui est multipliée par la différence des époques moyennes des observations et des échanges, a sensiblement affaibli le poids des soirées comprises entre le 2 et le 7 novembre, comme il est facile de le voir dans le tableau précédent; les poids les plus faibles se rapportent justement aux soirées qui comprennent deux échanges, dont l'un assez voisin, et l'autre très-éloigné de l'instant moyen des observations; la diminution du poids est due à la seconde comparaison des pendules dont nous avons tenu compte dans notre première discussion.

Si, pour éliminer cette cause importante d'inexactitude, nous laissons de côté, pour les soirées des 3, 6 et 23 novembre, la comparaison la plus éloignée de l'instant moyen des observations, le tableau précédent est modifié comme il suit :

	L'.	MOYENNE DES ERREURS.	POIDS.
	m s	s	
Nov. 2	$+2.50,272$	$\pm 0,049$	0,7
3	$+2.50,318$	$\pm 0,027$	2,2
6	$+2.50,322$	$\pm 0,038$	1,1
7	$+2.50,338$	$\pm 0,046$	0,8
17	$+2.50,355$	$\pm 0,021$	3,6
23	$+2.50,318$	$\pm 0,020$	4,0
24	$+2.50,298$	$\pm 0,025$	2,5

D'où l'on conclut :

$$L' = +2.50,327 \qquad \text{Poids } 14,9$$

$$\text{Moyenne des erreurs} = \pm \frac{0^s,04}{\sqrt{14,9}} = \pm 0^s,010. \qquad \text{Erreur probable} \pm 0^s,008.$$

En laissant de côté les échanges de signaux trop éloignés, l'inexactitude de la comparaison électrique des pendules est légèrement augmentée; mais l'erreur ainsi commise est tout à fait négligeable, car, comme nous l'avons vu plus haut, l'erreur du relevé électrique atteint à peine trois millièmes de seconde. Par compensation, la précision, au point de vue astronomique, est accrue d'une manière notable, et une erreur possible des mouvements horaires adoptés ne peut plus produire des erreurs sensibles dans la longitude cherchée.

Remarquons que cette dernière valeur de $L' = 2^m.50^s,327$ diffère de la précédente $L' = 2^m.50^s,326$ de 1 millième de seconde seulement et de 4 millièmes seulement de la valeur $L' = 2^m.50^s,323$, résultant de la simple moyenne des valeurs fournies par les soirées successives. Quelle que soit la méthode suivie, on arrive donc à des résultats très-concordants, et il doit en être ainsi dans toutes les opérations de haute précision.

Nous avons donc obtenu pour L' la valeur

$$L' = +2^m.50^s,327 \pm 0^s,010.$$

En ajoutant à cette valeur la différence des équations personnelles des deux observateurs, dans le sens observateur Lœwy (Est) — observateur Perrier (Ouest), que nous avons trouvée égale à

$$- 0^s,093 \pm 0^s,008,$$

on obtient, comme résultat définitif de nos recherches, pour la différence de longitude entre la méridienne de l'observatoire d'Alger et celle du pavillon des longitudes de l'observatoire de Paris :

$$L = + 2^m 50^s,234 \pm 0^s,011.$$

Il nous reste encore à examiner l'effet d'une dernière cause d'erreurs systématiques.

Dans la recherche que nous avons entreprise, afin de pouvoir déterminer avec autant de certitude que possible la vraie précision de la longitude conclue, nous avions jusqu'à présent supposé que les valeurs adoptées de l'azimut des mires de Paris et d'Alger n'étaient affectées d'aucune erreur appréciable; mais, en réalité, cette condition ne se trouve pas complétement remplie, malgré le nombre considérable d'observations effectuées simultanément sur les mires et sur les étoiles polaires.

En supposant égale à dA la faible différence qui existe entre l'azimut vrai et l'azimut adopté, il en résulte que toutes les corrections de pendule des diverses soirées sont entachées d'une erreur systématique égale à dA $\cos \varphi$, pour la période durant laquelle cet élément de réduction A a été considéré comme une constante.

En effet, en différentiant, dans la formule

$$A = t + C_p + m + n \tang \delta + (c - \varkappa) \séc \delta,$$

C_p par rapport à α, il vient :

$$dC_p = - dm - dn \tang \delta = - d\alpha \sin \varphi + d\alpha \cos \varphi \tang \delta.$$

Dans le cas qui nous occupe, les étoiles qui ont servi à la détermination de l'heure se trouvent comprises dans la zone lunaire, et, par rapport à l'équateur, symétriquement distribuées sur l'hémisphère boréal et sur l'hémisphère austral. Pour la réduction d'une série quelconque d'observations, le second terme omis $d\alpha \cos \varphi \tang \delta$ prend alors alternativement le signe positif et le signe négatif, selon la déclinaison de l'astre observé; on peut donc présumer que les erreurs de la forme $da \cos \varphi \tang \delta$ se compensent mutuellement et ne produisent aucun effet appréciable, lorsqu'on calcule la correction moyenne de la pendule à l'aide de toutes les valeurs particulières obtenues dans une soirée. Mais cette correction moyenne de pendule se trouve nécessairement affectée de la première inexactitude, égale à $-d\alpha \sin \varphi$, qui entache d'une manière uniforme tous les nombres individuels.

Il sera maintenant facile de rechercher la valeur numérique de l'expression $d\alpha \sin \varphi$, et l'influence qu'elle peut exercer sur la longitude déduite.

En défalquant, pour les périodes de temps durant lesquelles la mire n'a pas subi de déplacement sensible, les valeurs moyennes de l'azimut des nombres individuels que fournit chaque observation d'étoiles polaires, on obtient des différences ou résidus qui permettent de calculer avec facilité l'erreur probable d'une détermination azimutale de la mire.

Par l'ensemble des observations effectuées à Paris et à Alger, à l'aide des tableaux pages 41 et 77, nous avons trouvé : la moyenne des erreurs $= \pm 0^s,04$, et l'erreur probable $= \pm 0^s,032$; par suite, $d\alpha \sin \varphi$ devient égal à $\pm 0^s,024$.

Pour chaque intervalle de temps durant lequel la mire est restée invariable, tous les C_p moyens se trouvent entachés de l'erreur $\pm \dfrac{0^s,024}{\sqrt{m}}$ à Paris, et de l'erreur $\pm \dfrac{0^s,024}{\sqrt{n}}$ à Alger, si pour Paris et Alger on désigne respectivement par m et n le nombre de déterminations particulières à l'aide desquelles les résultats moyens ont été formés.

La longitude conclue des deux séries d'observations effectuées le même jour dans les deux stations conjuguées se trouve donc affectée d'une erreur égale à

$$0^s,024 \sqrt{\tfrac{1}{m}+\tfrac{1}{n}}.$$

Nous avons ainsi calculé, pour chaque longitude particulière, l'inexactitude émanant de cette dernière source d'erreurs, et ensuite pour la longitude définitive donnée plus haut; cette inexactitude devient, dans ce dernier cas, égale à $\pm 0^s,005$; puis l'ensemble des causes d'erreurs énumérées successivement conduit à l'erreur totale, égale à

$$\sqrt{(0,011)^2+(0,005)^2}=\pm 0^s,012.$$

MM. Lœwy et Stephan[1] ont trouvé :

1° Pour la différence des longitudes entre les deux instruments de Paris et de Marseille :

$$+ 12^m 13^s,435 \pm 0^s,011 ;$$

2° Pour la différence des longitudes entre les deux instruments d'Alger et de Marseille :

$$- 9^m 23^s,219 \pm 0^s,011.$$

D'où résulte, pour la différence des longitudes entre les deux instruments de Paris et de Marseille :

$$L = + 2^m 50^s,216 \pm 0^s,016.$$

Nous avons trouvé, par l'opération directe :

$$L = + 2^m 50^s,234 \pm 0^s,012.$$

La concordance des deux résultats est des plus satisfaisantes ; en les combinant entre eux, on trouve pour la valeur la plus probable de la coordonnée en longitude de l'observatoire d'Alger,

$$L = + 2^m 50^s,225 \pm 0^s,01,$$

à laquelle il faut encore ajouter $+ 0^s,140$, pour tenir compte de la différence en longitude qui existe entre le cercle méridien de Paris et la méridienne de France. On obtient ainsi pour la longitude de la méridienne de l'observatoire d'Alger, par rapport à la méridienne tracée par Cassini dans l'axe du bâtiment de l'observatoire de Paris :

$$L = 2^m 50^s,365 \text{ à l'Est,}$$

et, en prenant cette longitude avec le signe qui lui convient, d'après les conventions adoptées en géodésie,

$$L = - 2^m 50^s,365 = - 0°,42'35'',47 = - 0^G,7887'',3.$$

LOEWY.　　　　　PERRIER.

[1] Voir le tome Ier des *Annales de l'observatoire de Marseille.*

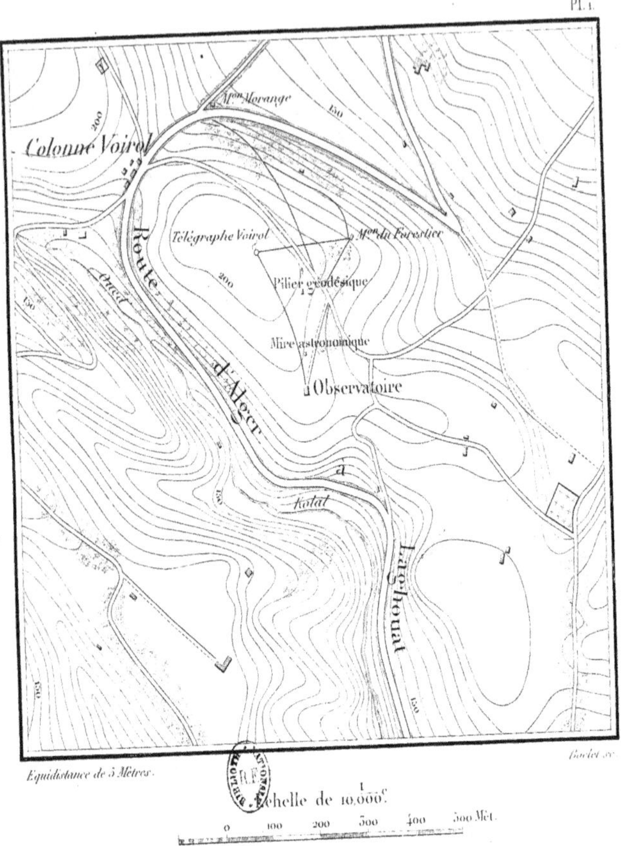

Équidistance de 5 Mètres.

Échelle de $\frac{1}{10,000}$.

0   100   200   300   400   500 Mèt.

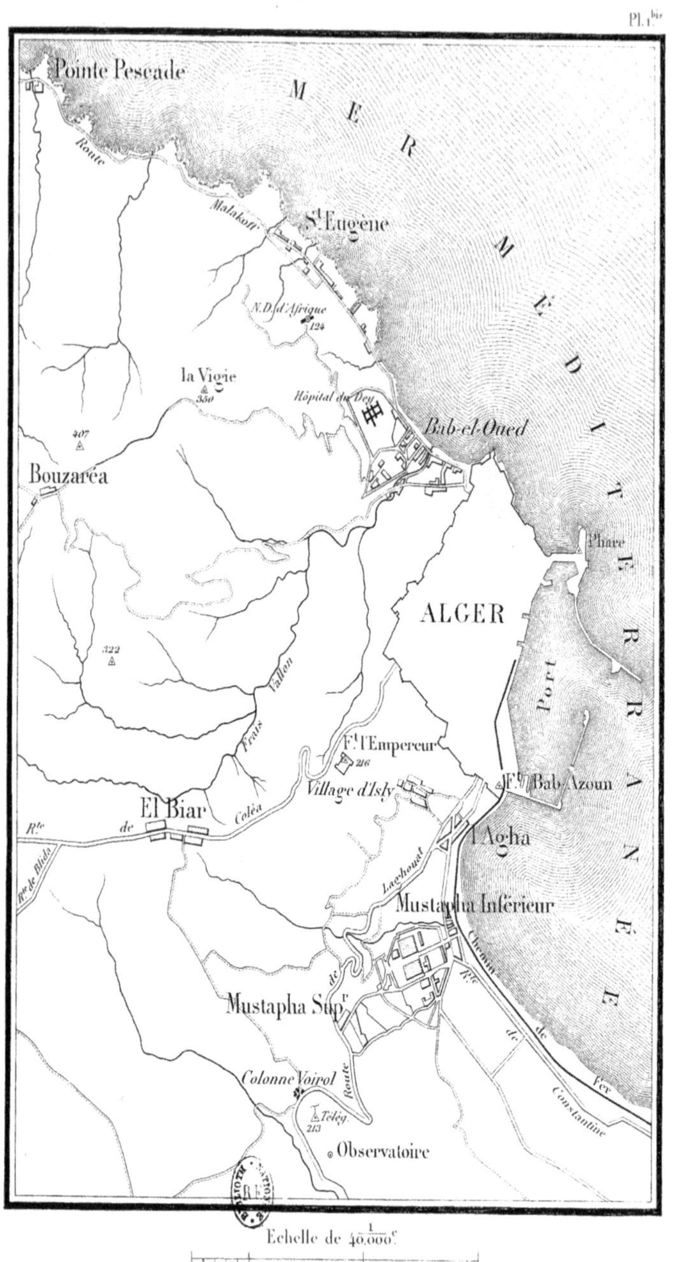
Pl. 1 bis
Pointe Pescade
Route
MER
Malakoff
St Eugène
N.D. d'Afrique
124
la Vigie
350
Hôpital du Dey
Bab-el-Oued
Bouzaréa
407
Phare
ALGER
Port
322
Frais Vallon
Fʳ l'Empereur
216
Fʳ Bab Azoun
Village d'Isly
El Biar
Coléa
l'Agha
Rʲᵉ
de
Rᵗᵉ de Blida
Laghouat
Mustapha Inférieur
Chemin
Rᵗᵉ
de
Mustapha Supʳ
de
Fer
Colonne Voirol
Route
de
Constantine
Télég.
213
Observatoire
MÉDITERRANÉE
Echelle de 1/40,000ᵉ
500   0   1000   2000 Mèt.

DÉTERMINATION TÉLÉGRAPHIQUE DES DIFFÉRENCES DE LONGITUDE.

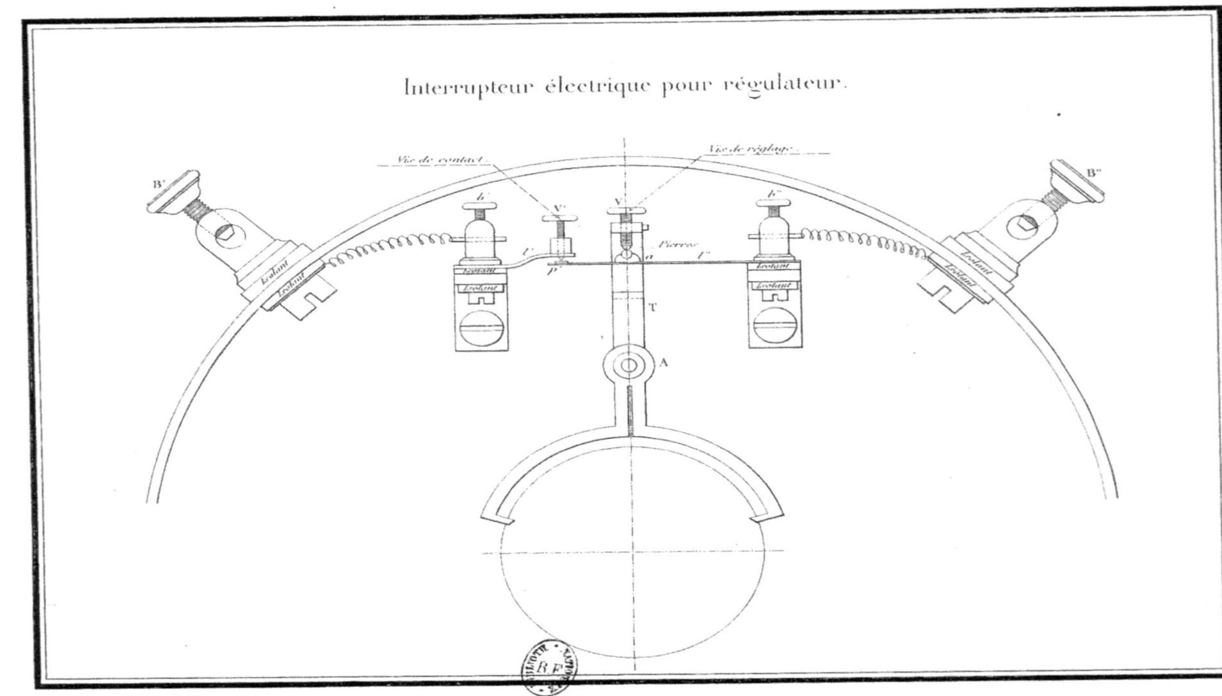

DÉTERMINATION TÉLÉGRAPHIQUE DES DIFFÉRENCES DE LONGITUDE.

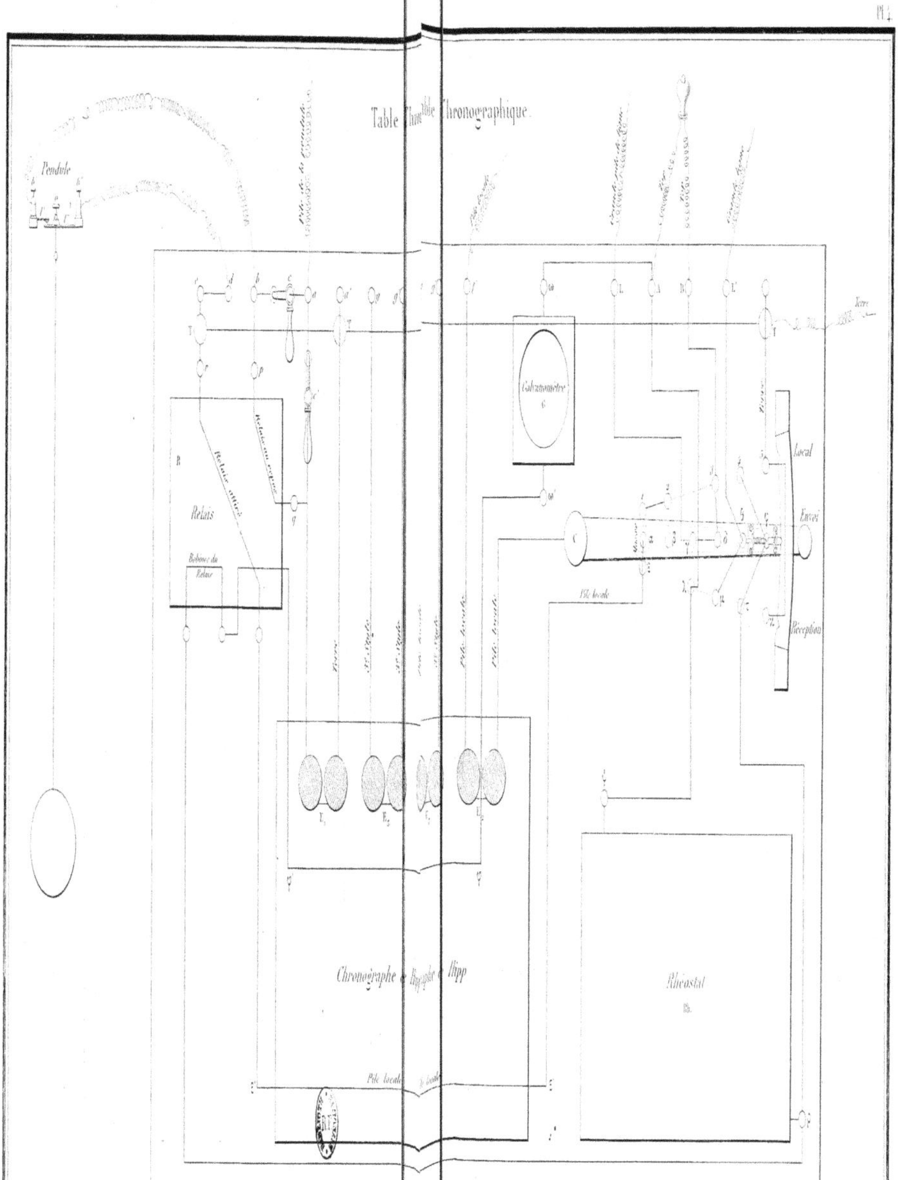

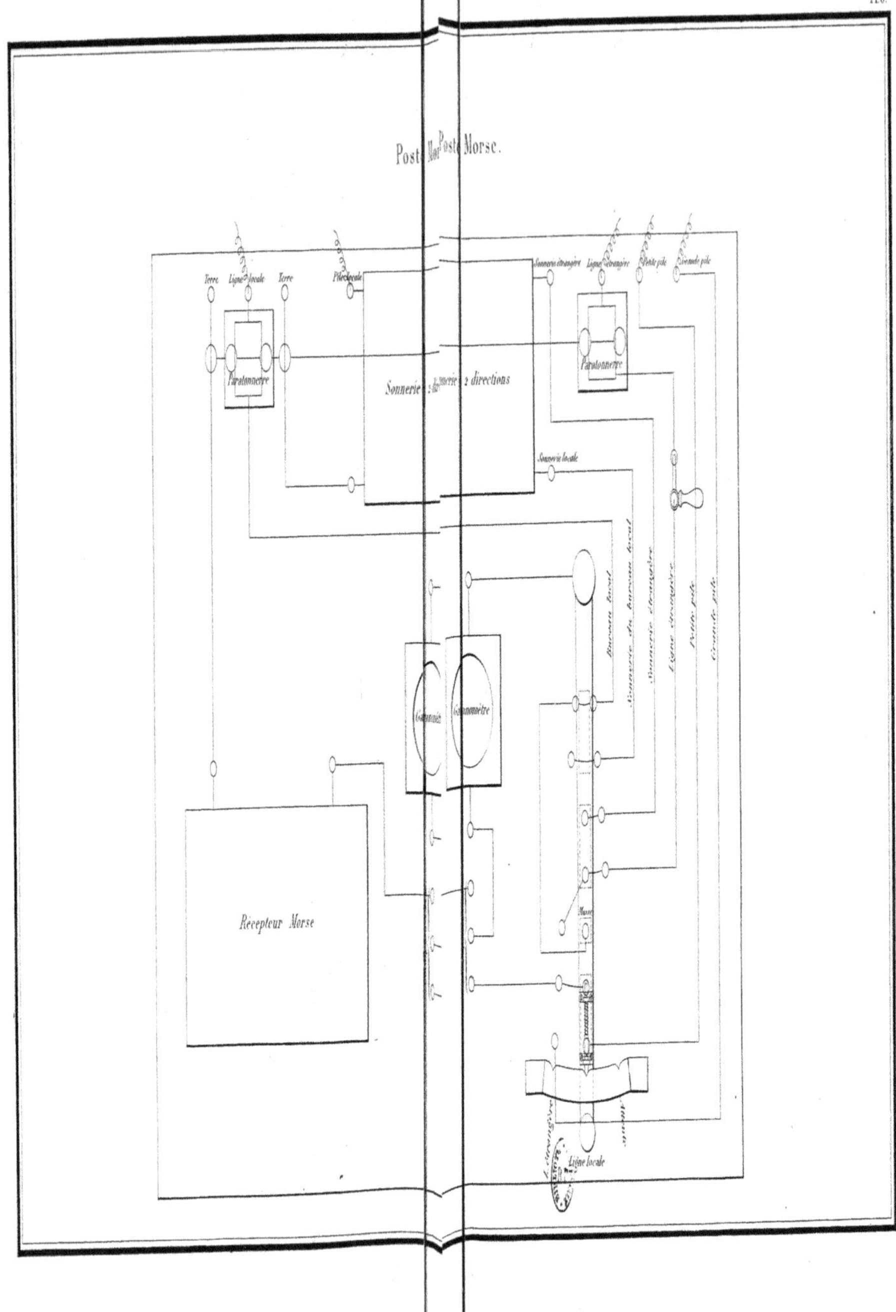
Poste Morse.
Terre
Ligne locale
Terre
Pile locale
Sonnerie étrangère
Ligne étrangère
Petite pile
Grande pile
Paratonnerre
Sonnerie : Sonnerie à 2 directions
Paratonnerre
Sonnerie locale
Galvanomètre
Galvanomètre
Bureau local
Sonnerie du bureau local
Sonnerie étrangère
Ligne étrangère
Petite pile
Grande pile
Récepteur Morse
Manip.
Ligne étrangère
Ligne locale

Pl. 8.

Relais de Translation.

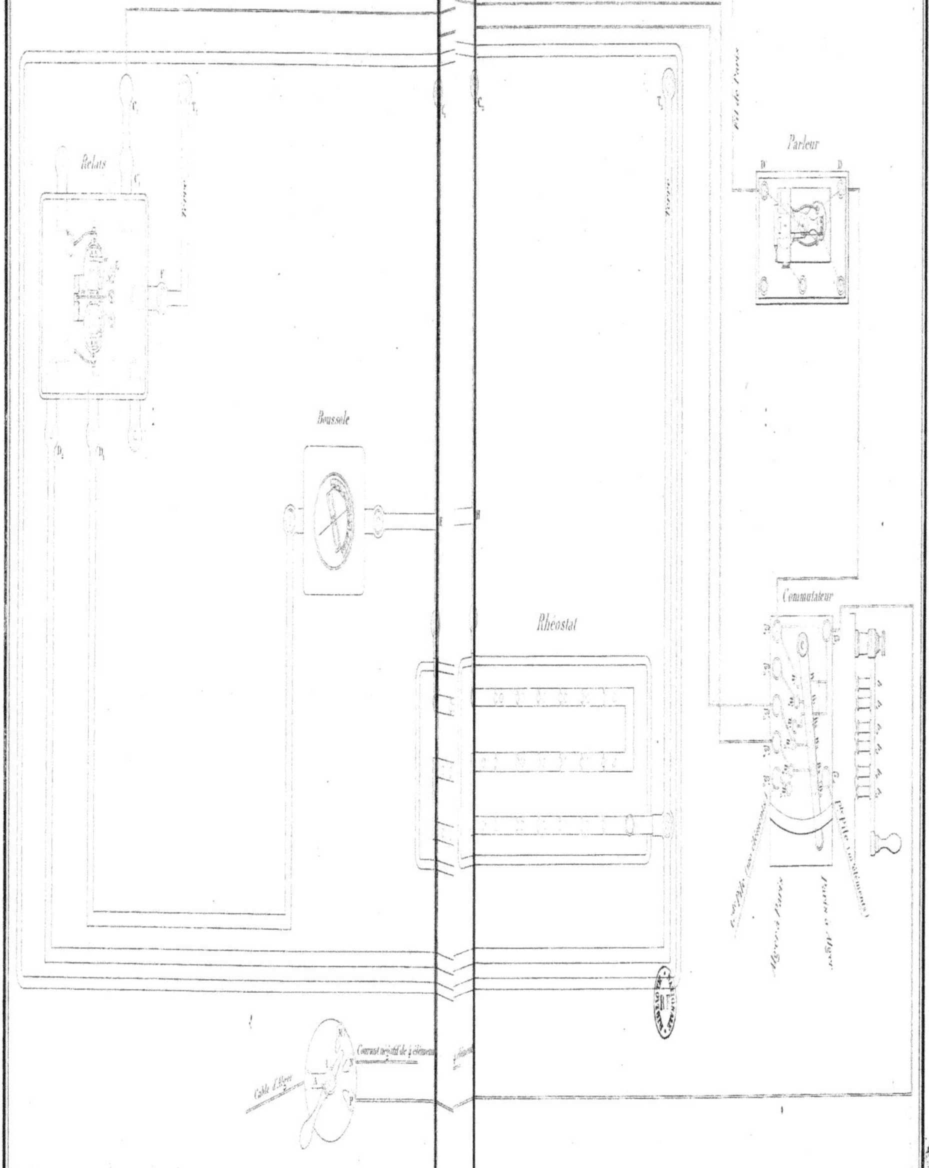
Relais
Boussole
Rhéostat
Parleur
Commutateur
Fil de Paris
Câble d'Alger
Courant négatif de 4 éléments
Alger à Paris
Paris à Alger

www.ingramcontent.com/pod-product-compliance
Lightning Source LLC
LaVergne TN
LVHW051038200726
843508LV00001B/320